新编21世纪高等职业教育精品教材
公共基础课系列

现代应用文书写作

（第六版）

杨文丰　编著

中国人民大学出版社
·北京·

图书在版编目（CIP）数据

现代应用文书写作/杨文丰编著. --6版. --北京：中国人民大学出版社，2022.4
新编21世纪高等职业教育精品教材. 公共基础课系列
ISBN 978-7-300-30468-7

Ⅰ.①现… Ⅱ.①杨… Ⅲ.①汉语-应用文-写作-高等职业教育-教材 Ⅳ.①H152.3

中国版本图书馆CIP数据核字（2022）第050012号

教育部"国家精品课程"教材
新编21世纪高等职业教育精品教材·公共基础课系列
现代应用文书写作（第六版）
杨文丰　编　著
Xiandai Yingyong Wenshu Xiezuo

出版发行	中国人民大学出版社		
社　　址	北京中关村大街31号	**邮政编码**	100080
电　　话	010－62511242（总编室）		010－62511770（质管部）
	010－82501766（邮购部）		010－62514148（门市部）
	010－62515195（发行公司）		010－62515275（盗版举报）
网　　址	http://www.crup.com.cn		
经　　销	新华书店		
印　　刷	北京昌联印刷有限公司	**版　　次**	2001年9月第1版
开　　本	787 mm×1092 mm　1/16		2022年4月第6版
印　　张	20.25	**印　　次**	2023年5月第2次印刷
字　　数	486 000	**定　　价**	49.00元

第六版前言

本书自2001年初版以来，出版社每年均印刷数次。使用过本书的教师和学生普遍认为本书较好地突出了“教学性”“教写性”和“实训性”，理论性和知识性集于一体，实训性和实用性兼备，既可作为教材，也可作为各领域文秘人员或其他从业人员的案头写作参考书。

本书曾被评为教育部推荐教材，曾获“第五届广东省高等教育省级教学成果奖”。本人主持的“应用写作”课程被教育部评为“国家精品课程”，该课程即以本书为使用教材。

本书融入笔者20多年的应用写作教学经验、写作学研究成果、课程建设经验、撰写应用文的经验和自然生态文学创作的经验，也曾有幸受邀在教育部全国高校教师网络培训中心，以“强化写作思维训练，推进模式化写作”为题，通过视频与全国24个省市分会场的高校写作教师作过讲座交流。

2021年4月，习近平总书记对职业教育工作做出重要指示，强调加快构建现代职业教育体系，培养更多高素质技术技能人才、能工巧匠、大国工匠。党的二十大报告指出：“教育、科技、人才是全面建设社会主义现代化国家的基础性、战略性支撑。”教育肩负着“为党育人、为国育才”的神圣使命。应用写作教材，作为社会适用面极广的实用型、技能型职场写作教材，如何更好地贯彻落实习近平总书记的重要指示和党的二十大精神、如何更好地体现课程思政要求、如何更好地适应网络时代学生的学习特点、如何更好地提升学习效率，已成为摆在我们这些教育工作者和写作界同人面前的新课题。

鉴于此，我对本书进行了认真修订，更新了一批例文，优化了写作训练题，增编写入隶属新媒体写作、当今广为流行的微博文案、微信文案内容。本书的第6版具有如下特点：

第一，本书以“强化学生写作思维训练”的红线贯穿全书，具体体现在：一是公文写作内容的编排，施行本人创立的“公文正文基本内容模块及结构模式”，基于应用文具有模式性的特点，对公文和非公文的各文种编配了引导撰稿思路的“写作模板”，实行便捷套写。二是书中的案例分析、例文析评，均附有借鉴写作运思的“析评”，对如何理清写作思路，如何逻辑合理地展开段落，均注重提示。三是通过足量的“病文分析”和“病文修改”，让学生既明白“不应该怎样写”，亦知道“应该怎样写”。

第二，本书体现“面向职业、面向企业、面向校园”的编写理念。书中编入的文书种类，除与大学生的校园学习生活对接外，均为职场常用文书，例文的选择求“实”求“质”，例文主要选自中、小企业和基层行政机关，与就业“零距离”对接。

第三，本书优化“任务驱动”“项目导向”的教学模式。文种写作以“阅读与析评→必需知识→结构写法和写作模板→复习与训练”为编写体例，借鉴例文在前，以让接触应用文不多者先建立感性认识，案例驱动，循序渐进，此编写体例与本人主持的应用写作“国家精品资源共享课”视频课程结构基本相同。写作技能训练，大部分可安排在课内完成。

第四，本书配套开发有丰富的立体性教学资源，便于教师教学，也利于学生自主学习及拓展训练。基本资源包括：课程教学大纲、教学日历、教学设计、考评方式与标准、学习指南、重点难点指导、在线学习、参考资料目录、例题、教学案例、媒体素材、电子教材、实验/实训/实习、专家讲座等。拓展资源包括：案例库、专题讲座库、素材资源库、试题库系统、作业系统、在线自测/考试系统、课程教学、学习和交流工具及综合应用多媒体技术建设的网络课程等（见“应用写作”国家精品课程网站：http://jpkc.gdit.edu.cn/e/index.htm 及“应用写作”国家精品资源共享课网站：http://www.icourses.cn/coursestatic/course_3995.html 相应栏目）。

第五，开发了由出版社向订书院校配赠的电子教案 PPT（含课程介绍、教学建议、例文及例文析评、全书习题及参考答案等），可资教师教学参考。

在本书第六版付梓之际，本人衷心感谢所有关注和支持本书出版的各界朋友，感谢在众多教材中选用本书的师生们！也感谢吴忠利、李霞、吴亭忆、李俊沂和李琳老师对本次修订工作的支持！期盼同行专家、教师、学生和各界读者，对本书多多提出宝贵意见！

杨文丰

“应用写作”国家精品资源共享课主持人

“应用写作”国家精品课程主持人

二级教授、国家一级作家

目　录

第一部分　应用文书写作基础知识

第二部分　新媒体写作与大学生通用文书写作

第三部分　公文写作

第四部分 法规与规章文书写作

第五部分 日常事务文书写作

第六部分 专用文书写作

第七部分 学术文书写作

第一部分

应用文书写作基础知识

第一章 应用文书的含义及制发

应用文书是应用写作的表现形态。应用文书写作，是写作学的一个重要分支。所谓写作，是人们在感受、认识客观事物的过程中，用语言符号把思维结果和感受有选择地记录、表达出来的创造性的精神劳动。应用文书写作，是以实用为目的的写作。

第一节 应用文书的含义及分类

应用文书，又称文书，是党政机关、团体、企事业单位和个人，在日常工作、学习和生活中，为办理公私事务而形成并使用的、具有实用价值和一定惯用文章体式的文字信息载体。

本书的研究对象，主要是党政机关、团体、单位和个人由于公务、业务活动而使用的应用文书及应用文书写作。

应用文书的文章体裁种类繁多，由于标准不同，它的分类也不尽相同。从来源上分，应用文书可分为对外文书（发文）、收来文书（收文）、内部文书。从作用上分，应用文书可分为指挥性文书、规范性文书、报请性文书、知照性文书、记录性文书。从行文关系或行文方向上分，应用文书可分为上行文、平行文、下行文、泛行文。从处理要求上分，应用文书又可作多种划分。如：从内容处理要求分，有需办件、参阅件；从时间处理要求分，有特急件、急件、平件；从保密处理要求分，有机密件、普通件等。应用文书分类对及时、准确、安全地处理和保管文书有着重要作用。

本书综合考虑应用文书的特点、作用、写作规律以及教学规律，把应用文书分成党政公文、法规与规章文书、杂体文书三大类。

一、党政公文

党政公文，又称党政机关公文，简称公文，是党政机关实施领导、履行职能、处理公务的具有特定效力和规范体式的文书，是传达贯彻党和国家方针政策，公布法规和规章，指导、布置和商洽工作，请示和答复问题，报告、通报和交流情况等的重要工具。

根据《党政机关公文处理工作条例》，公文分 15 种。企事业单位、人民团体也常酌情比照使用这些公文。

15 种公文，依其特点、作用，又可分为下述几个小类。

（一）领导指导性公文

这类公文包括命令（令）、意见、决议、决定、通知、通报、批复、纪要、公报等。

以行文关系或行文方向为标准划分，领导指导性公文属于下行文。

（二）呈报性公文

这类公文包括议案、报告、请示、意见四种。

以行文关系或行文方向为标准划分，呈报性公文属于上行文。

（三）公布性公文

这类公文包括公告、通告、公报三种。

以行文关系或行文方向为标准划分，公布性公文属于泛行文。

（四）商洽性公文

商洽性公文只有函一种。函多作平行文。

人们在工作生活中常把公文称作文件。对人们所称的文件，应从广义和狭义两个角度去理解。广义的文件实际上是应用文书的别称，包括了公务文件和私人文件。狭义的文件仅指公文。

二、法规与规章文书

法规与规章文书，常用的有条例、规定、办法、细则、章程，此外，还有守则、规则、准则、制度、公约等。有关法规与规章文书的论述详见本书有关章节。

三、杂体文书

杂体文书，是指除党政公文、法规与规章文书之外的，有明确规范的，处理各种事务使用的一切文书种类。常用的有意向书、邀请信、请柬、感谢信、求职函、计划、简报、贺信、慰问信、市场调查报告、可行性研究报告、招标书、投标书、合同及各种诉讼文书等。

第二节　应用文书的制发和处理程序

一、党政公文的制发和处理程序

《党政机关公文处理工作条例》对公文办理的程序和操作要求作了明确规定，其内容包括收文办理和发文办理两个方面。收文办理的程序包括签收、登记、审核、拟办、批办、承办、催办等。发文办理的程序一般包括拟稿、审核、会签、签发、缮印、校对、盖印、登记、分发等。本书主要介绍发文办理中从拟稿到签发的具体操作要求。

（一）拟稿

本书将在第二部分详细讲授各公文的写作要领。概而述之，草拟公文应做到：

（1）主题明确；

（2）符合政策；

（3）情况确实；

（4）注重实效；

（5）结构严谨，条理清楚；

（6）表述准确，字词规范、精练；

（7）标点正确；

（8）直述不曲。

拟稿完成后，要填写发文稿纸。发文稿纸的一般格式如表 1－1 所示。

表 1－1　发文稿纸的一般格式

单位名称：		
发文字号：	缓急：	密级：
签发：	会签：	
主送：		
抄送：		
拟稿单位：	拟稿：	核稿：
印刷：	校对：	份数：
附件：		
主题词：		
标题：		
（正文）		

（二）审核

审核是保证和提高公文质量的重要环节。公文送领导人签发之前，应当由办公厅（室）认真做好审核工作。审核的重点是：是否确需行文，行文方式是否妥当，是否符合行文规则和拟制公文的有关要求，公文格式是否符合有关规定等。

（三）会签

如属两个以上机关联合行文，或所发公文涉及其他部门或地区的职权，应经各发文机关或相关单位的领导签署意见。

（四）签发

文稿经负责人或领导人签发成定稿后，方可据此印制文件正本。机关发出的公文，重要的或涉及面广的，由正职或主持日常工作的副职领导人签发。有的公文，可由秘书长或办公厅（室）主任根据授权签发；职权部门发出的公文，由部门负责人签发。审批公文要认真负责，文件签发人要签署自己的意见、姓名和时间。签发公文应使用钢笔或毛笔。

二、法规与规章文书的制发和处理程序

公务活动、社会生活的范围很广，组织行为与个人行为规范的内容很多，相应产生的各种各类法规与规章文书在制作和处理程序上自然也有区别。本书仅介绍一般法规与规章文书从起草到发布的程序。

（一）起草

法规与规章的起草，与党政公文（尤其是决定）拟稿的要求是基本相同的。其不同之处或更进一步的要求有以下几点。

1. 操作的民主性

无论何种法规与规章文书，都会在一定范围内对组织行为和个人行为起规范作用，因而它的起草就必须在一定范围内贯彻民主集中制，充分发扬民主。制作重要的法规与规章文书，一般都要成立起草小组，集体讨论，多方协商，广泛征求意见，反复修改。即便是小单位拟订有关规章类文书，也需要有发扬民主、反复修改的过程。

2. 内容的缜密性

法规与规章文书既然是在一定范围内制定的、用以明确行为准则和道德规范的，其内容就必须完备、准确、周密，不生偏差和矛盾，并具有较长的时效。

3. 结构的严谨性

条文式是法规与规章文书结构的一大特点，内容丰富的法规与规章文书，结构层次最多的可安排六级：章、节、条、款、项、目。同级之间、各级之间的安排必须符合一定的逻辑，摆正总分、先后、并列、递进、因果等关系，使整篇成为一个完整、严谨、自然、匀称的有机整体。

（二）审批

法规和规章的制作审批程序不同。行政法规须经国务院常务委员会会议审议或者由国务院总理审批。省、自治区、直辖市的人民代表大会及其常务委员会颁布地方性法规，须报全国人民代表大会常务委员会和国务院备案。省和自治区人民政府所在市、经国务院批准较大的市的人民代表大会及其常务委员会制定地方性法规，民族自治地方制定自治条例，须报省、自治区人民代表大会常务委员会批准，并由省、自治区人民代表大会常务委员会报全国人民代表大会常务委员会和国务院备案。

行政规章的制定，不必经权力机关批准。各级行政机关、企事业单位可以根据自身实际，自主制定一般性的行政规章。

（三）发布

经过一定程序审定批准的法规与规章文书，最终的一个程序是采用适当的形式发布。

国务院办公厅发出的《关于改进行政法规发布工作的通知》强调指出："为了提高行政法规的权威性，使行政法规能够及时为社会和公众知晓，便于国家机关、社会团体、企业事业单位及全体公民执行和遵守，国务院决定改变现行的用文件形式发布行政法规的办法……一、从现在起，国务院发布行政法规，由国务院总理签署发布令；经国务院批准，部门（含部、委、行、署、直属机构、国家局）发布行政法规，由部门主要领导人签署发布令……三、经国务院总理签署公开发布的行政法规，由新华社发稿，《国务院公报》《人

民日报》应当全文刊载，国务院不另行文，国务院各部门、地方各级人民政府及其所属机构都应遵照执行。”广东省人民政府《关于拟订地方性法规程序的规定》，除明确了地方性法规的审核签发权限外，还规定：经省人民代表大会或省人大常委会审议批准颁布的法规，应在省级报纸全文刊载，电台、电视台等新闻单位应及时报道；省人民政府批准颁布的重要规章，各新闻单位应采取各种形式适当加以报道；各企事业单位自身发布的规章文书，在本单位也应及时学习和宣传。由此可见，一切法规与规章文书都要重视发布，使之及时为相应范围内的群众所认识、运用，并接受群众和实践的检验。

三、杂体文书的制发和处理程序

杂体文书这一大类应用文书的文种很多，用途不同，体式不一，其制发和处理不像党政公文和法规与规章文书那样有严格的统一规定。但它既是办理公务的工具，为使用得当、行之有效，一定的制发程序仍是必不可少的。如计划、总结、市场调查报告等文章型的杂体文书，从起草、审核到定稿的程序以及具体操作的要求，基本上与党政公文制发和处理程序相同，而合同、起诉状、大事记、请柬等文书，其拟写和发送也有一定的办理程序。

复习与训练

一、名词解释

应用文书　公文

二、填空题

1. 新修订的《党政机关公文处理工作条例》，________年________月________日起施行。

2. 应用文书分为________、________和________三大类。

3. 以行文关系或行文方向为标准，公文可分为________、________、________和泛行文四类。

4. 以________为目的的写作，是应用文书写作。

5. 党政公文有________种。

三、简答题

1. 本书列举了应用文书的哪些分类法？

2. 领导指导性公文、呈报性公文、公布性公文、商洽性公文，各包含哪些文种？

3. 发文办理一般包括哪些程序？

4. 草拟公文的注意事项有哪些？

5. 机关发出的公文由谁签发？

四、阅读题

阅读本书附录一的内容，重点阅读《党政机关公文处理工作条例》。

第二章 行文制度

行文制度是指应用文书在运行传递中应遵循的有关制度，这些制度主要包括行文关系、行文方向、行文方式和行文规则。

杂体文书的运行传递比较灵活。大多数杂体文书不存在统一的行文规则，或不存在严格的行文规则。法规与规章文书，虽然也可以单独颁发，但多数还是依附“令”“公告”“通知”一类公文予以发布，故相应要遵循所依附公文的行文规则。本章介绍公文在行文制度方面的有关知识。

第一节　行文关系、行文方向、行文方式

正确地认识和选择公文的行文关系、行文方向和行文方式，是公文能够正常运行的必要条件。

一、行文关系

行文关系，是指行文时发文单位与受文单位之间的关系。当今社会上的机关单位大致可分为三大类型：一是国家政权机关，包括国家立法机关、行政机关、司法机关、军事机关等；二是政党、团体和各种社会组织的机关，如共产党、共青团、工会、妇联等社会组织所设立的机关；三是企业、事业实体单位所设立的机关，如厂矿、公司和文化教育等单位所设立的机关。这些机关的组织关系，主要表现为下述四种。

（一）上下级关系

即领导和被领导关系。如我国行政管理系统的国务院和省政府、市政府、县政府、乡（镇）政府之间，省政府内一个厅内部厅和处、科之间，都是领导和被领导的关系。

（二）平级关系

即同等级别的关系。如省政府与省政府之间、市政府与市政府之间、县政府与县政府

之间、省政府下属的各个厅之间、厅所属的各处之间、处所属的各个科之间都是平级关系。

（三）隶属关系

即同一垂直组织系统中存在直接职能往来的上下级机关之间的关系。如省政府和它管辖范围内的市政府、县政府、乡（镇）政府之间，市政府、县政府、乡（镇）政府是隶属省政府的；省政府内的一个厅内的厅和处、科之间，处、科是隶属厅的。

（四）非隶属关系

即不属同一垂直组织系统，不发生直接职能往来的机关之间的关系。这些机关包括平级机关或不同级别的机关。如同一级别的各高等学校下属的各处、系之间，就属于非隶属关系。

二、行文方向

行文方向，就是以发文机关为立足点，根据工作需要和行文关系，公文向不同层次的机关单位运行的去向。

公文的行文方向有四个，即上行、下行、平行、泛行。

上行，即公文向发文机关的上级机关运行。

下行，即公文向发文机关的下级机关运行。

平行，即公文向发文机关的同级单位或不相隶属的单位运行。

泛行，即公文既向发文机关的上级单位、下级单位、平行单位运行，也向不相隶属的单位运行，其针对广泛，方向不定。

行文方向不同，所用的公文文种也不同。

三、行文方式

行文方式，是由工作需要和机关单位的组织关系所决定的行文的方法和形式。行文方式种类比较复杂，可从下述三个方面分类。

（一）按受文机关或行文对象的范围分类

（1）逐级行文，即行文机关向自己的直接上级上行公文或向直接下级下行公文。

（2）越级行文，即行文机关越过自己的直接上级或直接下级，向非直接上级或非直接下级行文。

（3）多级行文，即行文机关向直接上级并向非直接上级或者向直接下级并向非直接下级的一次性行文。

（4）普发行文，即行文机关向所属的所有机关一次性行文。

（5）通行行文，即行文机关向隶属机关和非隶属机关、群众一次性泛向行文。

（二）按发文机关是否为一个来分类

（1）单独行文，即只有一个机关署名发出的公文。

（2）联合行文，即由两个或两个以上平行机关联合署名发出的公文。

（三）按行文对象的主次来分类

（1）主送，即行文机关直接针对与行文内容关系最密切、需主要负责受理或贯彻执行公文的机关单位行文。

（2）抄送，即行文机关在主送的同时，向需执行或知晓行文内容的其他机关单位行文。

第二节　行文规则

行文规则，就是行文中应遵循的规矩、要求和原则。它实际上是机关单位的组织关系原则在公文运行过程中的体现。公文的行文规则有如下九个。

一、行文根据规则

行文应当确有必要，注重效用。

各级党政机关的行文关系，应当根据各自的隶属关系和职权范围确定。隶属关系前面已有说明。而职权范围，是指机关单位的职责和权力范围。“条条”（指从国务院到地方各级的业务主管部门，如国务院的各个部，省的各个厅、局，地市的各个处、局，县的各个局、科）一般不对“块块”（指各级人民政府）发指挥性公文，但可在业务管辖范围内向下行文。如，省政府各工作部门，如商业厅、教育厅等，不对各市、县政府发指挥性公文，但可以根据省政府的授权和有关规定，答复各地请示省政府的有关业务问题。属于主管部门职权范围内的具体问题，应当直接报送主管部门处理。

同属于国家政权机关的行政机关不能给军事机关发指挥性公文，同样，军事机关也不能给行政机关发指挥性公文，因为它们隶属关系不同。再有，某一级政府可以给它下属的机关、单位发指挥性公文，而下属机关单位则不能给它的上级机关发指挥性公文，因为它们虽有隶属关系，但职权范围不同。

党政要分开行文，该党行文的党行文，该政行文的政行文，该党政联合行文的就党政联合行文。党政机关一般不互相行文。这里所依据的便是“各自隶属和职权范围”的原则。

二、政府各部门行文规则

政府各部门也就是我们常说的政府的职能部门，如省政府的职能部门，一般是指××厅、局；市政府的职能部门，一般是指××局。政府各部门在自己的权限内，具体的行文规则包括：

（1）属于部门职权范围内的事务，应当由部门自行行文或联合行文。

（2）政府各部门可以互相行文，如省农业厅和省林业厅可以互相行文。

（3）政府各部门可以同下一级人民政府的有关业务部门互相行文，如省农业厅和市农业局互相行文，因为它们之间既存在对口职能业务工作上的紧密联系，又存在这方面的指导与被指导关系。

（4）政府各部门一般不得向下一级政府正式行文，但可以根据本级政府授权对下一级人民政府行文，如省农业厅或省林业厅得到了省人民政府的授权，可以对市人民政府行文。但是，没有得到本级政府的授权，任何职能部门都不能对下一级政府行文，因为，上级政府职能部门同下一级政府一般是平级关系，并且只负责管理某一方面的职能业务工作。所以，上级政府的职能部门即使得到了本级政府的授权，也只能在自己分工管理的业务范围内对下级政府行文。在行文时，还必须在正文的开头，说明授权的机关或领导人。

（5）政府各部门可以以函的形式与下一级政府商洽工作、询问和答复问题、审批事项。

（6）政府各部门内设机构除办公厅（室）外不得对外正式行文。

三、抄送规则

（一）下行文抄送规则

向下级机关或者本系统的重要行文，应当同时抄送直接上级机关。所谓重要行文，是指有关撤换下级机关的主要领导人、增设重要机构、审批大型建设项目、进行重要的涉外活动的公文。规定这一条，对于下级机关来说，便于上级监督，避免在重要决策上出现差错；对于上级机关来说，便于了解和掌握下级机关的工作情况，统管全局，防止下级各自为政。

上级机关向受双重领导的下级机关行文，必要时应当抄送其另一上级机关。如××干部学院，既受省××厅领导，又受省××局领导，省××厅给××干部学院行文，必要时应同时抄送省××局。这样做，是为了增进了解、协调工作，既可避免重复行文，更可避免因不通气而造成误会、不协调甚至矛盾。

（二）上行文抄送规则

上行文不得抄送其下级机关。受双重领导的机关向上级机关行文，应当写明抄送机关和主送机关。

四、协商一致规则

部门之间对有关问题未经协商一致，不得各自向下行文。如擅自行文，上级机关应当责令纠正或撤销。现实中，许多问题涉及一些单位的利益和处理权限。如果某个单位对某个牵涉有关单位的问题要作出处理，未和有关单位商量，或虽商量但未取得一致意见就向下行文，并要求下属单位按自己的意见办理，这实际上就是将自己的意见强加于有关单位，其结果必然是使问题的处理复杂化，增加公务办理的难度。解决的办法是，主办单位的主要负责人要主动地与有关单位协商，所有的有关单位都要按照党和国家的有关政策、法规，从实际和大局出发，耐心诚恳地协商，直到取得一致意见之后再行文。如果多次协商仍无法消除分歧，而问题的解决、事情的办理又不容许再拖延下去，主办单位可以列明各方面的理由和根据，提出建设性意见，并与有关单位会签后报请有关上级机关协调定夺，然后再行文处理。

五、联合行文规则

同级政府、同级政府各部门、上级政府部门与下一级政府可以联合行文；政府与同级党委和军队机关可以联合行文；政府部门与相应的党组织和军队机关可以联合行文；政府部门与同级人民团体和具有行政职能的事业单位也可以联合行文。

现实中，有不少事情牵涉两个或两个以上的单位或部门，需要联合行文才能解决或才能更好地解决，这就要用联合行文方式。

联合行文的好处有：

(1) 可以避免分头单独行文可能在内容方面出现的不一致性；

(2) 可以增强公文的权威性，提高办理公务的效率；

(3) 可以减少公文的数量，减少收文单位的负担。

以下两个方面是必须注意的：一是联合行文应当明确主办部门；二是联合行文的机关、单位不仅要经过协商对有关事项取得一致意见，而且必须是平级的。平级是联合行文的必要条件。不同级别的机关单位不能联合行文。

六、请示规则

(一) 一般不得越级请示

各级行政机关一般不得越级请示，也就是要逐级请示，即一级请示一级。因特殊情况必须越级请示时，应当抄送被越过的上级机关。

不得越级请示的目的，在于维护正常的公务办理程序，保证各级机关职能作用的正常发挥，避免上下级机关工作的脱节或不协调。但是，遇到特殊情况时，可以越级请示。所谓特殊情况，一般是指：重大紧急事项，不越级请示要误时误事；被直接上级机关长期搁置而又急需解决的问题；与直接上级机关意见分歧一时难以协调统一，而又急于处理的事项。遇到这些情况，在越级请示的同时，须将请示抄送被越过的上级机关。

(二) 请示一般只写一个主送机关

请示一般只写一个主送机关，如需同时送其他机关，应当用抄送形式。主送机关是指公文的主要受理机关。一份请示写一个主送机关，可以使请示事项得到有关机关及时有效的批复。如果一份请示写几个主送机关，有可能出现没有一个主送机关批复的情况，也可能出现有两个或两个以上的主送机关批复的情况。如果属于前者，请示实际上是没有收效；如果属于后者，就很可能出现几个机关批复的意见不一致，甚至互相矛盾，以致难以贯彻执行。

(三) 请示应当一文一事

这是因为，请示的事项，多是机关单位急于开展、处理而又需要上级明确批复的紧要工作。一文一事，内容单一，方便上级判断、批复。如果一文多事，即一份请示写入多种请示事项，从上级机关批复的角度上考虑，就很可能出现这种情况：一些可以批准，一些不能批准；一些全部可以批准，一些只能批准一部分；一些马上可以批复，一些要过一段时间才能批复。这些情况的出现，不仅会增加批复上的困难，甚至会造成请示无法批复。撰写请示的机关本想省事图快，结果却反而增加了麻烦，拖延了时日。

(四) 请示不得同时抄送下级机关

凡是要请示上级机关的事项，一般都是本机关职权范围内无权、无力、无法办理的事。它们在上级机关未作批复前，只是发文机关单方的“愿望”和“要求”，还不具备执行条件和行政约束力。它可能被上级机关批准，也可能被上级机关否定或提出某种变通处理意见。所以，将请示同时抄送下级机关，让下级机关知道还不具备执行条件和行政约束力的事情，极容易造成工作上的被动和混乱，甚至招致不应有的损失。

七、报告规则

（一）报告中不得带请示事项

报告，是用来汇报工作、反映情况、答复上级机关询问的公文文种，而一些报告的撰稿人却常常在汇报工作、反映情况完结之后，“夹带”写上请示上级机关批准或指示的事项。这些撰稿人以为这样可以省去单独写请示的麻烦，但实际情况刚好相反。因为按规定，上级机关对下级机关的报告，是不作批复的。既然不作批复，那“夹带”在报告中要求批准和指示的内容，就可能变为“泥牛入海”。当然，也可能上级机关阅读报告发现了这种“夹带”之后，会通知上送报告的单位就有关事项另以请示行文。这样的结果，虽然比前一种情况好，但这不仅没有减少麻烦，反而给上级机关和写报告单位都增加了不必要的麻烦，甚至可能会延误办事时间。可见，在报告中“夹带”请示事项，确实是不可取的做法。

（二）一般不得越级报告

倘若有紧急的工作或情况需越级汇报和反映时，在越级报告的同时，须将报告抄送被越过的上级机关。

八、报刊发表应视作正式公文的规则

经批准在报刊上全文发布的行政法规和规章，应当视为正式公文依照执行。在报刊上全文发布的行政法规、规章和法律、法令，一般都属于要求周知的不涉密的普发性下行公文。这类公文由报刊发布，当然就能以最快的速度与受文对象见面，并得到贯彻执行，从而收到精简文件、省时省力、事半功倍的效果。在报刊上发表的公文，要注明已经有关机关批准，否则无效。而受文机关对经批准在报刊上发布的公文，也应当视为正式公文贯彻执行，不必等“红头文件”了。

九、一般不得以机关名义向上级机关负责人报送请示、意见和报告

公文必须严格按照正确的渠道和程序进行处理，除上级机关负责人直接交办的事项外，不得以机关名义向上级机关负责人报送请示、意见和报告，否则可能延误公务，助长不正之风，产生误会或制造不必要的工作矛盾。

复习与训练

一、名词解释

行文制度　行文规则　行文关系　行文方向　行文方式

二、填空题

1. 向下级机关________，应当同时抄送直接上级机关。
2. 经________在报刊上全文发布的行政法规和规章，应当视为正式公文并依照执行。
3. 报告中不得夹带________事项。
4. 行文关系主要有________、________、________和________四种。
5. 行文方向分为________、________、________和________四种。

6. 党________要分开行文。

7. 联合行文的必要条件是机关单位必须________。

三、简答题

1. 本章中对行文方式作了几种分类？各种分类分别包括哪些类型？
2. 行文规则有哪几条？
3. 报告中为什么不能夹带请示事项？
4. 请示规则包括哪些具体内容？
5. 抄送规则有何必要性？
6. 何谓“条条”？何谓“块块”？

四、阅读与析评题

阅读报刊中的公文，并分析所阅公文体现了哪些行文制度。

第三章 主旨与材料

应用文书内容的基本要素包括主旨与材料，而结构、语言和文章体式等，则属于文章主旨与材料赖以外现的具体形式。内容决定形式，处于主导地位，形式又服务于内容，并给内容以一定的影响。

本章介绍应用文书主旨和材料的基本知识。

第一节　主旨与材料概述

应用文书必须主旨客观、鲜明、正确，材料典型、新颖、真实、准确。

一、主旨的概念和作用

（一）主旨的概念

主旨，又称主题、题旨、立意等，具体地说，主旨就是通过文章的具体材料所表达的中心思想、基本观点或要说明的主要问题，是作者对客观事物的评价和态度。

（二）主旨的作用

主旨的作用，主要表现在下述两个方面。

1. 主旨是文章的灵魂和生命

主旨决定着应用文书质量的高低、价值的大小、作用的强弱和影响的好坏。朱光潜在《选择与安排》中写道："每篇文章必有一个主旨，你须把着重点完全摆在这主旨上，在这上面鞭辟入里，烘染尽致，使你所写的事理情态成一个世界，突出于其他一切世界之上，像浮雕突出于石面一样。"应用文书的主旨一经确立，它就成了全文的中心，全篇文章因它而有了灵魂和生命。文章主旨的重要性还在于其社会价值。凡有生命力的文章，除了表现形式之外，没有不因为它们积极向上的深刻内容或美好情操的表露而受到世人瞩目的。因此，主旨的正确与否、深刻与否，决定着文章的质量、作用、影响和价值。

2. 主旨是文章的统帅，支配行文

每一篇应用文书的材料取舍、布局谋篇、技巧运用，乃至拟定标题、遣词造句等，都受到主旨的制约，并服从于主旨的需要。

下笔前先确定主旨，材料取舍、结构安排、方法运用、语言调遣就有了遵循，有了依据，写起来当然就可“得举止闲暇”，从容成篇；而主旨还没有确定就动笔写作，材料取舍、结构安排、方法运用、语言调遣就无可遵循，无可依据，当然难免“手忙脚乱”，甚至无法成篇。当然，倘若主旨不好，材料再典型、结构再完善、语言再符合应用文书的要求，仍然不是好文章。

二、材料的概念和作用

（一）材料的概念

应用文书的材料，是指为了写作应用文书而采取的，用于提炼、确立、表现写作主旨的事实和观念。它包括的范畴有两类：一是作者在写作前搜集、积累的各种事实、数据、意见、观点、经验、问题，以及上级有关指示精神等；二是经过选择，写进文稿中的表现主旨的所有材料。

（二）材料的作用

材料的作用，主要表现在下述三个方面。

1. 材料是写作的前提

材料是构成文章内容的物质基础，是写作活动的前提。

在写作学中，人们常将文章比喻成人：主旨如人的灵魂，材料如人的血肉，结构如人的骨骼，语言如人的细胞，表达如人的外貌、衣饰。这是很有道理的。如果没有材料或材料很少，文章必然言之无物，虚而不实，流于空泛；勉强硬写，写出来的东西必然是干巴巴的。所以，大量地占有材料，这是古今写作经验中最基本、最重要、最需要掌握的一招儿。只有学会了这一招儿，再加上懂得写作方法和技巧，才能使写出来的东西言之有物，合乎客观的要求。

2. 材料是形成主旨的基础

材料和主旨同属于文章内容，但主旨从材料中形成，材料是引发感受、提炼观点、形成主旨的基础。主旨是对全部材料思想意蕴的高度概括。

3. 材料是说明主旨的支柱

材料不仅是形成主旨的基础，还是说明主旨的支柱。没有材料的支撑，主旨根本无法确立；没有恰当的、能够说明问题的材料的支撑，主旨即使树起来了也立不牢。俄国著名科学家巴甫洛夫说过：“要研究事实，对比事实，积累事实。无论鸟翼是多么完美，但如果不凭借着空气，它是永远不会飞翔高空的。事实就是科学家的空气，你们如果不凭借事实，就永远也不能飞腾起来。”我国宋代学者朱熹也说过：“作文需是靠实……不可驾空纤巧。大要七分实，只二三分文。”这里的“事实”和“实”，所指的就是材料。如果没有材料，主旨就无从产生，也根本无法表现。

第二节 确立及显示主旨

应用文书的主旨是否正确，是否符合要求，是否能够充分地在文稿中显现，是关系到文章有无价值或价值大小的问题。

一、对主旨的要求

应用文书的主旨，一般来自三个途径：单位领导、工作实践、党政机关文件。

（一）要符合党和国家的政策、法令

主旨是应用文书的灵魂，必须与党和国家的方针、政策、法律、法令相符合。否则，就不可能在治理社会、管理国家的实践中发挥有效的、积极的作用。请看下面一篇公文：

华力五金厂关于加强安全保卫工作的通告

近来，我厂连续发生盗窃、斗殴和小型失火事故。有数位职工被歹徒打伤，财物损失数万元，为保证工厂的正常生产秩序，特作如下通告：

一、凡是本厂职工进入厂门，均要佩戴厂徽标志，否则作违反厂纪处理，扣发奖金。

二、外来人员进入工厂时，必须持所属单位介绍信或证件登记，出厂时，应接受行李物品，甚至搜身检查。

三、来客投宿，有关人员应报厂保卫科批准。在此期间，如厂内发生盗窃、失火事故，来客不准离开工厂，并要集中接受审查。

四、厂内职工离开车间或办公室，应关好门窗，以防小偷破门而入。

通告自××××年二月八日生效。凡自觉执行本通告的给予表彰，拒不执行者予以经济处罚或行政处分。

××××年二月一日

这篇通告存在违法的内容，如果公之于众，必然会引发或激化社会矛盾，产生消极甚至是破坏性的作用。所以，确立主旨时，要认真自觉地考虑主旨是否符合党和国家的有关政策和法令的精神。

（二）要符合机关领导意图

机关领导意图，就是机关领导对公务活动的基本要求和基本主张。不符合领导意图的文稿，领导理所当然不会签发。

如何领会和把握机关领导的意图呢？一般来说，要做到以下两点：

（1）在领导交代撰写任务时，一定要认真地听、记、想，对不明确或遗漏了的问题要及时问清楚，务必弄清楚领导的意图。

（2）在收集材料和分析材料的过程中，不断地领会领导意图。若发现领导的意图存在偏颇、疏漏、矛盾甚至错误，应及时和领导一起斟酌、推敲，乃至修正。

（三）要单一、鲜明、针对性强

单一，就是一篇应用文书只有一个主旨，不能有两个或两个以上的主旨。鲜明，就是主旨肯定什么、否定什么，赞扬什么、批评什么，提倡什么、制止什么，要明确，不能含糊不清、模棱两可。有很强的针对性，就是主旨包含的意见、主张、办法、措施，是为什么人、对什么事和什么问题而提出的，要清清楚楚。具备了这些要求的主旨，才能使人们容易理解、把握、贯彻、执行，才有利于人们提高按文办事的效率。

二、显示主旨的主要方法

显示应用文书主旨，实际上是解决如何表述应用文书主旨的问题。主旨的显示方法主要有下述几种。

（一）标题点旨

用标题概括点明主旨，即题目明旨。如《××市人民政府关于加强“门前三包”责任制管理的通告》，便在标题中概括点明了主旨。

（二）开宗托旨

在应用文书中明白、准确地表达主旨的句子，叫主旨句。主旨句常以介词结构“为了……”作为特征。在正文开头用主旨句来显出写作主旨，可达开门见山、开宗明义之效。通知、通报、通告、报告、规章文书等常用此方法。如《中华人民共和国教师法》第一条：“为了保障教师的合法权益，建设具有良好思想品德修养和业务素质的教师队伍，促进社会主义教育事业的发展，制定本法。”

（三）篇末点旨

在应用文书正文的结尾“卒章显志”，点明写作主旨，即为篇末点旨。

（四）呼应显旨

在正文的开头和结尾前后呼应，以突出主旨。

这种写法多是开头提出与主旨相关的问题，篇末呼应之。

（五）转换揭旨

在内容重大转换处揭示主旨，即片言居要。

（六）小标题显旨

即把主旨分解成几个部分，每个部分用一小标题来显示。也有一些主旨不是以小标题形式出现，而是以段旨句或条旨句的形式出现。

必须说明的是，在应用文书写作中，为使写作主旨更加突出、鲜明，常常将以上显示主旨的方法加以综合使用。

第三节　对材料处理的要求

应用文书作者收集到的材料，常常真伪混杂，良莠并存。对材料的处理，有一定的要求和方法。

一、选择材料的标准

（一）确凿

确凿，即真实、准确，是指写进应用文书里的材料，必须做到一真二准、确凿无误。这是写作应用文书选择材料时必须坚持的一条基本原则。

（二）切题

切题，是指写进应用文书里的材料，一是必须有针对性，能紧扣写作主旨；二是有实用性，能具体显示或说明观点。材料是否切题的实质是观点和材料是否统一的问题，我们应当做到观点统率材料、材料表现观点。材料与观点分离是应用文书写作的大忌。

（三）典型

典型，是指写进应用文书里的材料，应该是既能深刻揭示事物的本质，又具有代表性与说服力的材料。典型的材料能以一当十，令人注目，起到支撑观点的作用。

（四）新颖

新颖，是指写进应用文书里的材料，必须有强烈的时代感，能够表现客观事物的发展变化趋势，反映客观事物的最新面貌，以及现实生活中人们最关心的那些新人、新事、新思想、新成果和新问题。为此，写作者要跟上时代步伐，运用科学思维，用新的眼光考察各种现象，以高度的敏感发现新事物、新经验、新问题，以选出新颖的写作材料来。

二、材料处理的常用方法

（一）类化法

这是按材料的共同属性和特征将纷繁的材料进行梳理和归并，使之显示出“类”的特点。这种方法的关键在于确定一个能反映事物本质特征的、与分类目的相适应的、始终一贯的标准，没有这个标准的分类是没有意义的。应用文书写作中，用这种方法可以找出各“类”间的内部联系，从而逐渐提炼出有价值的小观点甚至全篇的主旨。经类化法处理后的材料因其具有重要的类别特征而极具使用价值。

（二）筛选法

这种方法强调对材料的选用不能停留在一般的认识上，必须像掘土找矿、沙里淘金那样，反复多次地鉴别、筛选，力求从纷繁的材料中找到最切合主旨的切合点。

（三）浓缩法

这是把有价值但又非常详尽纷繁的材料加以压缩，使之更为凝练、更突出精华的处理材料的方法。用这种方法处理材料要采用留主干、抓要点、除细节、科学抽象等方法，以凝聚出对表现事实或说明观点最有价值的内容。

（四）截取法

即选用一个完整事件的片断，或以一个完整事物的部分去表现观点的处理材料方法。这种处理材料的方法，不求事件的连贯、事物的完整，只求能言简意赅地说明问题和阐明观点。简报、通报、调查报告中叙事性较强的部分，常用此法处理材料。运用此法要注意：

（1）服从应用文书写作主旨的需要，从写作目的和材料本身的实际（诸如在文稿中的地位与作用、本身的构成与被读者接受的程度等方面）综合考虑。

（2）不能断章取义，扭曲原意。

（3）上下文衔接过渡应自然顺畅，表述角度应前后一致。

三、材料与观点的组织形式

（一）先亮观点，后举材料

这是先用层、段、条首先概括出观点，然后列举理论材料或事实材料来陈述观点的方法。用这种方法安排材料的优点是观点鲜明，先声夺人，头绪清楚，引人注目。

（二）先举材料，后亮观点

这是先列举事实、数字或说明根据，然后推导出结论、归纳出观点的方法。这种方法的优点是由事到理，说服力强。叙事性应用文书或文中叙事性较强的片断写作，常用此法。

（三）边举材料，边亮观点

即夹叙夹议的方法。这种方法的优点是既摆事实又讲道理，行文层层深入，便于阅读者理解。应用文书中叙事说理较强的部分常用此法写作。

复习与训练

一、名词解释

主旨　主旨句　材料

二、填空题

1. 材料是写作的________，是形成主旨的________，是说明主旨的________。
2. 显示主旨的方法有________、________、________、________、________和________。
3. 选择材料的标准有________、________、________和________。
4. 应用文书材料与观点的组织形式主要有________、________和________。
5. 应用文书处理材料的方法主要有________、________、________、________。
6. 材料是否切题的实质，是________和材料是否统一的问题。

三、简答题

1. 为什么在撰写应用文书之前必须确立一个明确的主旨？
2. 应用文书的主旨要符合哪些要求？

四、阅读与析评题

阅读下面这篇公文。这篇公文，主旨是否明确？理由是否具体、充分、有力？试推测上级领导看到这篇公文可能会产生哪些想法。请就其不足提出修改思路。

关于建宿舍楼的请示

区人民政府：

我局下属的单位多、职工多，老职工更多。过去因无资金从未建过一间职工宿舍。职工的住房非常困难，再不解决就会影响职工的工作积极性。但是过去我们无条件建房，现在我局在党的正确路线指引下，经过改革，企业有了活力。自去年，我局除了向国家上交利税外，还有一些盈余。我们准备用这笔钱，将一处商店撤销，并入附近商店，自筹资金、地皮，建一栋三门六层的职工宿舍楼。这样可以解决职工的住房问题，安定职工的工作情绪，也不会因撤销商店影响附近居民购买商品。

以上请示，恳请批准。

××区二商局

××××年六月四日

第四章 思路与结构

文章的结构和质量水准，主要取决于作者的思路。为了更好地认识和掌握应用文书的写作思路和结构的一般规律，需要将思路与结构在一章中作专门介绍。

只有充分地认识和明确应用文书写作的一般思路，才能更好地认识和掌握应用文书的一般结构形式。

提高应用文书的结构能力的根本途径，在于通过学习和训练，锻炼和开阔思路。

本章旨在通过对思路与结构的认识，为提高应用文书的成文能力打下一定的基础。

第一节　思维、思路与结构概述

在认识和处理思路与结构的关系前，必须先了解思维、思路的含义和特点等知识。

一、思维与思路的基本含义

每个正常人，都有能想会算的头脑。通俗地说：所谓的“想”和“算”，就是思维。

心理学对思维的表述为：思维，是具有意识的人脑对于客观现实的本质属性和内部规律做出的自觉、间接和概括的反映。

人的思维与语言紧密联系。语言是思维的载体，人需要借助语言进行思维。丰富我们的语言，就相当于打磨了思维的“武器”。

思路，是思维活动的运行轨迹。

文章思路，就是作者构思和写文章时，有规律、有条理、有方向、连贯的思维过程的“路线”。由于人们的思想观念、生活经历、文化素质、才情禀赋各不相同，写作目的和对文体的认识掌握存在差异，对问题之思考方法、习惯也有所区别，这些情况反映到文章里，就表现为文章的不同思路和形态。文章的思路，应当是作者整体思维、系统思考的结果。正如语言学家张志公先生在《怎样锻炼思路》一文中作的说明：“作者的思路是他对客观事物怎样观察、理解、认识的反映。思路不是凭空产生的，是以客观事物为基础的。

客观事物反映在作者头脑里，经过观察、理解、认识的过程，形成了他对这件事物的印象、看法、态度或感情。把这些印象、看法、态度或感情理出个头绪来，就是所谓的思路。按照这个思路写成文章，就是所谓组织结构。文章的结构组织是否严密，表明他对所写的客观事物是否形成了鲜明的印象、看法、态度或感情。”这段话对我们认识思路的性质、特点及其与文章结构的关系，有极大的帮助。

二、应用文书写作的思维特点

任何写作都是思维的艺术，思维主宰着写作的全过程。写作有其共同的思维规律，而不同门类的写作，又有其不同的思维特点。

一般来说，应用文书写作，有下述思维特点。

（一）构思行文主要运用逻辑思维

不同类型的写作，会采用不同类型的思维形式。文艺创作主要采用以形象组合为主体的形象思维，而应用文书写作则主要采用抽象思维即逻辑思维。所谓逻辑思维，是一种舍弃具体表象，依靠概念、判断、推理而进行的思维活动，它要在思维过程中实现由形象到概念、由具体到抽象的转变，并以抽象的概念来揭示事物的本质，表述认识的结果。

在应用文书写作中，选题立意的过程，主要是对材料的提炼、升华过程，要凭借逻辑思维来实现；在围绕主旨选择材料时，要判断材料有无价值并筛选出“必然有用”的材料组织进文章，这个过程，也主要凭借逻辑思维来完成；而安排结构，作者也是按照应用文书特定的要求和比较稳定的惯用格式，按照一定的逻辑顺序来组织内容的；至于下笔行文时，也主要靠严谨的、理性的逻辑思维驱动笔端。

逻辑思维是以逻辑推导为主体的思维形式，因此，要提高应用文书写作能力，就必须学点逻辑学、懂点逻辑学。逻辑思维不像形象思维那样除凭借语言外还可凭借形象、色彩、声音来思维，它只能依靠语言来思维。因此，应用文书写作绝不是像有些人说的那样对语言的要求不如文艺创作高。恰恰相反，它对语言的要求很高，有时甚至到了“一字入文，九牛不出”“一字千金”的地步。要提高应用文书的质量，非在语言文字上狠下功夫不可。

当然，强调应用文书以逻辑思维为主，并不排斥以形象思维为辅，而且，有时还要借助灵感思维。

（二）思维主体注重群体思维

应用文书写作客观上须注重群体思维。应用文书代机关立言，反映集体的意志、领导的意图，它构思、成文、制发的整个过程，已经集中了领导和群众的众多意见、主意，不再只是某人的个人意愿，而是集体劳动的成果、群体思维的结晶。

当然，这并不排斥应用文书的撰写要充分发挥个体思维的积极性。

（三）思维走势以定向思维为主

执笔者在起草应用文书时，通常有较强的被动性、服从性，受其制约，构思确立主旨往往是“意在笔先”；选择材料常有一定的目标、范围；安排结构，直至选用文种、确定格式，都常常事先有个大体的轮廓；语言也讲求实用、得体。这一切，都反映出应用文书写作构思行文以定向思维为主，而不是可以随意采用发散思维、求异思维等。

强调定向思维，有助于提高应用文书写作的质量和效率。

应用文书写作思维的定向，从宏观看，应服从党和国家的大政方针；从微观看，要服从机关单位领导的意图、群众的意愿和工作实际。应用文书写作的构思行文以定向思维为主，但并不排斥思维的创造性。

（四）思维过程常有一个由被动思维向主动思维转化的过程

文艺创作过程，思维起点通常是作者的主动思维。而应用文书撰写者常常是“奉命而作”，思维起点常常是被动思维。倘若一味被动思维，又会缺乏写作积极性，甚至影响写作质量，贻误工作。因此，在应用文书写作中，又必须努力、尽快地实现由被动思维向主动思维的转化，即由“要我写”变为“我要写”。

三、思路对应用文书结构的作用

文章的运思路线，总的来说，存在时空线、逻辑线、情感线和意识流线等类型。应用文书写作的运思，主要沿逻辑线和时空线展开。

文章的结构，实质上是作者认识客观事物的内部规律和事物之间的相互联系的思想脉络在文章中的体现和反映。张志公先生在《怎样锻炼思路》中说：“思路，这是关乎文章结构的最根本的东西。”思路是形成结构的基础。也可以说，思路是文章的脉络，而结构是思路的外在表现，或是思路的物化。为了完整严谨、条理清楚地组织应用文书的结构，准确、明显地表达思想，就要先把思路理清理顺。应用文书，要求作者能将思路非常清晰、缜密地表现出来。

如果说，思路中包含着思想，那么，对于公文来说，其结构与作者或者行政机关领导的思想，便是相对应或相统一的。在一篇公文中，发文机关要求什么、要求做什么、怎么做这一类问题，都必须符合逻辑、符合时空地在结构中得到反映。对于法规与规章文书，其章断条连式或条文并列式结构，更是作者的思路鲜明、具体而条理化的体现。企业事务文书的结构，事实上，与作者具体的思路亦相一致。

如果文章结构杂乱无章，则表明作者的思路杂乱不清；如果文章结构不严谨、不清楚，则表明作者的思路不缜密、不清晰。要想写好文章，首先必须理清理顺思路。

第二节　应用文书写作的常用思路

应用文书写作构思主要是运用逻辑思维来进行的。不同的文种，不同的写作意图，会运用不同的逻辑思维方法来构思，而这种思路又通常体现在应用文书的结构形式上。应用文书写作常用的思路有下述几种。

一、递进思路

递进思路是运用递进思维方法形成的一种文章思路。递进思维是认识事物或事理由浅入深、由表及里、由低到高、由小到大、由轻到重，层层递进、循序渐进的一种思维方法。运用这种方法，可以深入地、清晰地阐释某些比较复杂的事理，说明某些比较复杂的关系，有助于深刻认识事物的本质属性，使文章有一定深度。一些说理性较强的应用文书常循此法形成文章思路：或者是认识问题由浅入深层层推进，或者是提出问题→分析问题→解决问题。例如，《农村文化活动设施量少的现状亟待改变》的调查报告，按以下思路写成：

××县农村文化活动设施量少

↓

“文化饥饿症”带来农村生态文明建设

↓

文化活动设施量少的原因

↓

采取有力措施重视农村文化活动阵地建设

很显然，文章呈现的是典型的递进思路。

运用递进思路时，各层次间要环环扣紧，先写哪一层次，后写哪一层次，顺序不能随意调换、中断。

二、并列思路

运用平等、平行、并列的思维方式认识和对待事物或事理而形成的思路就是并列思路。并列思维认识事物或事理不存在由浅入深、由表及里的递进关系，而是将事物或事理平等看待，横向发展。如通知、决定的诸多事项以及规章文书的许多同类条文，大多体现的都是并列思路。并列思路是应用文书写作的常用思路之一。

三、比较思路

比较思路是运用比较和鉴别的思维方法形成的一种文章思路。

比较大体可分时间、空间两类比较。时间比较是在历史形态上的比较，通过比较能发现同一事物或不同事物在不同时期呈现出的差异，这也叫纵向比较（纵比）、历史比较。空间比较是在现实既定形态上的比较，通过比较能鉴别出不同事物在同一时期不同空间中呈现出的异同，这也叫横向比较（横比）、现实比较。纵比能追本溯源，使思路清晰，易于看到事物的发展变化，但思路又显狭窄，拓展不开。横比思路宽阔，易于看到事物与相关事物的差距，但又可能浮于事物表面，看不到事物的发展和实质。两者各有长短，可取其长综合运用，即采用方案比较法（又称为综合比标法或优选法）。就是在同等条件下，综合考虑到时空等多方面因素，将几种方案、几种情况进行全面比较，鉴别出最佳方案、最正确的情况来。在撰写规划、方案、可行性报告、经济预测报告、意见等文种的构思中，常采用这种综合比标法。

任何比较都要注意事物的可比性，即比较的标准（简称比标）要一致。要注意抓住事物的本质特征进行比较，以便更深刻地认识和把握事物的异同和性质。还要注意比较的灵活性，根据实际情况和写作需要，从多角度、多方面对事物作比较，以便更全面、更准确地认识事物。

四、归纳和演绎思路

（一）归纳

归纳，是从两个以上个别的、特殊的事物或道理的共同属性中，推出同一类事物或道理的普遍性结论的推理方法。它是从个别到全体、从特殊到一般的思维方法。应用文书写作运用这种思维方法便形成了归纳思路。如对某类客观事物共同规律的探讨、对先进经验的提炼总结等，都可运用这种思路。

归纳又可采用下述几种方法。

1. 完全归纳法

即穷究同类事物中所有个别事物的共同属性，推出普遍性结论的方法。这种方法不允许漏掉任何一个性质相同的个别事物。例如《国务院关于表彰国家科委等单位长年深入基层开展扶贫工作的通报》，它概括而重点不同地历数了国家科委等单位组成扶贫团（组）定点联系帮助贫困地区，使贫困地区经济、社会面貌发生了可喜变化等情况，然后强调指出："这些部门艰苦细致、卓有成效的扶贫工作，受到了贫困地区广大干部、群众的热烈欢迎，得到了社会各界高度赞扬。国务院特予通报表彰。"如不采用这种完全归纳法，就收不到应有的效果。

一般说来，运用归纳法来认识客观事物时，完全归纳法最可靠。但实际上，只有在少数情况下才能做到完全归纳。在应用文书写作中，一般较少用完全归纳法。

2. 简单枚举法

即根据对某类事物部分对象的概括，推出一般性结论的方法。这实属不完全归纳法。如《中共××县委员会关于向徐庆文、吴春山同志学习的决定》一文，归纳出的结论是"徐庆文、吴春山同志忠诚地为党和人民的事业奋斗了一生，他们的一生是光荣的一生。他们不愧是我党的优秀党员"。而归纳出这个结论的依据，就是选择他们一生中一些典型事迹来介绍，而没有罗列出全部事迹（那样写没有必要，也因篇幅所限而不可能）。不少调查报告、总结、情况报告、表彰或处分的文稿，都运用这种方法或思路。

简单枚举法运用起来虽然方便，但它极容易出现轻率归纳，以致以偏概全，使结论出现片面性、绝对化等错误。运用这种归纳方法，要注意两点：第一，不要轻易下结论，如果要下结论也应选择诸如"一般情况下""大体上""在一定条件下"等类限制性词语，以表明其相对性，留有余地。第二，不要仅仅注意同类事物的数量或表面相似处，而忽略了同类事物的本质属性，使结论偏离事物本质。要注意对重要的归纳对象或结论作进一步深入分析，充分考虑到时空变化后的情况，使归纳的结论更正确、更深刻。

3. 科学归纳法

即由某类事物部分对象与某种属性有必然联系，推出这类事物都具有这种属性的方法。它是以科学实验和科学分析的结果为主要依据，从研究同类事物的少数对象与某一属性之间必然的内在联系中，从探求现象之间的因果关系中，概括出普遍性结论。科学归纳法比简单枚举法可靠，但其结论仍要受实践的检验。科学归纳法考察的对象要有代表性，才能使结论正确。说理性较强的应用文书常用此法展开思路。例如《××市经委关于国有大中型企业转换经营机制的调查报告》，正是通过对该市几个有代表性的国有企业的典型调查、科学分析，而得出该市国有企业转换经营机制的几条可行措施的。文章运用了科学归纳法，结论必然令人信服。

（二）演绎

演绎是从普遍性的前提推出特殊个别性结论的思维方法。它与归纳的思维方向正好相反，是从全体到个别、一般到特殊。我们根据一般原理（公理、真理、常识或人们认同的共识等）可认识到包含在这一原理中的个别事物或道理，由此可形成应用文书的演绎思路。例如《××市××局关于机关干部勤政廉政的规定》写道："廉洁奉公是党的优良传统，是党的根本宗旨的具体体现，是党取信于民的根本保证，也是机关干部应具备的职业道德。只有做到高效廉洁，党的工作才能得到群众的信任和支持，党的事业才能得到群众的关心和拥护，党和政府才有可能带领和团结大家同心同德，共渡难关，深化改革，实现'四化'。全局干部特别是党员领导干部必须'从我做起，从现在做起'，以身作则，勤政廉政。根据我局工作实际，特作如下规定……"这里采用的就是演绎思路。在说理性较强的应用文书中，较多运用演绎法。

应用文书写作运用演绎法时，作为根据、前提的一般性结论必须正确无误，才能进行直接演绎。如果作为前提的一般性结论只是相对正确，那么在推理过程中，在肯定其大多数事物或道理的同时，也要考虑到个别事物的特殊性，以避免结论的片面性。

至于演绎法常用的推理方法，本书不作详细介绍。

（三）归纳和演绎的关系

归纳和演绎既是两种方向完全不同的对立的思维方法，又是互相依存的辩证统一体。归纳是演绎的基础，演绎的前提常常是依靠归纳而获得的。可以说，归纳的结论就是演绎的前提，离开归纳，演绎不可能进行。而归纳也离不开演绎，归纳时对个别事物的选择要达到准确、典型，得依赖演绎对这些个别事物进行检验，决定弃取。即根据尚未确定的、假设的一般去寻找、考察个别，才能正确地进行归纳；而归纳得出的一般结论，也要靠演绎去验证，去推广扩大。

应用文书写作中分别运用归纳思路或演绎思路时，一定要注意到这种联系，防止出现片面性。

五、总分思路

总分思路是运用综合和分析两种思维方法所形成的文章思路。总分思路在应用文书写作中也是常见的思路。分析就是把事物分成若干部分，分别加以研究，即是由总到分，化整为零。对实体事物进行分解，对抽象事物进行分类、剥离，就是剖析。综合则是把事物的各个部分联合起来，从整体上加以考察，也就是由分到总，集零为整。综合的过程，就是对实体事物组合、对抽象事物概括的过程。

分析和综合也是互相依存、互相联系、互相转化的。分析是综合的基础，没有分析，认识不可能具体深入，也就无从综合；综合是分析的前导，没有综合，不能统观全局，就可能只见树木，不见森林，分析就缺乏方向和目标。分析重在发现事物的本质，分析不是目的，而是认识事物的手段。分析之后，还要把事物的各个部分放到事物的整体中，放到各个部分的相互联系、作用和矛盾中，放到事物的运动、变化中去考察它们的地位、作用，从而去把握其本质。而综合也不是现象的罗列，不是事物各个部分机械地相加，而是要按照事物各个部分间的有机联系，对事物各个方面作全面的、本质的反映，从而从整体上把握事物的特征。这也是分析的目的。

在应用文书写作中，文章要点面结合、铺陈得开，关键在于构思时善于分析客观对象，且善于在分析的基础上进行综合。

六、因果思路

因果思路是运用探因和寻果的思维方法形成的文章思路。在应用文书写作中，根据写作意图和民众接受心理，较多地采用由果溯因的思路。

应用文书写作采用因果思路时，首先要全面分析导致结果或现状的原因。在诸多原因中首先抓住主要的、根本的原因，同时也不忽视次要原因。要实事求是地、全面地分析事物的内因和外因，不能只抓一点不及其余，防止片面性和绝对化。其次要深刻地分析产生结果的原因。要深入分析，从原因中去探究产生原因的原因，这就是所谓的因因分析。因为有时表面的原因也只不过是个现象，如果我们的分析浅尝辄止，只根据这个表层的原因得出结论，这个结论就可能是十分肤浅的。因此，要力求“打破砂锅问到底”，揭示出最深层的、最根本的、最起作用的原因，这样才有助于抓住事物的本质。比如，某厂生产的传统产品出现销售疲软势头，厂方要求做出调查并写出市场销售情况的调查报告。通过调查，发现销售疲软是由于广告宣传不力、营销渠道不畅、产品包装陈旧、产品式样单一、产品质量下降等多种原因。经过分析研究，认定其中质量下降是关键。进一步分析，发现质量下降的原因是生产第一线工人不顾质量，检验工不负责任。又深入分析，发现造成这种状况的原因是管理不善，制度不严，职工普遍缺乏质量意识。再追本溯源，发现主要是厂领导班子缺乏市场优胜劣汰的竞争意识，只抓产品数量、产值，忽视产品质量。这样层层深入，抓住了深层次的根本原因，提出了“领导重视，狠抓质量，注重宣传，打通渠道”的对策，使产品销售重新出现了增长势头。

以上只是应用文书写作中的常见思路。在应用文书写作中，常常综合运用几种思路成文。

第三节　应用文书的结构

应用文书的结构具有自己独特的特点。认识应用文书的结构及表现形态，有利于提高阅读和写作能力。

一、对应用文书结构的要求

（一）要反映客观事物的本质联系和规律

客观事物本身有它的存在形式，有它的特点，有它的运动规律。文章表现的对象是客观事物，其结构形式应取决于内容，体现客观事物本身的内在本质联系。应用文书写作也是如此。如写通报，无论是用于传达重要情况，还是用于表彰或批评，都必须把事实叙述清楚。因此，应用文书作者就要依据事件发展的过程、事物的特征来安排正文结构，以反映通报对象的内在本质及规律。

（二）要服从表现主旨的需要

文章的结构安排，就是要把内容材料组合成一个统一的有机整体以表现主旨。因此，内容材料的详略、先后，层次段落的划分等，都必须紧紧围绕主旨，让主旨贯穿全文始终。例如写请示，顺序上应先写理由，再叙事项，最后提出请求。详略上，理由部分应简明扼要，概括性强；请示事项部分包括意见与要求，是全文重点，要详写，要写得具体明确。最后，以模式化请求语结束。

（三）要做到层次清楚、思路清晰

层次的划分与段落的安排，具体展示作者的思路与文章的结构。应用文书写作中，要特别注意根据主旨的需要安排好层次段落，以清晰地展示作者的思路。如写事件，一般就有发生、发展、结局的过程，写问题就有暴露、认识和解决的过程，而这些都要求作者循着“开端→发展→结局”或“发现问题→分析问题→解决问题”的逻辑顺序安排层次。

（四）要适应不同文种的体式特点

凡文种都有相对稳定的结构体式，应用文书一般都具有严格的体式规范。应用文书的结构安排需适应体式的规范要求。这就要注意研究、把握公文和其他应用文书文体样式的规范。如写工作通知，要写通知的目的依据、通知的事项和执行的要求；写经济活动分析报告，要写基本情况、分析评价和建议；写法规、规章则一般要以总则、分则和附则作总体布局。

二、应用文书结构的内容及表现形式

（一）标题

应用文书的标题通常有下述三种形式。

1. 公文式标题

公文式标题程式性强，表达平直，主要用于正式公文。一般情况下，它由发文机关、事由和文种三项组成，人们把此三项称为公文标题“三要素”。

2. 新闻式标题

新闻式标题即通常说的文章题目式，它又可分单标题和双标题两种。

单标题即单行标题，通常有三种标题方式：

（1）主旨式。标题提出应用文书的主旨，如“必须加强生态文明建设”。

（2）事实式。标题陈述基本事实、情况，如“大巴山捕蛇严重导致鼠害猖獗”。

（3）问题式。标题提出问题，规范内容走向，如“职工的归属感从何而来”“首都钢铁公司是怎样实行经济责任制的”。

双标题即指有正题和副题的双行标题，其中正题符合单标题的要求，更多地突出应用文书的主旨，副题则对正题起补充说明的作用，通常说明应用文书写作的内容范围和文种，如“艰苦的拼搏，丰硕的成果——××省供销系统20××年工作总结”。这种标题信息量丰富，表现灵活，简报、总结、调查报告等常用这种标题。

3. 四项式标题

这是由公文式标题变通而成的一种规范的标题形式，通常由单位（或对象）、时限、事项和文种四个部分组成，如“××市××研究所20××年度科研工作总结”等。这种形式的标题，程式性强，常用于应用文书中的计划、总结以及法规、规章、经济文书等。单位（或对象）、时限，可以视具体情况而省略一项或两项。

不管是什么形式的标题，作为应用文书，标题都要能显示主旨或者显示主要内容，这是硬性的要求，也是与文学作品灵活多变、异彩纷呈的标题的不同之处。

（二）开头

应用文书的性质和特点决定了应用文书的开头必须直截了当、开门见山，越简洁越好。开头应当点题或揭示应用文书的内容走向，并领起下文。常用的开头方式有以下几种。

1. 概述情况

这种方式要求开头简明扼要、切题地介绍有关情况或背景。报告、会议纪要、总结等常用此法开头。

2. 说明根据

这种方式开头即引用上级指示精神或有关法律、法规，常以“根据”“遵照”“按照”等词语领起下文，鲜明标示出行文有据，表明应用文书内容的权威性。通知、批复、规章等常用这种方式开头。

3. 直陈目的

这种方式开头，常用“为了”“为”等介词构成的主旨句领起下文。法规、规章、决定、通知等应用文书常用此方式。

4. 交代原因

这种方式开头，常用“由于”“因为”“鉴于”等词领起下文，也可直接陈述发文原因。

5. 阐明观点

这种方式开头先提出观点，或者点明主旨，接着加以解释说明，以引起读者的重视。

6. 表明态度

这种方式开头直截了当地对批转、转发或发布的文件或者有关的事项、会议表明态度，做出评价，提出看法。批转、转发性通知多采用此方式开头。

7. 引述来文

这种方式开头引述对方来文、来电的标题、文号，然后引出下文。应用文书中的复函、批复普遍使用此方式开头。

8. 提出问题

这种方式开头提出问题，提示应用文书的主旨或主要内容，以引起阅读者的注意与思考。各类调查报告常用这种方式开头。

应用文书的开头，有时是多种方式的综合运用。

（三）结尾

应用文书常见的结尾方式有以下几种。

1. 作强调

正文结束时，对文中的主要问题作强调说明，以引起阅读者的重视。

2. 作请求

正文结束时，写上请求上级批复、批转、批准或请求对方帮助之类的话语。公文中的请示、函等普遍使用此方式结尾。

3. 作总结

正文结束时，对文中的主要观点或问题做出归纳或总结，使读者对全文有一个较完整的印象。

4. 作要求

正文结束时，提出要求、希望或发出号召。

5. 作补充

正文结束时，补充交代有关事宜。通知、法规、规章等常用这样的结尾。

6. 显文种

以模式化的方式把名词性文种作动词用，并以此结尾，如“特此通告”“特此通报”“特此通知”“特此报告”等。

除上述几种结尾方式外，还有祝贺、慰问式的结尾，以及主体部分意尽即文完，不再另写结尾等方式。

（四）层次

每篇应用文书都是反映一定事理的逻辑体系，它包含着若干层次。所谓层次，是作者在表述主旨过程中形成的相对完整、相对独立的思想单位和意义单位。层次又称为“意义段”，它是作者思路的展开步骤和应用文书内容阶段性的逻辑体现。

应用文书层次划分的方式主要有下述几种。

1. 纵向推进

这种方式按时间推移或内容深化来排列层次，其思路是纵向展开的。常见的有三种情形：

（1）直叙式。这是以时间先后为序，按照事情的发生、发展、变化过程的次序安排层次。采用这种方式，一定要体现事件的过程性特点，表达上要注意突出重点，不平均用力。直叙式头绪单一，便于将事情的来龙去脉表达清楚，常用于内容单纯、叙事性强的文种。调查报告、总结的正文常采用这种方式安排层次。

（2）递进式。这是按事理变化、发展的顺序或对事物的认识过程来安排层次。在应用文书中，这种方式可以程式化为“叙事→说理→结论”或“提出问题→分析问题→解决问题”等。说理性较强的文种常用这种方式安排层次。

（3）因果式。这是按前因后果或前果后因的顺序来安排层次，如应用文书中的通报，其正文结构安排一般先写通报原因，再写表彰或处理意见，行文体现由因而果的逻辑顺序。

2. 横向展开

这是按事物的不同方面或不同类别来排列的层次，其思路是横向展开的。

这种层次可具体分为两种方式：

（1）按照空间位置的变换来划分层次。

（2）按照材料的性质或内容的特点划分层次，多用于内容较为复杂、涉及面较广的应用文书。

这种横向展开的方式在应用文书中使用相当普遍。

3. 总提分承

这是一种辐射式展开的层次，鲜明地体现着领属关系或整体与部分的关系，其特点是中心突出、层次分明、条理清楚。这种层次在应用文书中，多为先总后分，也有从总到分再到总，很少是先分后总的。应用文书中的通告、通知、会议纪要等的正文结构常呈现这种层次。

4. 纵横交叉

这是将纵向推进和横向展开综合起来交叉安排层次的方式。采用这种纵横交叉方式要注意有主有辅：或是以纵向为主，以横向为辅，或是以横向为主，以纵向为辅，不能平均用力。一些内容复杂、时空变换较大、篇幅较长的应用文书往往采用这种方式。

（五）段落

段落是文章布局谋篇的基本单位，是作者为了表达文章思想内容而做出的划分，习惯上称作“自然段”，一般有换行空两格的明显外在标志。应用文书正文分段的目的，在于清晰而有次序地把内容展示出来，它着眼于表达的效果。

应用文书正文写作中，划分段落的原则是必须做到单一、完整、有序与合理。单一，指在一个自然段里，只说一个意思，不把其他无关的意思混杂在一起说。完整，指一个自然段把一个意思说完全，不残缺，不留尾巴，除为了特殊的表达效果，一般不把一个意思分散在几段去说。有序，指段内的句子之间、段落之间的组合关系要合理，要有逻辑性与连贯性。合理，指段落的划分，要注意长短适度，匀称得当，既要服从应用文书内容表达的需要，又要符合应用文书阅读者的接受心理。

（六）过渡

过渡，指文章中相邻层次、段落间的衔接、转换。它的作用是承上启下，使文章内容转换更自然，联系更紧密，文气更通畅。应用文书正文写作中过渡的方式有以下四种：

（1）以词语过渡，如“为此”“对此”“总之”“由此可见”“综上所述”“但是”“相反”等。

（2）用总结上文、提示下文、设问句等表承上启下的句子过渡，这些句子可以放在前段的段尾，也可放在后段的段首。

（3）用一个相对独立的自然段来承转过渡。

（4）不用任何明显过渡标志，而是靠文中内容内在联系过渡。

（七）照应

照应，指文中不相邻的层次、段落间的关照与呼应。它的作用是加强文章前后内容的联系，增强文章的整体感。常见的照应方式有以下几种。

1. 首尾照应

这种照应使文章首尾圆合，结构严谨。

2. 文题照应

应用文书的标题往往体现其主旨，照应标题有突出主旨的作用。

3. 针线照应

围绕主旨或基本事件，行文中针走线行，多处照应。这种方式由于多处相互照应，可以起到强化主旨、突出中心事件的效果。

三、应用文书结构的常见类型

（一）并列式

文章中几个层次之间的关系是平行的、并列的，这样的结构方式为并列式，也称横式结构。比如对财务状况进行分析，可以从资产、负债、利润、成本、费用等诸方面展开具体分析，这几个方面的内容就是并列的关系。

（二）递进式

递进式是指以时间的先后为顺序，或以由现象到本质、从因到果等逻辑关系为顺序，逐层深入展开的结构形式，也称纵式结构。比如，开头提出问题，然后剖析研究问题，再找出原因得出结果，最后提出解决问题的办法或建议。

递进式结构采用的是纵剖思路或因果思路。

（三）条文式

法规、规章和职能部门的一些行业文书，不少都使用了这种形式。全文从头到尾都用条文组织内容，显得眉目清楚，排列有序，简洁明了。应用文书中的条文式结构，一般可采用以下两种。

1. 章断条连式

适用于内容多、篇幅长的法规、规章。这种结构以章为序划分有关法规、规章的层次，各章下的“条”不依章断开另起开头，而是连续编号。这便于执行承办时援引有关条文。极少数还在章下分节，节下再分条。章、节、条均用汉字数目表示，如第一章、第一节、第一条。条下有的分款，款不带序数，一个自然段就是一款；有的列项，项冠以带圆括号的汉字数码，如（一）、（二）等。项下可分目，目冠以阿拉伯数字，如 1、2 等。

2. 条文并列式

适用于内容不太多、篇幅不太长的法规、规章和其他应用文书。条下同样可分款或项、目。若是非法规、规章的其他应用文书，通常不用“第×条”标示，其标法形如：第一层为“一、”，第二层为“（一）”，第三层为“1.”，第四层为“（1）”；不另以其他数码为序数。若是只有一层时，则以“一、”这类数码为序数。

条下的款或项、目独立成段。段间内容具有相关性。

（四）总分式

即开头先对全文的内容作简要的概述，然后依次分别对其展开论述。如在“总结”中，先对全年生产完成的情况作简要介绍，而后对各方面生产情况作具体论述。总分式还可以分为先总后分式、先分后总式及先总后分再总的总分总式。总分总式通常适用于篇幅较长的经济文书，如“调查报告”“经济活动分析文书”“经济论文”等。总分式结构需采用总分思路。

（五）篇段合一式

正文全文内容包容在一个完整的自然段内，即一个段落就是一篇完整的文章。

采用这种形式的应用文书一般都内容单一。

（六）表格式

这是应用文书不同于其他文体所特有的一种结构形态。表格式应用文书通常有两种形式。

1. 事先编制成的表格式文书

表中各项之后空白，让人按规定填写。表格文书一般要注明表格的填写要求和注意事项。如申报专利、商标的有关文书，有些行业的专用文本如税务征管文书、财务会计文书等，都采用了这种形式。有时，这种文书还填写一式若干份，以利存查、验讫。随着应用文书处理过程中电子计算机等办公自动化设备的应用，表格式应用文书会越来越多。

2. 临时撰制的表格式文书

这是有关职能管理部门或者企事业单位，为反映某一地区、行业或者企事业的某些情况，根据写作目的，将有关统计数据编制成表格。

（七）不成文式

这是应用文书特别是其中的告启类文书所特有的一种外部形态。它不像一般文章那样有完整的结构内容，开头、结尾、层次、段落、过渡和照应都不一定齐备或有明显标示。通常采用图文相间的形式或者图表形式。不成文式文书多是一些广告、海报等告启文书。撰写不成文式告启文书，要注意两点：一是告启事项要周全；二是重点明确，不能因图害意，让图画冲淡、掩盖了主要内容。

第四节　公文正文基本内容模块及结构模式①

国际劳工组织研究开发出一种模块式技能培训法，其基本思想是：每个职业都可看成是由可分解的若干个被称为“模块”的工作任务构成。职工通过培训，逐个掌握各个模块所包含的知识内容之后，就能够上岗从事这一职业。这种模块式技能培训法，与《党政机关公文处理工作条例》规定的现行公文的写作，存在一定的关系。之所以如此说，是因为公文本身就具有显著的规范化体式的特点。存在规范化体式特点，必然存在内层结构上与之相应的深层结构构成成分；每一个基本构成成分，必然包含有相对固定的构成内容，而这种包含相对固定内容的基本构成成分即可视作模块。

本节以公文具有基本构成模块为基础，探讨公文正文内容的一般结构模式。

一、公文正文基本内容模块及其界定

公文正文存在哪些基本构成模块？对公文正文基本内容构成模块的认识，同样要遵循马克思关于一般规律只有在对偶然性进行大量概括的基础上才能看到的思想而进行②。唯有通过分析、研究大量的公文实例，方可概括、提炼出公文正文基本内容的构成模块。

下面是能说明公文正文基本内容模块的典型例子：

关于表彰袁汉辉同学和华南师大附中等单位的决定

各市、县、自治县人民政府，省府直属单位：

袁汉辉同学在第34届国际数学奥林匹克竞赛中获得金牌，为广东省争了光。为
(1)
表彰袁汉辉同学及华南师大附中等单位的突出成绩，为促进我省的数学奥林匹克竞赛
(2)
活动，培养青少年热爱科学、勇于进取的精神，省人民政府决定：
(3)

（一）给予袁汉辉同学颁发奖状和奖金一万元；
(4)

① 本节内容节选自本书作者杨文丰的两篇论文：《公文结构模块模式之建立及其教学》（《写作》1997年第2期）和《公文正文内容显性隐性结构模式及教学意义》（《秘书》2002年第2期）。这两篇论文被专家誉为是杨文丰教授创立公文模块及结构模式写作流派的支撑性理论，本教材全书均贯穿着模块化便捷写作的理论。

② 马克思，恩格斯．马克思恩格斯全集（中文1版）：第25卷．北京：人民出版社，1974：936．

（二）给予华南师大附中和中山市教委颁发奖状和奖金各五千元；
（4）

（三）给予省数学学会和广东省数学奥林匹克业余学校颁发奖状和奖金各五千元。
（4）

希望袁汉辉同学和受表彰的单位，戒骄戒躁，再接再厉，争取更大成绩。
（5）

广东省人民政府

××××年八月十五日

注：例文中的序号（1）、（2）、（3）、（4）、（5）为本书编著者所加。

公文正文的基本内容模块一般来说有五个，即“依据”“目的”“文种承启语”“事项”“要求”。在上例中，“（1）”所标的内容为依据；“（2）”所标的内容为目的；“（3）”所标的内容为文种承启语；“（4）”所标的内容为事项；“（5）”所标的内容为要求。依托例文，阐发公文正文基本内容模块的内涵，便比较便利。

一般来说，所谓“依据”，属于公文制作的缘由、现实根据或法律根据，以及有关事件的情况交代等公文制作的出发点。每一篇公文的制作皆有依据。在上例中，袁汉辉同学获奖是发文的依据。依据，体现了制发公文的根据、必要性、适时性和针对性。

“目的”，即是制发公文的目的。目的有时表现为惯用语“目的句”（或称为“主旨句”）。目的句常以带“为”“为了”等介词的提示语句表达。每一篇公文皆有发文目的。目的，其实也包括了发文的意义。目的句的作用，主要是开宗明义，提示发文的目的、意义或动机，以引起、集中受文者的注意力。

“文种承启语”为一种承上启下、启示事项的过渡句子。之所以叫文种承启语，还由于这个句子包含着对所发公文属于何种文种的提示。如上例为“决定”，所以文种承启语便是“省人民政府决定”。

“事项”是一篇公文的重点，是公文制作者围绕或根据主旨而展开的内容、叙述的情况、分析的问题，或提出的做法、措施以及执行的方案等一类内容。事项集中体现了行政机关对某项工作具体的政务行为和态度措施。在上述例文中，事项表现为受表彰的对象、奖状和奖金。

“要求”，是文末针对或围绕事项而提出（或补充）的希望、号召、倾向，强调的问题，以及面向全局而作的指示等。在上述例文中，要求表现为对袁汉辉同学和受表彰单位的希望。

二、公文正文基本内容模块的排序及正文基本内容显性结构模式

公文正文基本内容模块构成一篇公文，必定存在特定的、内在的逻辑关系，这种逻辑关系的外在形式表现为一定的排列顺序。

“依据”既然是何以会写这一篇公文的理由、根据，为公文制作的出发点，那么，按逻辑关系，应排首位。“目的”提示在特定的背景之下制作公文的考虑，表明动机，要以

依据为前提，自然与依据紧邻，且必须在依据之后。为启示达到目的而采取哪些具体措施、方法和意见的“文种承启语”，必然位于目的之后、事项之前。“事项”之后需要进一步强调、提示，或为落实具体的做法而发出希望及号召等，这些针对事项而发的意见性“要求”，只能排在事项之后的文末。前述例文所呈现的实际上便是这种排序。

根据以上的分析，公文正文基本内容模块的排序如图 5－1 所示。

图 5　公文正文基本内容模块的排序

图 5－1 表现的是完全式或标准式公文正文基本内容模块的排列格式，属于最规范的格式。凡是规范的格式强化到极致，都可成为模式。模式，可以来自对客观规律的发现，也可以是带有一定的人为性、理想化的规定。由于上述模式显明了构成公文正文内容基本的、完全的模块及其排序，因而，可将之定义为“公文正文基本内容显性结构模式”。

三、公文正文基本内容隐性结构模式

在现行公文中，公文正文基本内容显性结构模式是一种完全式模式。实际流通的公文，常常可省略部分结构模块。被省略的结构模块，类似于高等数学中的隐函数，是一种隐性模块。隐去了部分结构模块的公文结构模式，可以定义为“公文正文基本内容隐性结构模式”。

判断公文正文基本内容结构模块能否隐去，须遵循四个原则：一是有利于突出主旨的原则；二是适应文种特点的原则；三是服从内容表达需要的原则；四是简明精练的原则。

在公文五个基本内容模块之中，事项是核心，因而绝对不能省略，也无法省略。

单一模块模式，即只有唯一不能省略的模块——事项。这种类型的公文极为罕见，迄今，本书作者只发现下面一例：

中共中央、全国人大常委会、国务院
关于宋庆龄副委员长病情的公告
（第一号）

宋庆龄副委员长患冠心病及慢性淋巴性白血病，经多方治疗，未见好转。曾多次出现发热、呼吸困难、心跳加快等症状。二月十四日晚，突发寒战高热，热度达摄氏四十点二度，有严重心力衰竭。目前病情危急，正在积极抢救治疗。

一九八一年五月十五日

一般来说，公文正文基本内容隐性结构模式有单一模块模式、二模块模式、三模块模式和四模块模式四种类型。由于该内容超出了教学大纲的范围，不作赘述。

四、认识公文正文基本内容显性、隐性结构模式的意义

（一）有利于循格阅读，强化对公文内容结构的认识

认识和掌握公文正文基本内容显性和隐性结构模式，尤其是在明确了结构模式图后，

由于图形直观、形象、具体，在一定程度上，能较强烈地刺激视觉，强化记忆，因而有利于记牢。如果说，在未引入公文正文结构模块之前，阅读公文尚不易体现格式化的思想，那么，引入其之后，再阅读公文，就容易将公文正文基本内容结构模块与所阅读的公文内容结构进行比照，找出对应处和相异处。在阅读和析评现行公文的结构时，亦易于对之做出是显性还是隐性结构模式的分析。这样，就能将本来较被动和较混沌的学习，变成有格可循、较能发挥主观能动性的学习。

（二）有利于规范撰稿思路，循格快速写作

公文正文基本内容显性和隐性结构模式的引入，可以带来写作训练的两个改进：

（1）能够将整篇公文的写作训练，改成类似于“模块式技能培训”的写作训练方式，即将整篇公文的写作训练分为两步：第一步进行各单项模块的写作训练，第二步进行组合式整体公文写作训练。各单项模块写作训练，有很强的针对性。

（2）将比较无序的谋篇布局思路变成规范性较强的撰稿思路，甚至可以在下笔前对显性结构模式的五个模块皆进行全面的考虑，然后，对符合隐性原则能够隐去的模块，都做出隐性处理。实践证明，利用这种做法能较快地循格写出较好的公文。

复习与训练

一、名词解释

思维　思路

二、填空题

1. 语言，是________的载体。
2. 应用文书写作的运思，主要沿________和________展开。
3. 文章结构杂乱无章，则表明写作者的思路________。
4. 应用文书写作的常用思路包括________、________、________、________、________和________六种。
5. 新闻式单标题通常有________、________和________三种方式。
6. 公文正文基本内容模块有________、________、________、________和________。

三、简答题

1. 应用文书写作的思维有何特点？
2. 文章结构的实质是什么？
3. 写好文章的思路前提是什么？
4. 什么叫横断思路？它与层次的横向展开的关系是否一致？
5. 什么叫纵剖思路？它与层次的纵向展开的关系是否一致？
6. 分类、归类要注意哪些问题？
7. 对应用文书结构有什么要求？

四、分析讨论题

1. 为什么说思路对文章的结构至关重要？
2. 是否存在既可以用横断思路构思，又可以用纵剖思路构思的文章？若有，试举例

说明。

3. 递进思路的作用是什么？试结合例子说明。

4. 判断公文正文基本内容模块能否隐去要遵循哪四个原则？

5. 认识公文正文基本内容模块有何意义？

6. 应用文书写作与文学创作在写作思维上有何差别？

五、阅读与析评题

1. 下面是几篇应用文书的开头，试根据题后的选项提示判断它们分别属于哪一种（或几种）开头方式，并概括各段开头的立意。

（1）××××年，我们在县委、县政府和地区纪委、监察局的领导下，以习近平总书记对纪检工作的指示精神指导，组织带领全县纪检监察干部全面履行职责，突出工作重点，狠抓执纪办案、治风纠案、执法监察、控申信访、党风廉政教育等各项工作，较好地完成了全年目标任务，为全县政治、社会稳定和经济发展作出了贡献。

（属______式开头）

（2）近年来，全市酒类生产发展过快，已登记发照的社办酒厂有37个，国有酒厂12个。去年生产白酒4 200吨，酒类生产已处于饱和状态。目前申办酒厂的单位还在增加，特别是乡镇、个体户要求办厂的较多。个别的未经申请办理执照，擅自开业；部分酒厂在质量上也未达到要求。为了使酒类生产健康发展，根据《工商企业登记管理条例施行细则》的有关规定，特提出如下请示。

（属______式开头）

（3）根据省人民政府侨务办公室、省统计局、省财政厅《关于××省首次侨情普查的通知》精神，为进一步做好我市侨务工作和对台工作，把侨、台工作重点转移到为经济建设服务上来，促进我市对外开放和外向型经济的发展，现确定在全市开展侨、台情况普查工作。

（属______式开头）

（4）你厅《关于拟录用××××年大中专毕业生的函》（国安政〔××××〕18号）收悉。经研究，现复函如下。

（属______式开头）

选项提示：

A. 概述情况式开头　　B. 说明根据式开头

C. 直陈目的式开头　　D. 交代原因式开头

E. 阐明观点式开头　　F. 表明态度式开头

G. 引述来文式开头　　H. 提出问题式开头

2. 下面是几篇应用文书的结尾，试根据题后的选项提示判断它们分别属于哪类结尾方式。

（1）正确处理医疗事故是保障病员和医务人员合法权益、维护医院工作秩序和社会治安的一项重要工作。望各级人民政府加强对这项工作的领导，督促卫生部门加强对医务人员的医德教育和业务技术训练，积极预防事故的发生；督促有关部门相互配合，协同做好医疗事故的处理工作。同时，对无理取闹而影响医院工作秩序的人，也要严肃认真处理，以维护安定团结，保障医院工作的正常进行。

（属______式结尾）

（2）以上意见如无不妥，请批转各地执行。

（属______式结尾）

（3）希望各级人民政府加强领导，结合实际情况做出规划，切实办好职业技术教育，使这一工作出现新局面。

（属______式结尾）

（4）到会同志一致表示，试点单位作为改革的先行者，必须加强党的领导，做好思想政治工作，统一和提高各方面的认识，勇于克服因循守旧的思想和传统观念，满腔热情地支持干部和群众的创新精神，从实际出发，精心研究改革中出现的新情况、新问题，努力做到方向准、决心大、路子顺、效果好。

（属______式结尾）

选项提示：

A. 强调式结尾　　　B. 请求式结尾

C. 总结式结尾　　　D. 希望号召式结尾

E. 补充式结尾　　　F. 祝贺慰问式结尾

G. 专门结尾用语式结尾

3. 试找出下面各段的段旨句。

（1）城镇最低生活保障制度建设有了较大进展。截止到去年年底，全国已有××个城市建立了最低生活保障制度，山东、江苏、浙江、广东等省还整体设计，连片实施。目前用于保障群众最低生活的差额补贴资金已达数亿元，受益群众百万人。今年初还将有一大批城市出台这项制度。实践证明，在城镇建立最低生活保障制度，有利于解决困难群众的生活问题，有利于化解社会矛盾，理顺群众情绪，确是维护社会稳定、促进经济和社会发展的重要举措。

（2）应当看到，在对外经济开放初期，我们也干了不少蠢事。如购买了116条彩电装配线，等于西欧几个国家彩电装配线总和的5倍，而元器件供应能力和年产量只有100万台，不及生产设备能力的一半，也就是说有一半以上是多余的、不必要的。其他如收音机装配线、电冰箱装配线、塑料渣纸生产线、席梦思生产线、铝压延加工生产线……也都超饱和地购买。其实装配线并不是什么先进设备，而是发达国家淘汰下来的，其技术也不难，可以在国内自己生产制造，不必进口。去年福建莆田市就向菲律宾出口一条电视机装配线。大量购买器件，更加依赖外国，不少产品又不能出口，与对外经济开放的原则背道而驰。

4. 阅读下面各段文字并归纳出各段段旨。

（1）目前，已有63个国家和地区面临缺水危机。我国是一个淡水资源贫乏的国家，人均淡水占有量只有2 700吨，只及世界平均水平的1/4，居世界第84位。我国淡水资源的分布与人口和耕地的分布是不相适应的，80%集中在长江以南，所以，有一个南水北调的任务。因此，从全局出发，我们必须重视长江水源的涵养和保护。

（2）反腐败斗争涉及面较广，特别是行业不正之风，几乎侵蚀到各行各业以及这些行业的许多方面。因此要抓好面上的思想教育，从根本上提高干部队伍的素质，坚决制止以手中的职权谋利的歪风，大力发扬全心全意为人民服务的精神，表彰为国家、集体、社会做出奉献的优秀人物，切忌鼓吹“一切向钱看”。要大力加强思想道德教育，特别是职业道德教育，树立良好的社会风尚，清理产生不正之风的社会环境条件。

第五章
应用文书语言的主要表达方式

应用文书的语言表达必须体现出应用文语体的特点和风格。应用文书语言具有明晰、准确、简朴、庄重、得体的特点。

语言表达方式，古人称为“笔法”，今人称为表现手段。语言表达方式是运用语言介绍情况、陈述事实、阐述观点、总结经验、探索规律、表达情感的具体方法、手段。

通常，人们使用的文章表达方式有五种，即叙述、议论、说明、描写、抒情。受应用文书作用（或写作目的）的制约，其语言的主要表达方式为说明、叙述和议论。这三种表达方式在不同的应用文书中，或交替使用，或以一种为主。

本章介绍应用文书语言的主要表达方式，即说明、叙述和议论。

第一节　说　明

说明，是用简洁明了的文字，对事物或事理的各种属性，如性质、特征、形状、成因、结构和功能等，进行客观的解释和介绍。

在应用文书中，说明是主要的表达方式之一。应用文书中的说明，常与叙述同时使用。

一、说明的种类

（一）定义说明

定义说明是对事物的本质属性做简要说明的方法，其重点是讲明事理、事物的质的规定性。例如，《现代汉语词典》给“人”下的定义：“人是能制造工具并使用工具进行劳动的高等动物。”

定义说明中“是”前面和后面的内容可以互换。

（二）分类说明

即对事物或问题，按同一的标准划分为不同的类别或不同的方面，逐一加以说明的方法。例如：

生活垃圾分类说明

[可回收物]

指宜于资源利用的垃圾，包括纸类、塑料、橡胶、玻璃、金属和织物等。

[厨余垃圾]

指剩饭菜和瓜果壳等生物性垃圾，适于生化处理或堆肥。

[电池]

包括柱形和扣形电池，因含有有害物质，所以必须单独收集和进行特殊安全处理，在处理过程中还可以“变废为宝”加以循环利用。

[纸类]

包括书、报纸、包装纸和纸板纸等，不包括卫生纸。

[瓶罐]

各类瓶罐物品，包括塑料的、金属的、玻璃的等，不包括陶瓷的。

[其他垃圾]

指可回收物和有害垃圾之外的垃圾，如灰土、砖瓦和陶器等。

（三）举例说明

举例说明是列举具体的例子说明事物特征的方法。其作用是把比较抽象、复杂的事物和事理解说得更加具体而明晰。通常有典型举例和列举性举例两种。前者能使被说明的事物更为具体、清楚；后者能使被说明事物的范围更清楚。

举例说明要求所选例子真实、具体，有代表性，否则不能达到变抽象为具体、变复杂为简明的目的。

（四）数字说明

数字说明是用确凿的数据来说明事物和事理。

用数字来说明事物，能更科学、精确、简洁地勾勒出事物的客观面貌，给读者十分具体的印象。

（五）比较说明

比较说明是将相似或不同的事物进行类比、对比来说明事物的特征的方法。例如：

中年知识分子一般都是各单位的中坚力量，担负着较繁重的工作任务。据有关方面的统计，他们平均每天工作和上下班花在路途上的时间为×小时20分钟，比同时调查的625名其他职工多×.×%。其中，大中小学教师工作时间比工人多×.×%。据宁波市的调查，教师工作时间比工人多×.×%。教师在校加班加点，回家后还要备课、批改作业。

在应用文书中，比较说明常常与数字说明同时使用。通过数字对比反映出量的变化，将客观事物的变化特征给予鲜明的展示。

在使用比较说明时，应考虑比较的事物之间要有可比性，比较的标准应一致。

在应用文书中，除经常使用上述几种说明方法外，还常用“图表说明”“引用说明”，在特殊情况下还使用“比喻说明”“描写说明”等。

二、应用文书说明的特点

应用文书说明的特点主要有：

(1) 应用文书行文时往往是说明与议论、叙述结合使用，只用“说明”一种表达方式的情况较少。即使是以说明为主的一些文种，也多离不开议论、叙述。各种表达方式结合使用，这样可以相辅相成、相得益彰，使表达清楚、有力。

(2) 多种说明方式常常同时使用。如数字说明和比较说明结合运用，可以从定量、定性两个方面把工作、生产、经济活动情况的历史、现状和发展变化解说得更为具体、确切，增强人们对事物认识的直感。

(3) 应用文书在使用说明时，更讲究说明的客观性、内容的科学性和语言的准确性。

第二节　叙　述

叙述是有次序地将人物的经历、言行和事件的发生、发展变化的过程叙说交代出来的一种表达方式。完整的叙述一般有六要素，即时间、地点、人物、事件、原因、结果。

叙述在写作中的使用频率很高，不论非文学作品还是文学作品都离不开它，是基本的表达方式。在应用文书中，它是表彰或处分通报、调查报告、情况报告、事故报告等文种的主要表达方式，它主要用于交代背景，介绍文章涉及的人、事、单位的概况，记叙事件的发生、发展、结局，以及为议论文提供事实依据等。

一、叙述的人称

人称是指作者叙述的观察点、立足点。

选用第一人称叙述，能给读者真实、亲切的感受，这是主观性叙述。选用第三人称叙述，可不受时空和是否亲身经历的限制，因而叙述面较广较自由，属于客观性叙述。使用第二人称叙述，有直接对话的亲临感，让读者感到像在面对面地交流。

在应用文书中，三种人称大都各自单独使用。如撰写总结、拟订计划，必须采用第一人称，而调查报告主要使用第三人称。在有些文种中，有时三种人称须同时使用，如涉及第三单位的来函、去函、情况通报，会出现“我们”“你们”“他们”。

二、叙述的方法

(一) 顺叙

顺叙是按照人物经历或事件发生、发展的自然时序进行的叙述。

(二) 倒叙

倒叙是把事件的结局或事件中最突出的片断提到前面来叙述，然后再以顺叙的方式进行的叙述。

(三) 插叙

插叙是在叙述主要事件的过程中，因为需要，暂时中断叙述主线，插入与中心事件有关的内容的叙述。

插叙可以对人、事、景物做说明、补充和解释。

三、应用文书叙述的特点

应用文书叙述的特点主要有：

（1）以概括叙述为主，一般不使用具体叙述。应用文书的叙述要求概括准、线条粗，着重事件的整体勾画，不要求具体、详尽，着眼于借以显示原委，表明事理。掌握这种叙述方法的关键在于对事件要有整体而又清晰的认识，否则难以把握好取舍详略的尺度。

（2）以顺叙为主，讲求平铺直叙，注重事件的过程性特点，以符合人们的认识规律，能让读者尽快了解所叙内容。

（3）常与其他表达方式结合运用。如夹叙夹议、叙事论理、叙述说明等。

第三节　议　论

议论是作者就某个问题、事件进行评论、分析，表明自己的立场、观点和态度的一种表达方式。

一、议论的构成

完整的议论由论点、论据和论证构成。

（一）论点

论点是议论价值的体现，是作者的观点、主张和态度，常常由作者直截了当地提出。如：“党政领导干部选拔任用工作，是关系党和国家全局的大事。”

论点分为中心论点和分论点。中心论点是文章论述的核心，也称作基本论点、大论点。分论点是围绕中心论点、支撑中心论点的小论点。

（二）论据

论据是论点成立的理由和依据，即证明论点的材料。论据包括事实论据和理论论据。

事实论据指客观存在的情况、数据、事实等。理论论据指被实践证明了的正确的理论，如科学原理、定律、公理、格言、警句等。

论据支撑论点，论点统帅论据，两者相辅相成。

（三）论证

论证是组织和运用论据证明论点成立的过程和方法。

论点是核心，论据是基础，论证是连接论点和论据的桥梁。

二、议论的类型

若从证明论点的方式来分，议论的类型有立论和驳论两种。

立论又称证明，是针对问题或事件，运用论据从正面证明自己的见解和主张。应用文书在写作时往往省略论证过程，直接写出结论、结果。例如：

发展社会主义民主政治，是我们党始终不渝的奋斗目标。没有民主就没有社会主义，就没有社会主义现代化。社会主义民主的本质是人民当家做主。国家一切权力属于人民。我国实行的人民民主专政的国体和人民代表大会制度的政体是人民奋斗的成果和历史的选择，必须坚持和完善这个根本政治制度，不照搬西方政治制度的模式，这对于坚持党的领导和社会主义制度、实现人民民主具有决定意义。

驳论是反驳对方观点，证明对方观点错误，从而确立自己观点正确的论证方法。

立论和驳论是相辅相成的，其划分也并不是绝对的。在立论文章中，常有驳论，要确立一个观点、主张，便意味着否定、批驳与之相对立的观点，破与立是辩证统一的，只不过在运用时有所侧重而已。

三、论证的方法

应用文书常用的论证方法有下述四种。

（一）例证法

例证法是用事实作论据，直接证明论点的方法。例如：

> 米糠和麸皮含有大量维生素。这一点，我国古代著名的医学家孙思邈早就注意到了，他还曾经用米糠和麸皮治疗那些患有维生素缺乏症的病人。现代科学也证明了这一点：经化学分析，米糠和麸皮中含有较多的维生素C、B和E。

用作论据的事实要典型，且量要适度。列举的事实过少显得单薄，过多又会淹没、冲淡论点。

（二）引证法

引证法是引用经典性言论、党和政府的文件、科学上的公理和定理、格言、谚语来直接证明论点的正确性的方法，具有极大的权威性和鲜明的理论性。例如：

> 列宁曾经说过："忘记过去就意味着背叛。"因此我们不能忘记先烈们为解放全中国的浴血奋战。

引证法在应用文书中被广泛使用，在使用这种方法时，要完整、准确地把握原意，不能断章取义。在引用原文时，要做到引用的语句、标点都完全正确。只有这样，才能使引证为文章增强表现力和说服力。

（三）对比法

对比法是将性质相反、相对或有区别的事物进行比较、对照，以证明论点的论证方法。例如：

> 我们党执政以后，特别是在新的历史条件下，能不能成功地解决党内监督问题，尤其是对高中级干部的监督问题，是加强党的建设需要解决的一个重要问题。从党的建设的实践看，这方面既有经验也有教训。哪个地方、部门什么时候党内监督工作抓得比较紧，民主集中制执行得比较好，个人专断、滥用职权和"有令不行，有禁不止"的情况就比较少，消极腐败现象也会受到抑制，出了问题一般也能得到及时解决。反之，监督工作薄弱，民主集中制受到破坏，权力被滥用而又得不到制止，往往就会出问题，甚至出大问题。

应用文书写作运用对比法时，要注意事物之间是否具有可比性。

（四）因果法

因果法是通过分析事理，揭示论点和论据之间的因果关系来证明论点正确的方法。例如：

使用有机肥料，是我国农业生产的优良传统。但近几年来，在农村出现了重化肥轻有机肥、重用地轻养地、重产出轻投入的倾向，不少地区农家肥的使用量减少，绿肥作物种植面积下降，大中城市的粪肥、垃圾也很少利用。出现这种情况的主要原因：一是普遍放松了对多用有机肥料工作的领导，没有把它摆到应有的位置上；二是制造有机肥料工作的劳动强度大，手段落后，加上农民对土地使用存在短期行为，不愿多投入有机肥；三是没有制定相应的政策，缺乏必要的经济扶持政策。实践证明，长期单一使用化肥，不能满足农作物对多种养分的需要。各地应十分重视有机肥资源的开发和利用，鼓励农民多施有机肥料，增加对土地的投入，搞好地方建设。

因果分析是说明的重要方法，因为事物发展没有无因之果，也没有无果之因，因果联系是事物的客观联系，采用这种论证方法，便于阐明道理，说明原因，指明发展趋势。

四、应用文书议论的特点

应用文书议论的特点主要有：

（1）常常采用不完整论证，以简化论证过程，直接表明论证结果、立场、主张等。

（2）多以正面论证为主，旗帜鲜明地表明观点。

（3）往往与其他表达方式结合使用，夹叙夹议是最常见的方式。这样既可以节约叙述、说明的笔墨，又能使言论适宜地突出矛盾的焦点、问题的中心，使文章的篇幅、行文节奏得到较好的控制。

复习与训练

一、名词解释

表达方式　定义说明　分类说明　举例说明　比较说明

二、填空题

1. 应用文书语言的特点有________、________、________、________和________。

2. 受应用文书写作目的的制约，其语言的主要表达方式为________、________和________。

3. 完整的议论由________、________和________构成。

4. 举例说明通常有________和________两种。

5. 应用文书常用的论证方法有________、________、________和________四种。

三、简答题

1. 应用文书多采用概括叙述，较少选用具体叙述；叙述时力求简明，主要叙述与文章主旨、说明的问题有直接关系的部分。应用文书何以要采取这样的叙述方式？

2. 应用文书的叙述何以多采用顺叙？

3. 何谓应用文书的例证法？例证法可起什么作用？

四、病例析改题

1. 峨眉山市的矿泉水的主要的消费者是前来旅游的港澳台和侨胞、华侨和外国人。

2. 厂里收到《关于举办质量检查科（股）长培训的通知》一文，派张员同志 3 月 14

日前来参加培训。

3.《关于清理整顿基金联谊会等社会团体乱拉赞助问题的通知》。

4. 对纪律松弛现象，经过贯彻中央有关文件，有了显著改变。

5. 组织行为学，对我们青年秘书工作者是陌生。

6. 应聘的外国专家的工资，一般应高于或维持试用期工资，而不低于试用期工资。

7. 年终，某工厂对上级规定的任务已基本上差不多全部完成了。

8. 领导们严肃地研究了这个问题，提出了处理意见。

五、阅读与选择题

1. 下面这段文字使用的说明方式是（　　）。

A. 数字说明　　B. 分类说明

C. 数字说明和比较说明　　D. 举例说明

××市从抓文明言行入手，着力提高市民素质，精神文明建设取得丰硕成果，社会步入良性发展轨道，同时也进一步促进了全市社会经济的大发展。五年来，全市国内生产总值年均增长14.5%。××××年综合经济实力在全省各地市中位居第二。今年1—6月，实现国内生产总值113亿元，比去年同期增长17.4%，财政收入9.5亿元，比去年同期增长24%。高于全国甚至沿海发达地区的平均水平。

2. 下面这段文字使用的论证方式是（　　）。

A. 例证法　　B. 对比法

C. 因果法　　D. 引证法

道德教育最有效的方式是真诚。只有真诚而不是做戏，才能使教育者与受教育者之间形成道德情感与道德信念上的共鸣。而现代道德教育最大的误区是受教育者与教育者之间缺乏真诚的交流。一面是振振有词的官话套话，一面是装模作样的“雷厉风行”（缺乏信念投入），双方似乎都是让对方“听”，让对方“看”的。结果使道德教育与道德一样，成为一种外在的功利价值，而不是圆满自足的内在价值。古人说得好，“德者，得也”。道德之谓道德，就在于它是一种真诚的自觉的向善，而不是一种虚伪手段。现代道德的说教式，是导致现代道德教育扭曲变形的一个根本因素。

第二部分

新媒体写作与大学生通用文书写作

第六章 新媒体写作

第一节　微博文案

一、阅读与析评

【例文 6-1】

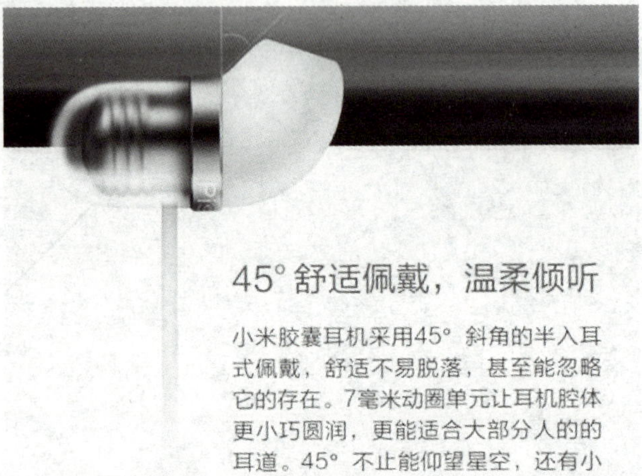

图 6-1　小米胶囊耳机微博文案

[析评]

这是一条很吸引网民眼球的企业微博，字数未超 140 字，标题“45°舒适佩戴，温柔倾听”很醒目，强调了此款耳机的特点，也是其与别的品牌耳机的不同之处——以 45°斜角入耳，佩戴舒适，能让你温柔倾听。微博右上角配的耳机图，温柔、直观、形象。一句“45°不止能仰望星空……”，不但富有哲思，也颇有浪漫情怀，引人遐想，试想若直白地说“小米耳机小巧舒适”，能够给人如此的记忆、产生如此好的广告效应吗？

【例文 6-2】

图 6-2　肯德基“闻鸡起舞”广告

［析评］

企业一般都会自主注册带默认背景图的官方微博，作为企业品牌形象。逢喜庆节假，企业多会利用官方微博进行节假日产品热销活动。

眼前这条肯德基新年促销微博主页推出的“闻鸡起舞 新春全家桶”，文字节约，亮人眼目，“全家桶套餐”图片鲜活“劲爆”，极富冲击力，利于促销。

【例文 6-3】

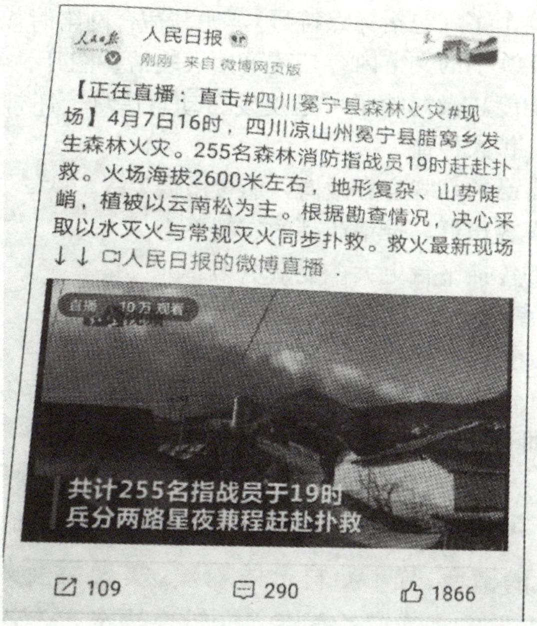

[析评]

这张当时《人民日报》“正在直播”的微博截图：直击一场森林大火灾的地点、时间、植被以及救灾措施等现场情况，文字报道简洁精短，直播视频、滚动字幕，转发、评论以及实时统计数据，都给人以紧迫的现场感，页面显示在线观看的网民一度达 10 余万人，微博拥有的多媒体传播功能和影响力有强大，可见一斑。

【例文 6－4】

[析评]

微博可以是纯文字式、文字＋表情式、文字＋表情＋符号式、文字＋图式，也可以同时是文字＋图片＋音频＋视频等各种多媒体元素的混合式。这条微博除插入音频、视频和复杂的图片外，口语化的文字，尤其是一批强调情绪的表情符号、小图片等网络文案元素，更是将焦急、情急跃然纸上，夺人眼目。

二、必需知识

（一）微博的含义和用途

微博是微型博客（MicroBlog）的简称，是博客的一种，是通过关注机制分享简短实时信息的网络平台、社交媒体。

微博用户可通过 PC、手机等多种移动终端接入组建个人社区，以文字、图片、视频等多媒体形式，实现信息的即时分享、传播互动。

微博经常是重大新闻事件的首发源，辐射人群范围广、即时传播快速、内容简短，每一条微博最多只能有 140 个字（包括标点符号），尤其适合网络时代人们的碎片化阅读。

微博除可发布不超 140 字的文字内容，还可插入表情、图片、视频、话题等，具有直播、点评、定时发送等功能。微博除了可迅疾发布动态信息，还带提醒（@）、好友转发等功能，便于吸引粉丝，扩大传播。

一般企业都会注册自己的品牌官方微博，通过微博发送广告，开展网络营销。微博已成为企业喜爱的积累品牌客户群、推销产品的有效平台。

与微信相比，微博的传播平台更大，受众更多。

（二）微博文案的特点

1. 限字精短性

微博在页面上只能显示 140 个字。由于发表字数受限制，字数少，撰写相对较快，也便于转发，所以让微博拥有了快速发应、即时通信的优势。

2. 多媒体性

一条微博除文字外，还能上传图片、表情符号、视频、音频和附件等，呈现的多媒体文本式样丰富、生动。

3. “微语”性

随着用户的迅速增长和发布量的扩增，微博上迅速形成并流行起一批热词。“好滴

（的）”“童鞋（同学）”“神马（什么）”“大虾（大侠）”“浮云（空虚）”“菜鸟（差的）”“拍砖（评论）”“人参公鸡（人身攻击）”“沙发（头一个）”“抓狂（烦躁）”“亲（亲爱的）”“木（没）有”，另外还有“呵呵（表友好）”“吼吼（表兴奋）”等，这些词语，或为同音借词，或以词本意传达他意，或表情感，或是拟声词，或是缩减词……这类微博上流行的热词称为“微语”。

微语进入微博，赋予了微博语言活力，文字显得风趣生动，情感色彩更加鲜明，有助于吸引网友眼球，拉近与网民的情感距离。

4. 互动性

与传统媒体相比，微博能即时互动。每一个微博用户都有机会与平台上其他微博用户对话交流，整个过程均可持续互动，甚至“留痕”。某流行歌手在北京五棵松体育馆举行演唱会期间，曾发过一条仅 11 个字的微博：“空中的盆友，你们好不?”就这样一条问好微博，当晚就转发了 5 000 多条，评论达 7 000 多条，翌日对此条微博问候歌迷的追踪报道媒体竟逾 100 家。

（三）微博文案的类型

1. 企业微博

企业微博是企业为宣传经营理念、提高品牌知名度、促进产品营销、管理客户关系，用于售前咨询、售后服务和发现市场需求的微博。

2. 政务微博

政务微博是各级政府为配合施政、交流公共事务信息，具有发布政令、回应社会诉求、报道民众关注的事件事实、澄清舆情并表明立场等功能的微博。

3. 社交微博

社交微博是个体用户为追求精神交流，面向社会发表对物事的态度和意见，发布文学艺术作品（自创或转发），与个体交流、交往或与群体交流、交往的微博。

（四）微博文案的结构写法

1. 标题

好的微博标题可以吸引读者眼球，吸引网民继续阅读微博内容的兴趣。以下是较好的几种微博标题写法：

（1）概括主旨式（谁＋ 什么情况＋结论、结果或结局），如《女子无证酒驾遇检查报闺蜜名字：去韩国整容了》，《精彩的她，美不止一面》。

（2）数据直观式（谁＋ 数字 ＋ 结论、结果或结局），如《文案小陈工作两年月薪从 5 000 到年薪 50 万》，《python 发送电子邮件，工作效率翻 3 倍》。

（3）涉情事件式（谁＋事件痛点），如《欢迎回家！美国向中国归还 361 年流失文物》，《交 16 元领 80 万，竟有几十万人相信》。

（4）巧用热词式（热词＋物事），如《雄安新区，距天安门 108 公里》，《流浪地球造句大赛》。

另外，有许多微博不写标题，或是因为受微博字数严格控制所致，或是用户发微博只是想突出图片，或认为直截了当表达思想内容就可以了，所以就不再写标题。

2. 正文

（1）开头（微导语）。

微博的“微导语”或提示下文、或设置悬念、或概括全文，以激发网民继续阅读的兴趣，也有的微博不写微导语，直接进入话题。

（2）主体（微主体）。

有研究者总结认为：微博字数最好控制在120～130字，只写“干货”，链接宜设置于离开头1/4的位置，链接的类别和内容可以是文章、图片、音频、视频和话题等，链接的类别和内容须适度，过多未必会有好的传播效果。

主体140字内的文字需写得生动有趣，视需要可设置参与性内容，可适当以悬念吸引网民，多用动词、副词，少用形容词和名词，还可适度使用“微语言”，多用“@”“转发”等。

企业微博一般都会设置企业主页背景图，背景图既表现企业的品牌形象，也可以作产品的广告及服务宣传。主体内容须突出品牌信息，注重利用提醒（“@”）好友及转发功能，巧用“微语言”，尽可能多地圈粉，触动粉丝分享产品信息，提高互动性，促进销售。

政务微博旨在为民施政、交流公共事务信息，有较强的新闻性，主体内容：一是告知民众政策、法规、官员动态、突发事件、热点追踪等公开信息，接受民众的监督；二是发布征求反馈类信息，听取民意，与民众互动交流，更好地推进决策的民主化和科学化。政务微博以叙述为主，如叙事需精简交代事件发生的时、地、人、经过和因果等。忌照搬公文行文风格，适量选用“微语言”，显得感性而亲民。

社交微博是个体微博，在不违背法律的前提下，不妨张扬个性自由撰写，可评论时政，可点评热点，可链接文艺作品，可多选用“微语言”增强感性和亲和力，提倡幽默风趣，便于与网友作精神交流。

好的社交微博，善于“聚焦”物事，并努力建构个性风格。比如微博主若喜欢美食，则会专注交流美食方面的信息。

（3）结尾（结语）。

微博的核心内容要求在开头和主体表达完，说完即止，专门写结语的不多；若非要写结语不可，则须峰回路转、出人意表，或幽默，或哲理金句，或设问，或揭示真相，如下面这条颇具幽默意味的微博：

> 历史考试选择题：黄花岗起义第一枪谁开的？A宋教仁，B孙中山，C黄兴，D徐锡麟，考生选C。又看第二题：黄花岗起义第二枪谁开的？考生傻了，就选了B。接着看第三题，黄花岗起义中，第三枪是谁开的？考生疯了，胡乱选了A。考试出来就去找老师。老师拿出课本说：黄兴连开三枪，揭开了黄花岗起义的序幕。

（五）微博文案的写作要求

（1）微博虽然精短，却更要话语定位准确。企业微博定位于打造企业形象，促进产品销售；政务微博以为民施政，体现公仆精神为宗旨；社交微博宜“聚焦”个人事业，建构良好个人形象，与志同道合之人互动，力求形成个性风格。

（2）每一条微博只能凸显一个亮点或提出一个争议点，吸引网友集中围观，形成聚焦式良性互动。

（3）微博须言简意赅，同时也不妨适当巧用幽默、风趣、亲和的“微语”热词，显示亲和力，吸引眼球。

（4）注重在微博中插入图片、表情符号、视频、音频和附件传达信息，静态信息与动态信息相得益彰，让每一条微博都有最直观、最大的信息传播。

相关链接

微博文案的写作模板

框图模式
（摘要式记录）

微导语
↓
微主体
精短叙＋微语＋表情符号等 | 离开头1/4处设链接音频、视频等
↓
图片、音乐、附件
↓
结语

注：以上为微博基本内容模块结构模式。

文字（信息）模板

微博文案异常丰富、复杂且多碎片化，人人都能当作者并可迅疾发布，一条微博文案中还往往包含“微语”、多媒体元素，难以抽象概括出相对固定的文字（信息）模板，但可以借鉴框图模式，制作出吸引眼球的微博文案。

第二节　微信文案

一、阅读与析评

【例文 6－5】

计划出行时间：

5 月 26 日—6 月 1 日

行程安排：

首先，先确认你是≥0 岁的“小盆友”；

然后，去儿时的同学录里找到你的另外2位“小盆友”（请确保记得他们儿时的绰号）；

不要着急，记得先量一下各自的身高，不高于2米26！恭喜你们，今天你们是合乎标准的儿童。

现在就邀请他们一起来星巴克举行一次欢乐的儿童节聚会吧！

2位“小盆友”选择2杯指定口味任意杯型星冰乐（指定口味为：特浓咖啡焦糖星冰乐、摩卡曲奇星冰乐或红豆抹茶星冰乐），另外1位“小盆友”即可获赠一杯中杯手工调制饮料。

[析评]

儿童节不仅是儿童的节日，也是许多成年人怀念童年的节日。六一儿童节期间，星巴克适时这篇营销微信推文，标题吸引眼球，内容也极讨喜，微语“小盆友”称谓更是给家长以亲切温暖，颇能引发“大盆友”对逝去童年生活的追忆，显然，这样的微信文案利于促销。

【例文6-6】

有没有必要提前还房贷？

是否提前还房贷，主要是看你的资金情况以及投资理财收益率了。如果你投资理财收益率比房贷高得多，那么你就不用提前还房贷的。但是，如果你投资收益率比较低，那么也可以把房贷还了，这样可以节省利息支出，能够无债一身轻，也是挺好的事情。

（一）投资收益率高，不用还房贷

如果你是做生意的，你做生意的收益率比房贷利率高得多，那么你肯定是不需要归还房贷的。现在来说，房贷利率是比较低的，一般也就是5.88%左右，而且贷款年限还很长，最长可以贷款30年，这样的话，可以说很多做生意的都是特别喜欢采用房贷来买房子，然后用自己的钱做生意。

一般来说，做生意的投资收益率都会在20%左右，做得好的甚至投资收益率能够达到50%甚至更多。这样的话，可以看出来你的收益率比房贷利率高得多。那么，你不提前还房贷肯定是对你很有利的事情了。因此，如果你投资收益率很高，就不用提前还房贷。

（二）如果理财收益率低，提前还房贷也是好选择

如果你只是理财，而且理财收益率比银行房贷利率低，那么你提前还贷也是很好的选择。现在来说，一般比较稳妥的理财产品收益率也就是5%左右，而房贷利率一般都在5.88%左右。

这样来看，一般比较稳妥的理财年代收益率都会低于房贷利率，因此，在这样的情况下，如果你有钱提前归还银行贷款，就是比较好的选择了，能够让自己省下来不少的利息支出。而且提前把贷款还清，也能够让自己无债一身轻，即使是遭遇一些事情，也不用担心还房贷的事情了。

[析评]

这篇微信公众号文案受众准确，可谓抓准了已贷款的购房群体和欲贷款购房群体人士的心。

标题短小精练，提炼出全文内容，以疑问句做标题，用悬念吸引网民继续阅读。开头开门见山点明提前还贷与否要看两个关键点，而后对两个关键点展开分析和说明，文字有数据，有例证，条分缕析，逻辑性较强，令人信服。

本文案除能精准地抓住受众的心理，以理服人，交互性也强，一时成为微信热帖，自在情理之中。

【例文 6－7】

树懒的哲学

杨文丰

热带雨林中的树懒，一直奉行慵懒、缓慢节奏的行动哲学。树懒的一生，都是懒洋洋的，偶尔行动，也如蜗牛一样缓慢。

就像鱼儿离不开水，树懒总是以树为家。树懒大部分时间都呆在自己难得构筑的树巢里，每天都要睡好久。只有将树上的树叶吃光了，才会想起战略挪移，倘若树懒移到了地面，也还是保留着不慌不忙的行为传统。

动物学家说，树懒是这个地球上唯一反向进化的动物，即它不像其他动物，在漫长的进化过程中，总是朝着增加速度、机敏和提高反应能力的方向发展，而是变得愈来愈笨拙、迟缓。或许，正是树懒能将自己的“慢性子”发展到极致，变成支撑生存的本能，才使得自己不易被天敌关注。

任何一种性情或者特长，一旦发展强化到极致，大都利于安全生活。人和动物世界，普遍是这样。

[析评]

这篇短文先写树懒这个地球上唯一反向进化的动物，且将缓慢进化到了极致，成为一种本能，并成了减少受天敌的“关注”武器，最后将其行为升华为一种哲学。

这篇网文推出后甚受欢迎，究其原因，一是蕴含哲理；二是动物奇特；三是精短适合网络时代人们读短文、碎片化阅读习惯。

二、必需知识

（一）微信的含义和用途

微信（Wechat）由腾讯公司于 2011 年 1 月 21 日推出，是一款为智能终端提供即时通信服务的免费应用程序，也是一种社交软件，微信提供公众平台、朋友圈、消息推送等功能，可快速免费传递及呈现文字、语音、图片画面、视频，可供群聊，也可供私聊。

微信可宣传文化，可张扬美好向上的精神，也可承载心灵鸡汤。玩微信已经成为互联网时代网民重要的生活方式之一。

新媒体文案基于互联网，利用网络媒体传播平台的交互性，以进行有创意的信息内容传输和互动。

微信公众号是新媒体文案的主要代表。

微信公众号有效地促进了网上信息的传送和互动。微信公众号的内容运营、用户运营、活动运营，丰富了民众的物质需求和精神需求，正越来越成为有效地辅助企业和商家营销的实用文体。

（二）微信文案的特点

1. 作者泛化性

由于网络环境赋予文案作者平等的话语权，人人都可参与信息的生产，人人都可以随意发帖。对同一物事，每位作者都可以站在自己的立场发表意见。

2. 多媒体性

微信文案的多媒体性，指文案既可以是纯文字的，也可以是图片、视频、音频等各自独立的形式，还可以是文字和图片、视频、音频等的混合文案。

3. 互动性

与传统媒体相比，微信等新媒体文案传播不再是单向输出，而是互动的，每位网民都有机会与平台上其他网络用户对话交流，借助微信平台，可以促销企业的品牌信息，也可以提供售后服务，网民还可以直接和企业营销方即时沟通。

4. 低成本性

微信和微博等都属于免费的社交平台，与传统媒体相比传播成本低廉。越来越多的企业和用户，已通过微信文案进行信息传输、品牌促销。近年来中国整体广告投入传统媒体的花销，已呈负增长。

5．选择受众性

微信圈会以类聚群，网民总会选择关注点相同的朋友圈。如企业职场群网民一般关注的都是相关企业的微信订阅号和相关朋友圈。微信文案相应地就存在针对不同的受众类群而制作不同方案的特点，且会选择不同需求的群体写作及推送不同的文案。

（三）微信文案的类型

1. 聊天文案

聊天文案有两种：一种是一对一的个人社交对话，属私聊，私密性高；另一种是微信群里的群聊，可以一对一聊，也可以一对多或多对多聊。

2. 朋友圈文案

朋友圈文案是由用户发至朋友圈以求交流的微信文案。

朋友圈文案可以是文字式，也可以文图结合式、文音结合式或文字图片和视频混合式。朋友圈文案可以是原创，也可以是转发。

3. 微信公众号文案

微信公众号文案多数为热点问题解读、营销文案、说明文、心灵鸡汤和健身养生类文案，也有部分是散文随笔等，可长可短，内容繁杂，写法多数不拘一格。

微信公众号按性质分有订阅号、服务和企业号。订阅号的运营主体为媒体和个人，每天只能发文一次；服务号的运营主体为政府、企业和组织，每个月可有四次图文推送；企业号的运营主体是企业，多在企业内部使用，用于员工管理、信息集合、事务通知，便于员工通信联络等。

微信公众号文本可以纯文字式，也可以图文混合和文字、图片和视频混合式，供关注者分享，也可由关注者转发。

随着微信用户的急剧增大，越来越多的人的生活受到微信公众号的影响。许多企业都非常重视微信公众号的内容运营、用户运营和活动运营。微信营销已迅速成为网络经济时代最主要、最受欢迎的营销方式。

本节以下内容主要针对微信公众号文案的写作。

（四）微信文案的结构写法

1. 标题

网络文案浩如烟海，一个微信公众号能否被人阅读，与标题对人有无吸引力关系非常大。以下是较好的几种标题类型：

（1）营造唯美意境的标题。如“蓝地球”“春风十里不如你，不负春光不负自己。”

（2）揭示核心信息的标题。如“钟南山、张文宏紧急呼吁！免费的新冠肺炎疫苗能不能打？一篇文章告诉你所有真相。”“诗坛扫地僧！外卖小哥击败北大硕士夺第三届中国诗词大会冠军。”

（3）制造悬念的标题。如“蝴蝶为什么这样美？”“厉害的人是怎样分析问题的？”

（4）以数据引发关注的标题。如“散文的十个特质。”“对不起，这是我第500次想屏蔽你。”

（5）直击兴趣点或痛点标题。如“巴山何以多夜雨？”“为什么H国女生不长色斑？这个新方法绝了！”

（6）满足好奇心的标题。如“这个村庄住着上百个小矮人。”“为什么别人的文章点击20万＋？你的软文没人看？”

（7）提建议的标题。如“关节疼痛要人命？每天这样揉一揉，肿痛10年的膝盖、颈椎竟好了。”“这9类食物，饿肚子时千万别吃！”

（8）制造新奇点的标题。如“奇迹般崛起的小渔村。”“走不出去的迷宫。”

（9）体验化的标题。如“一段小小的视频，上百万人都看哭了！”“这一位很厉害的强迫症人士，我一定要推荐给你！”

（10）模拟化的标题。如“【有人@你】”快领！京东购书优惠券明天过期！”“【微信红包】恭喜发财，大吉大利！领取周末门票吧？”

2. 正文

（1）开头（导读）。

微信公众号文案要想吸引网民继续阅读，还须有好的开头。以下是较好的几种开头类型：

以名言开头。如华硕手机推文《当你老了，你会再拿起手机给自己拍一张相片吗？》这开头摘自选叶芝《当你老了》中的诗句。

以热点开头。如“在新冠肺炎暴发之际，×××一语惊人：‘新冠疫情与外星人降临有相似之处。’”

以故事开头。如“那年深秋，在青岛栈桥遇到她，改变了我的一生……”

用铺垫场景开头。如“中国的脚步才迈向庚子年门槛，诡异的大疫在武汉暴发，震惊朝野，对国民、对人类的责任和担当，重于泰山，中国果决对武汉‘封城’，封城的日子，距春节仅剩两天。”

以感受感觉开头。如“多年以后，你回看这场大疫，仍将心惊肉跳……”

以利益开头。如“检测一下自己得老年痴呆的概率。”

以提问开头。如“为什么美国的生态文学会成为主流文学？”

以排比句开头。如“有些故事，往往在回望中更加清晰；有些精神，往往经过时间沉淀而愈显珍贵；有些信念，往往在生死考验中愈发坚定。”这是汶川地震10周年祭文的开头。

以分享结论开头。如《陈春花：雇员社会将要消失》的开头：“10多年以来，所有发达国家都逐步进入以雇员为主的社会。这种体系带来的最大好处，就是稳定的结构、有效的分工；组织更关注的是上下级关系、结构稳定性以及个体对组织目标实现的贡献；更关注服从、约束及标准的制定……”

以评论开头。如“这是一场履职的培训，也是一次思想认识的提升之旅、理性思维的拓展之旅，更是一次精神的洗礼……”

（2）主体。

微信公众号的主体展开，可视文字需要适当插入图片、表格、链接、视频等，以求色彩和谐，提升美感。以下是微信公从号主体撰写的常用技法：

1）以网民的视角展开主体。以网民的身份对物事谈体验、谈感受、谈想法、作评价，设身处地地为网民写作，让网民在阅读时产生归属感，能引发共鸣。

2）从新闻的角度展开主体。这种写法突出物事之“新”，在第一时间以第三方身份介绍产品或事件，作客观的叙述和评价。如是营销推文，如此写较易打消客户的排斥感，减少“被广告”之嫌。

3）以真情实意展开主体。“感人心者，莫先乎情。”聚焦网民的情感需求，动之以情，以真情说事，往往可以收到期预的效果。

4）以“蹭热点”话题展开主体。以环境污染、教育资源公平、楼市价格等“热点问题”做文章，或写动态，或写争议，即便是对这些话题的第二次挖掘，都可以吸引眼球。

5）以专家权威的口吻展开主体。“迷信”专家权威是普遍的社会心态。主体的展开，不妨适当地引用并展开权威专家、权威机构的看法、数据和结论，可以彰显可信度，提高网民的信任感，提高宣传效应。

技法依附于内容，而内容“安置”则呈现为结构，结构安排即是布局，以下是常见布局形式：

1）总分式。先概括总述文案的主题，再分述，分层展开，分解叙述。

2）并列式。各部分内容没有主次轻重之分，如同并峙的群峰高度，不分高低，也不分先后顺序，即以平行的、不同侧面的方式、多角度地叙述和说明物事。

3）递进式。内容逐层深入，犹同打深井，不断地深化，每部分都无法缺少，前后逻辑严密，顺序也不可随意颠倒。这种结构，文案的重点内容在尾部。

4）对比式。前后的内容意思相反，对比鲜明，互相比衬。

5）欲扬先抑式。“扬”指褒扬、抬高。“抑”指按下、贬低。想褒扬某人或某物，却不马上以笔墨褒之，而是先按下，先贬抑之，给人以不同的阅读体验。

（3）结尾（结语）。

微信公众号文案的结尾常见如下类型。

1）总结全文式结尾。这种结尾可以加深读者对内容的领会，阅读印象深刻。

2）“神转折”式结尾。以违反常规的逻辑、出人意表的语言结尾，以求读者惊异，心理震撼。

3）金句式结尾。以哲理名言警句结尾，引发警醒、思索。

4）幽默式结尾。以适当的诙谐幽默，让人忍俊不禁，会心一笑，产生快乐的阅读体验。

5）启发互动式。或抛出问题让网民思考、讨论，或引发读者留言、评介、点赞。

相关链接

微信公众号文案的写作模板

框图模式
（摘要式记录）

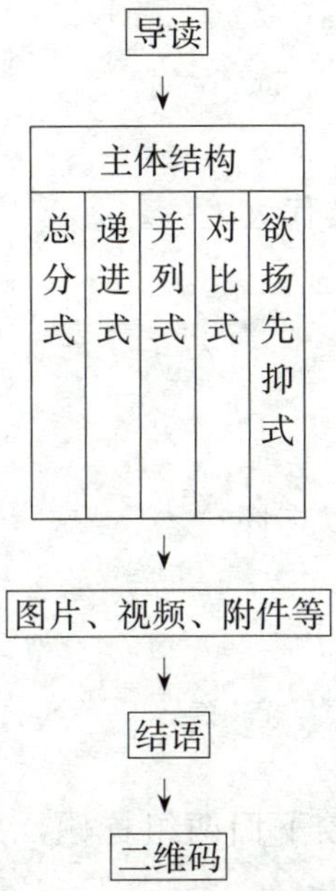

注：以上为微信公众号基本内容模块结构模式。

文字（信息）模板

微信文案包括聊天文案、朋友圈文案和公众号文案等，谁都可以是作者，随时都可以在网上发表，内容有些还更是碎片化，并包含“微语”和多媒体等元素，内容丰富、杂芜，即便微信公众号文案，也因题材繁杂、表达多变而无法抽象概括出相对固定的文字（信息）模板，但在制作时，我们可以借鉴左侧的框图模式，制作文案。

（五）注意事项

（1）内容定位要准确，要抓好热点。无论是营销文案还是其他文案，受众群体都须精准，并关注网民心理，做到文案有“料”，有干货，能够抓住网民关注的问题，以提高可读性，扩大转发率。

（2）标题须吸引眼球，网民点读与否取决于标题是否吸引眼球。文案每三五百字能有一个小标题，以提示和强调后面的内容。数据和事实须真实，既为写作主体建立良好的形象，也是为受众负责。关键词须嵌入文中，为搜索引擎提供方便。

（3）配置让人眼睛一亮的题图（封面图片）。内文适当配图，既可诠释文字，又能美化文案，更适宜阅读。能用图片展示的内容就尽量用图片，读图时代，尽量以图片代替文字。

（4）网络文案可适度用些“微语”热词，追求生动幽默，体现亲和，但内容的排列须合乎逻辑，便于受众的理解、接受。情绪和情感的流露需恰当。

（5）微信公众号，尤其是公众号营销文案，底部一定要附销售方的微信二维码，便于顾客联系。

复习与训练

一、名词解释

微博　　微信　　微信公众号

二、填空题

1. 微博具有________、________和________三个特点。
2. 微博一般具有________、________和________三个类型。
3. 链接最好放在离微博开头________的位置。
4. 微信公众号已成为________、________、________的主要代表之一。
5. 微信文案的类型有________、________、________、________等。
6. 微信公众号按性质分有________、________、________。

三、简答题

1. 为什么许多微博喜欢写入“微语”？
2. 下面是膳魔师水杯广告的微博推文，为什么读后让人难以忘怀？

丈夫：“把你的膳魔师水杯换掉吧。”

妻子：“你又不是不知道我生气时爱摔东西！”

丈夫：“所以才要换啊，摔不烂，怎么泄愤！”

3. 微信公众号文案的结构安排形式，常见哪些形式？

4. 标题选不同的受众群体，对阅读量的影响很大，试比较下面两组标题，并试作分析。

（1）第一组：原标题：穿衣裳的常识总结（阅读量：10 000 次）；新标题：姑娘，其实你的衣裳搭配一直错了（阅读量：10 万+）

（2）第二组：原标题：普通方案和优质文案的区别（阅读量：10 000 次）；新标题：月薪 5 000 元与 30 000 元文案的区别（阅读是量：10 万+）

四、写作训练

1. 下面两个微博文案，促销同一种产品，哪种效果更好？为什么？

【前一种】：欧莱雅的产品我一直都十分喜欢，最近它们推出了一款新产品——“雪颜亮采美雅”系列，可以在网上申请免费试用。于是我凌晨就等在电脑前准备抢，但没想到的是，活动一开始就被其他人抢完了。哎！要是我速度再快一点就好了。

【后二种】：欧莱雅！我爱你，如今却变得恨你！

你不知道我一直是多么喜欢你的产品吗?！为什么新产品不多投放一些？你不知道“雪颜亮采美雅”是我的追求吗！凌晨三点啊，我就待在电脑前摩拳擦掌准备开始抢了，才 3 秒啊！只有 3 秒就卖光了！哎！要是我速度再快那么一秒也好啊！

2. 某市一家鲜花连锁店，决定在元旦期间隆重推出优惠价新款花蓝，你试以连锁店新媒体文案编辑的身份，撰写一篇微博推文。

3. 曾经有个《大学岁月、四人寝室、四种模样》的帖，发出不久点击量就过了万。请你以《大学岁月，×人寝室、×种模样》为题，也写写你的各位室友，并制成800～1 000字的微信推文发入班级朋友圈，同窗们的反响一定很有意思。

第七章 大学生校园文书

本章结合对竞聘辞、社会实践报告和实习报告例文的阅读与析评，介绍各文种写作的必需知识，着重学习、掌握它们的一般写法。

第一节　竞聘辞

一、阅读与析评

【例文 7-1】

班长竞选辞

同学们：

你们好！

今天，我走上演讲台的唯一目的就是竞选“班级元首”——班长。我坚信，凭着我可行而不俗的“官念”，凭着我的勇气和才干，凭着我与大家同舟共济的深厚友情，这次竞选演讲给我带来的必定是下次的就职演说。

我之前从没有担任过班干部，缺少经验，这是劣势。但正因为从未在“官场”混过，一身干净，没有“官相官态”“官腔官气”，更不可能是“官痞官油子”。少的是畏首畏尾的顾虑，多的是敢作敢为的闯劲。正因为我一向生活在“底层”，从未有过“高高在上”的体验，对摆“官架子”看不惯，弄不来，也不想弄，而是特别推崇并实行民主作风。因此，我的口号是“做一个彻底的平民班长”。

班长应该是老师与同学之间的一座桥梁，是一个班级的领头羊。能向老师反映同学们的合理建议，向同学们传达老师的想法。我保证做到在任何时候、任何情况下，都“想同学们之所想，急同学们之所急”，积极为同学们谋求正当的权益。

班长应该具有统御全局的能力。我相信自己竞选一班之长是够条件的。我会在以“情”联谊的同时以“法”治班，最广泛地征求全体同学的意见，在此基础上制定出班委会工作的整体规划，并严格按计划行事，推选代表对每个实施过程进行全程监督，责任到人。

我准备在任期内与全体班委一道为大家办八件好事：

1. 借助科学的编排方法，减轻个人劳动卫生值日的时间长度和工作强度，提高效率；

2. 联系有关商家定期送纯净水，解决饮水难的问题；

3. 建立班级互助图书室，并强化管理，提高其利用率；

4. 办一个班级学习交流网刊，加强学习信念和学习方法交流。

5. 在得到学校和班主任同意的前提下，组织社区参观考察活动；

6. 组织同学们利用勤工俭学收入买三台电脑，供全班共同使用；

7. 在班级报廊开辟“新视野”栏目，及时追踪国内发展动态和变幻的国际形势；

8. 设一个班长意见箱，定时开箱，加速信息反馈，有问必答。

我会是一个最民主的班长，常规性的工作要由班委会集体讨论决定，而不是由我一个人说了算。班级的重大决策必须经由“全民”表决。如果同学们对我不信任，随时可以提出“不信任案”，对我进行“弹劾”。

同学们，请信任我，投我一票，给我一个舞台，我会为我们班的发展尽一份责任！我会经得住考验的，相信在我们的共同努力下，充分发挥每个人的聪明才智，我们的班务工作一定会搞得十分出色，我们的班级一定能跻身学校先进班级的行列，步入新的辉煌！

谢谢大家！

[析评]

在这篇竞选班长的竞选辞中，竞聘者客观地分析了自己的优劣势所在，不回避问题，并机智地变劣势为优势。提出以“情”联谊的同时以“法”治班，民主制定班委会工作规划并责任到人，以及任期内将为大家办八件好事的一系列“施政方略”，还提出了希望大家支持的请求。

文章对竞选的职位认识到位、见解独到，语言简洁，力求口语化，竞选态度鲜明，信心十足，有利于得到听众的认同并拉到选票，有较强的感染力和说服力。

由于听众是同班同学，彼此熟悉，因而文章不必介绍自己的政治面貌、学历、职务等。

二、必需知识

（一）竞聘辞的含义及特点

1. 竞聘辞的含义

竞聘辞，也叫竞选辞，是竞聘者为了竞争某岗位而向领导、评委和听众展示自己优势条件，介绍自己假如受聘之施政方略的演讲稿。

2. 竞聘辞的特点

(1) 自评自荐性。竞聘者在演讲中介绍自己参与竞聘的缘由，并对自己的经历、能力、性格和优势作出自我推介和评价。

(2) 目标指向性。竞聘辞的内容无论从主旨到材料，乃至心态，都要为实现成功受聘服务，表达志在被聘的意愿。

（3）期冀认同性。竞聘者期冀假如竞聘成功，自己的施政方略能得到听众的认同、得到大家的支持。

（二）竞聘辞的类型

1. 技术岗位竞聘辞

竞聘的岗位技术含量高，重在表述自己技术能力和推进技术工作的方略。

2. 行政职务岗位竞聘辞

竞聘的属行政岗位，重在表述自己的行政能力和施政方略。

（三）竞聘辞的结构和写法

1. 标题

标题通常有两种写法：一是文种式标题，如“竞聘学生工作部长的演讲”；二是文章式标题，如“实实在在做事——办公室主任竞聘辞”。

2. 正文

正文主要包括以下几方面：

（1）引言。在对评委或听众的称谓之后，开门见山叙述自己竞聘的职务和竞聘的缘由。

（2）主体。首先简介自己的年龄、政治面貌、学历、现任职务等情况。其次自评自荐自己优良的竞聘条件，如政治素质、业务水平、工作能力等。

最后提出自己任职后的施政目标、构想和措施。

在主体部分，竞聘者需表述对竞聘岗位的客观理解和独到的认识。

（3）结尾。用简洁的话语表明自己竞聘的决心、信念和请求。

相关链接

竞聘辞的写作模板

框图模式

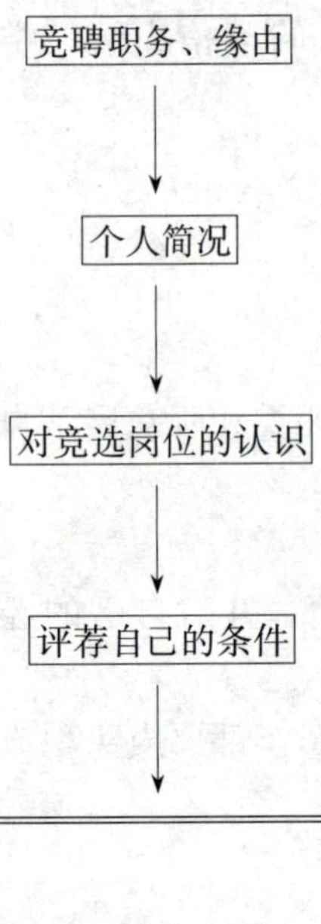

文字模板

竞选学习部部长的演讲辞

同学们：你们好！

今天，我走上演讲台的唯一目的就是竞选学生会学习部部长。（引言：竞聘职务、竞聘缘由）

××××××××××××××××××××××××××××××××，××××××××××××。（个人简况）

学生会学习部部长是××××××××××××××××××××××××××，×××××××××××××××××××。（对竞聘岗位的理解，以及独到的认识）

我认为自己竞选学生会学习部部长是够条件的。首先，××××××××××；其次，×××××××××××××；最重要的是，我有×××××××××××××。（自评、自荐自己的竞聘条件，如工作经历、能力等）

假如大家信任我，我上任后将和学生会学习部的同学们认真做好如下八项工作：

施政方略 ↓ 决心与信念 ↓ 投票请求 ↓ 鸣谢 注：以上为竞聘辞基本内容模块结构模式。	一、××××××××××××××××； 二、××××××××××××××××； ………… 八、××××××××××××××××××××。（提出施政目标、构想和措施） 今天您给我一个舞台，明天我还给大家一份成就！（表达决心、信念） 同学们，请投我一票！（表达请求） 谢谢大家！（鸣谢）

（四）竞聘辞的写作要求

（1）介绍好个人简况。个人简况要真实、简要，与竞选岗位、职务无关的一般不介绍。

（2）突出自己的优势。优势往往是“人无我有”或“人有我强”的特殊能力，以求更好地引起评委和听众的特别关注。

（3）阐述好对竞选岗位的认识。对竞选岗位的职能、职权、工作范围、权利义务等必须有客观、深入、独到的认识。

（4）施政目标、构想和措施，切忌信口开河，必须切实可行，能够得到听众最大限度的认同。

（5）语言诚挚、朴实，力求口语化。

第二节　社会实践报告

一、阅读与析评

【例文 7－2】

暑假社会实践报告

大学生参加社会实践，一方面可以锻炼自己，使自己在实践过程中学会如何独立生活，如何独立面对生活中的困难与挫折；另一方面可以锻炼分工协作能力，在这个信息瞬息万变，知识日新月异的时代，我们更需要合作精神。日常生活中我常感受到广告创意的魅力，我很早以前就产生了更深地了解它、接触它的愿望。7月16日学校召开以“青春励志奉献，共建和谐社会”为主题的社会实践动员大会，学校领导宣布社会实践活动自即日起正式启动，我和另两位同学一起到××广告有限公司进行了为期二十多天的社会实践活动。

一、前期准备工作

由于我们三人是自由组队，所以所有的事情都得靠自己解决，当然很多的麻烦是不可避免的了。又由于时处期末，我们每天都处于紧张的复习之中，但我还是抽出时间在放假前联系实践单位。由于偶然原因，当时我联系了××广告有限公司，前几次前往该公司联系都未果。最后一次我终于见到了公司总经理，我向他表达了想来进行社会实践的强烈愿望，跟总经理谈了十几分钟后，他被我的热情和渴望所感动，同意给我们一次实践的机会，条件是得听从公司的安排。总经理答应我暑假一放假就可去公司报到。

二、开展实践的情况

7月17日，我们一行三人（另两人是经济管理学院的×××和人文学院的×××）穿着统一的服装来到了××广告有限公司，公司负责人×××小姐给我们开了一个小会，讲了具体工作计划及要求。我和×××同学被分配到了媒介部实践，×××同学到设计部实践。第一天，我们熟悉了公司的有关情况。

7月18—22日，我们学习并使用Coreldraw、Adobe等软件制图。公司的户外广告媒体位置遍布市区，所以需要一份集大成的公司广告位置地图，若客户对广告位置感兴趣，可点击该位置，在另外的页面有图片及其详细的资料介绍。我跟×××同学对照市区地图，边学习使用软件边画图。花了五天时间，一份不甚专业的地图终于出炉了。最后还把它做成了Powerpoint。完成这项工作时心中不免闪过喜悦，因为这是我们合作并辛苦工作的结果。

7月23—30日，我们负责调研市场。调研目的是了解××产品的代理商有无恶意竞争。我们在调研中第一步是对所有的代理商进行电话采访；第二步是扮成顾客去销售中心进行咨询。调查对象涉及市区的11家经销商，共22款办公设备。调查结果表明，有些公司存在着严重的恶意竞争现象。一些公司为了提高公司销售额，不惜加大折扣，以骗取总公司高额的回扣。

7月31—8月5日，我们去市场访问收银系统，并对办公设备、电脑和餐厅音响、灯光系统及其价位进行市场调研。调研目的是了解市场价格，与各家代理公司所报价格进行对比，查看是否有谎报价格。调查结果表明谎报价格现象十分严重，有些产品的价格虚报达一倍。

三、收获和体会

通过这次社会实践，我最大的感受就是锻炼了自己，使自己成熟多了。年幼时渴望长大，但那仅仅是年龄上的成长，而现在是渴望更深层次的思想上、行为上的成长。每个人成长的方式不可能完全一样，但相同的是我们都能体会到成长的快乐。在生活中体验成长的艰辛，在收获中体验成长的喜悦。也许人的一生是由酸甜苦辣交织、喜怒哀乐相汇而成，苦中有甜，甜中有苦，笑中有泪，泪中有笑。只有如此才能造就丰富多彩的人生。人生体验多，各种滋味都品尝过了，各种感觉都体验过了，才能真正认识到人生的丰富。我渴望着丰富的人生阅历，这次社会实践，使我真正体验到了成长的快乐。

这二十多天的社会实践，虽然时间不算长，但使我确确实实学到了很多在学校及书本上不曾学过的东西，尽管我以前也有过实践经历，但这次社会实践的感觉与前几次却有很大的不同（以前都是一个人去做促销，或者家教），感觉比以前的收获更多。比如，在人际交往方面，书本上只是简单告诉你要如何做，而社会上的人际交往其实非常复杂，这是在学校里无法感受到的。社会上有各种各样的人，每一个人都有自己的思想和个性，要跟他（她）们处理好关系还真的需要许多技巧，而这种技巧是来自社会阅历与社会实践的经验的。在社会生活中，有关心你的人，有对你无所谓的人，有看不惯你的人，这就看你自己是如何把握了。实际的社会生活或实际的交际，要求你在并不改变某些东西的时候，学着去适应它；如果不适应，那就得改变一下再去适应。

这二十多天来的社会实践，还锻炼了我不管遇到什么困难都不退却、不轻言放弃的品格。人要想实现自身的价值一定要有顽强的意志、坚强的品格、勤奋的品质和严谨的作风，需要有一个积极向上的心态。只有这样，你才可以做到不管遇到什么挫折、什么困难，即使遇到失败，都不怕，你都可以吸收经验教训，再次站起来向前。

[析评]

这份摘自网上的“大学生社会实践报告优秀范文”，其实是优缺点并存的文章。

文章的开头写了社会实践的目的，写了公司的基本情况和实践的基本形式与内容，不足之处是开头部分缺写作者简况，前期准备工作可以放入前言简写，缺写社会实践单位的评价，如果对实习单位有建议也可写上。

文章中的有些词句还有待修改。比如，“所有的事情都得靠自己解决”中的“事情”应改为“困难”，而“当然很多的麻烦是不可避免的了”却成了赘语；“由于偶然原因，当时我联系了××广告有限公司”应改为“一个偶然的机缘我去了××广告有限公司”。文章中还存在一些过于口语化的字句，如“总经理答应我暑假一放假就可去公司报到”中的“答应”应改为“同意”。

二、必需知识

（一）社会实践报告的含义及特点

1. 社会实践报告的含义

社会实践报告是学生在参与社会实践活动之后，对社会实践进行分析总结，对实践单位（地点）或实践事项作出基本评价，汇报收获，提出有关意见和建议的书面报告。

通过学生提交的社会实践报告，学校可以了解学生对社会或有关事物的认识水准，以及学生的素质和技能水平。

2. 社会实践报告的特点

（1）实践性。社会实践报告以学生亲身参与社会生活的有关方面的实践为基础。

（2）调研性。社会实践报告还需依托深入细致的调查研究，并将调研情况真实地诉诸文字。

（3）评价性。社会实践报告必须反映有关问题和矛盾，并且力求向实践单位提供可资借鉴的经验和可参考的工作建议。

（4）个人素质体现性。社会实践报告非专业实习报告，也非学生毕业实习报告，相对来说专业性较弱，或者说专业性较为宽泛，但需包括社会实践对个人素质的提高等实践成效。

（二）社会实践报告的种类

社会实践报告有多种分类，其中，按学生开展社会实践活动的类型，可分为学生深入社区、街道、农村开展学习落实科学发展观等活动，开展“真情进万家”的志愿服务活动，赴企业进行就业实践，开展“感恩”社会系列调研活动和社会调查等类型。

（三）社会实践报告的结构和写法

1. 标题

社会实践报告的标题一般有两种写法：

（1）由实习地点和文种构成，如“赴××××××开展社会实践报告”。

（2）正副标题式，正标题概括社会实践的主题，副标题标明进行社会实践单位名称和文种，如“质量为本，服务社会——×××××集团社会实践报告”。

2. 正文

一般来说，学生实践的单位或实践的内容不同，会使社会实践的正文的写法有所差异，但基本结构和写法一般包括以下几个方面：

（1）前言。一般写社会实践的缘由、目的，实践单位（地点）情况或实践事项、时间、背景，介绍学生本人的情况。

（2）主体。主体包括如下几方面内容：

1）介绍社会实践的形式和具体的实践内容等。

2）对实践单位（地点）或实践事项的基本认识和基本评价。具体内容为对实践单位（地点）或实践事项的认识，或反映其问题，或揭示其矛盾，乃至揭示有关事物的规律。

如果有必要，社会实践报告还可对进行社会实践的单位提出富于专业性、建设性的工作意见或参考性的工作建议。

3）介绍学生参加社会实践的收获，包括个人在思想、人生体验、个人素质以及专业技能方面的提高。

假如社会实践的内容与专业结合得比较紧，也可以根据社会实践的情况，对学校的专业教学提出建议。

相关链接

社会实践报告的写作模板

框图模式

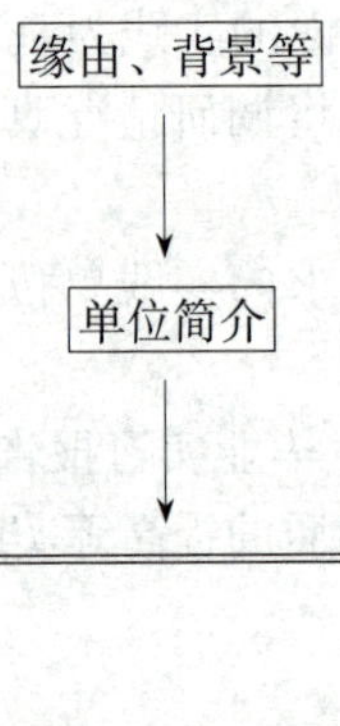

文字模板

××××社会实践报告

我是××××××学院××××专业××××级××班的学生。我响应学校的号召，于今年×月至×月到××××××××公司进行了社会实践。（作者简介及社会实践的缘由、时间）

××××××××公司主要从事×××××××××××××。（社会实践单位基本情况）

此次社会实践的主要目的×××××××××××××。（目的）

目的

↓

文种承启语

↓

社会实践形式、内容

↓

对实践单位、事项的认识、评价

↓

收获、体会

注：以上为社会实践报告正文的基本内容模块结构模式。

现将本次社会实践的情况报告如下（文种承启语）：

一、社会实践的形式和主要内容

1. ××××××××××××××××。（形式）

2. ××××××××××××××××。（内容）

二、对实践单位（地点）或实践事项的基本认识和基本评价。

1. ××××××××××××××××。（基本认识）

2. ××××××××××××××××。（基本评价）

3. ××××××××××××××××。（视需要对单位提出有关建议）

三、本次社会实践的收获和体会

××××××××××××××××。（包括作者在思想、人生体验、个人素质乃至专业技能提高上的收获，以及对专业教学提出建议）

（四）社会实践报告的写作要求

（1）明确实习报告与社会实践报告的异同。实习报告与社会实践报告都要对实习（实践）的内容进行介绍，都注重实践。不同点是实习报告专业性强，对学生的专业学习质量具有检视性；而社会实践报告专业性相对比较弱，但注重调研性，注重对社会实践点进行评价，注重体现学生个人素质的提高而非专业技能的提高。在具体的写法上，实习报告需表述学生的专业知识与技能是否能适应实习的内容；而社会实践报告却一般不涉及对专业能力的评价，却需写对社会实践单位的评价，以及提出建设性的建议等。

（2）在实践过程中注重调查研究，注重收集有关撰写资料，比如注意收集社会实践单位的基本情况，注意了解其工作规程、效益、前景和存在问题，以及员工的评价等。

（3）社会实践报告是写实性文书，必须言之有据，切忌凭空杜撰。

第三节　实习报告

一、阅读与析评

【例文7-3】

会计电算化专业实习报告

一、引言

实习是每一个学生必须拥有的一段经历，它使我们在实践中了解社会，让我们学到了很多在课堂上根本学不到的知识，也使我们打开了视野、增长了见识，为我们以后进一步走向社会打下坚实的基础。做好会计工作不仅要学好书本里的各种会计知识，而且也要认真积极地参与各种会计实习的机会，让理论和实践有机结合在一起，只有这样才能成为一名高水平的会计专业人才。为此，根据学习计划安排，我于今年12月专门到一家已实施了会计电算化的单位——××××实业有限公司进行了为期一个月的实习。

××××实业有限公司主要从事电线电缆的生产和销售业务，公司的规模较大，关于财务的分工也比较明细。在此次实习中，我的指导老师是一位姓赵的师傅，实习岗位是财务会计。有些时候还会做些杂务，比如打扫卫生和撕贴纸，虽然并没有谁要求我去做这些事情，但是必须自觉地去做，而且要尽自己的努力做到最好。

此次实习的主要目的是初步掌握会计的各项基本工作，尝试把学校里学习的会计电算化专业的相关理论运用到实习过程中，熟悉会计工作的方法和程序步骤，培养人际交往能力，为成为一名合格的财务会计作准备。

二、实习内容

（一）根据经济业务填制原始凭证和记账凭证

1. 原始凭证是指直接记录经济业务、明确经济责任、具有法律效力并作为记账原始依据的证明文件，其主要作用是证明经济业务的发生和完成的情况。填写原始凭证的内容为：原始凭证的名称、填制凭证的日期、编号、经济业务的基本内容、填制单位及有关人员的签章。

2. 记账凭证是登记账簿的直接依据，在实行计算机处理账务后，电子账簿的准确和完整性完全依赖于记账凭证，操作中根据无误的原始凭证填制记账凭证。填制记账凭证的内容有：凭证类别、凭证编号、制单日期、科目内容等。

（二）根据会计凭证登记日记账

日记账一般分为现金日记账和银行存款日记账，它们都是由凭证文件生成的。计算机账务处理中，日记账由计算机自动登记，日记账的主要作用是用于输出现金与银行存款日记账供出纳员核对现金收支和结存使用。要输出现金日记账和银行存款日记账，要求系统初始化时，现金会计科目和银行存款会计科目必须选择“日记账”标记，即表明该科目要登记日记账。

（三）根据记账凭证及所附的原始凭证登记明细账

明细分类账簿亦称明细账，它是根据明细分类账户开设账页进行明细分类登记的一种账簿，输入记账凭证后操作计算机则自动登记明细账。

（四）根据记账凭证编科目汇总表

科目汇总表也由凭证文件生成，其编制方法为：用户输入需汇总的起止日期，则计算机自动生成相应时间段的科目汇总表。

（五）根据科目汇总表登记总账

根据得出的科目汇总表操作计算机，计算机生成对应的总账。

（六）对账（编试算平衡表）

对账是对账簿数据进行核对，以检查记账是否正确，以及账簿是否平衡。它主要是通过核对总账与明细账、总账与辅助账数据来完成账账核对。一般来说，计算机记账后，只要记账凭证录入正确，各种账簿应该是正确的、平衡的，但由于非法操作，计算机病毒或其他原因有可能会造成某些数据被破坏，因此引起账账不符，为保证账证相符，应经常进行对账，每月至少一次，一般在月末结账前进行。

三、实习结果

此次实习，不仅培养了我的实际动手能力，增加了实际的操作经验，缩短了抽象的课本知识与实际工作的距离，对实际的财务工作有了一个新的认识，同时也让我认识到了传统手工会计和会计电算化的共同点和不同点。

（一）共同点

1. 二者的最终目标都是加强经营管理，提供会计信息，参与经济决策，提高经济效益。

2. 二者都遵守会计法规，会计法规是会计工作的重要依据。

3. 二者都遵循基本的会计理论与会计方法及会计准则。

4. 二者的基本功能相同，即信息的采集与记录、存储、加工处理、传输、输出。

（二）不同点

1. 运算工具不同：传统手工会计运算工具是算盘或电子计算器等，计算过程每运算一次要重复一次，由于不能存储运算结果，人要边算边记录，工作量大，速度慢。电算化会计的运算工具是电子计算机，数据处理由计算机完成，能自动及时地存储运算结果，只要输入原始数据便能得到所希望的信息。

2. 信息载体不同：传统手工会计所有信息都以纸张为载体，占用空间大，不易保管，查找困难。电算化会计除了必要的会计凭证之外，均可用磁盘、磁带做信息载体，占用空间小，保管容易，查找方便。

3. 账簿规则不同：传统手工会计规定日记账、总账要用订本式账册，明细账要用活页式账册；账簿记录的错误要用划线法和红字法更正；账页中的空行、空页要用红线划消。电算化会计不采用传统手工会计中的一套改错方案，凡是登记过账的数据，不得更改（当然还是要辅以技术控制），即使有错，只能采用输入“更改凭证”加以改正，以留下改动痕迹。对需要打印的账页的空行、空页可以手工处理。

4. 账务的处理程序（会计核算形式）不同：传统手工会计处理账务的程序有4种，但都避免不了重复转抄与计算的根本弱点，随之而来的是人员与环节的增多和差错的增多。成熟的电算化会计的账务处理程序用同一模式来处理不同企业的会计业务，成本核算程序以软件固化形式存在，从会计凭证到会计报表的过程都由计算机处理完成，任何要求的输出都能得到满足。

5. 会计工作组织体制不同：传统手工会计的会计组织工作以会计事物的不同性质作为制定的主要依据；电算化会计组织体制以数据的不同形态作为制定的主要依据。

6. 人员结果不同：传统手工会计中的人员均是会计专业人员，其中的权威应是会计师；电算化会计中的人员由会计专业人员以及电子计算机软件、硬件和操作人员组成，其中权威应为掌握中级电算化会计的会计师。

7. 内部控制不同：传统手工会计对会计凭证的正确性，一般从摘要内容、数量、单价、金额、会计科目等项目来审核；对账户的正确性一般从三套账的相互核对来验证；还通过账证相符、账账相符、账实相符等内部控制方式来保证数据的正确，堵塞漏洞。电算化会计由于账务处理程序和会计工作组体制的变化，除原始数据的收集、审核、编码由原会计人员进行外，其余的处理都由计算机部门负责。内部控制方式部分被计算机技术替代，由手工控制转为人机控制。

以上种种区别，集于一点，就是由于电算化会计数据处理方式的改变，引起了传统手工会计各个方面的变化，这一变化将使系统功能更强，系统结构更合理，系统管理更完善。

四、实习体会

下面是我通过这次会计实习中领悟到的很多书本上所不能学到的知识。

首先，我以前总以为自己的会计理论知识扎实，以为所有工作都一样，只要掌握了规律，照葫芦画瓢准没错，那么，当一名出色的会计人员，应该没问题了。现在才发现，会计其实更讲究的是它的实际操作性和实践性。离开操作和实践，其他一切都为零！

其次，会计工作具有很强的连通性、逻辑性和规范性。每一笔业务的发生，都要根据其原始凭证，一一登记入记账凭证、明细账、日记账、三栏式账、多栏式账、总账等可能连通起来的账户，这为其一。会计的每一笔账务都有依有据，而且是逐一按时间顺序登记下来的，极具逻辑性，这为其二。在会计的实践中，漏账、错账的更正，都不允许随意添改，不容弄虚作假，每一个程序、步骤都得以会计制度为前提、基础，体现了会计的规范性，这为其三。会计本来就是烦琐的工作。在实习期间，我曾因整天对着那枯燥无味的账目和数字而心生烦闷、厌倦，以至于登账登得错漏百出。越错越烦，越烦越错，这只会导致"雪上加霜"。但只要你用心地做，反而会左右逢源。越做越觉得有乐趣，越做越起劲。因此，做账切忌粗心大意、马虎了事、心浮气躁。做任何事都一样，需要有恒心、细心和毅力，才会到达成功的彼岸！

我在这次会计实习中，可谓受益匪浅。仅仅一个月的实习，将使我受益终生。

[析评]

这是一篇专业实习报告。介绍实习目的、实习内容条理清楚，能根据实习对所学专业的知识和技能进行总结和思考，正视自己的不足，提出努力方向。由于实习内容比较充实、具体，因而文中的实习收获与体会能够令人信服，文章还能体现实习报告的专业性和检视性特点，是一份写得较好的实习报告。

需要指出的是，引言（前言）部分，从"实习是每一个学生必须拥有的一段经历……只有这样才能成为一名高水平的会计专业人才。为此……"和"有些时候还会做些杂务，比如……做到最好"这些文字可删去。如果实习报告在封面中未介绍实习生个人情况，则应在引言部分作出简介。"实习结果"应改为"实习收获"。

二、必需知识

（一）实习报告的含义及特点

1. 实习报告的含义

实习报告是学生接受专业教育后，到实习单位进行实践锻炼，对专业实习情况、收获体会和有关专业问题进行分析总结而向学校提交的专业文书。

通过撰写实习报告，学生可以理性地检视自己专业学习的水准；学校可以通过实习报告，了解专业设置和建设的相关情况。

2. 实习报告的特点

（1）专业性。实习报告反映学生在自己所学的专业领域实习的实际情况，是对所学过的专业知识的运用及检视。

（2）检视性。实习报告必须对学生自己的真实实习情况进行总结检视，梳理收获，找出不足。

（二）实习报告的类型

实习报告按照内容划分，有生产实习报告、课程实习报告和毕业实习报告等。

（三）实习报告的结构和写法

1. 标题

实习报告的标题一般有三种写法：

（1）由实习地点和文种构成，如“××宾馆实习报告”。

（2）直接写毕业实习报告，如“毕业实习报告”。

（3）正副标题式，正标题概括实习报告的主题，副标题标明实习的单位和文种，如“质量是企业的命根子——××集团服务公司实习报告”。

2. 正文

一般来说，尽管实习报告的正文因实习的内容和过程的不同相应写法会有些差异，但基本结构和写法包括以下几个方面：

（1）前言。一般写实习的缘由、实习单位、时间、背景，交代实习目的。也可顺便介绍实习生本人的情况。

（2）主体。主体内容包括：

1）实习内容、实习过程。实习内容要求写得具体而明确，因为这部分内容既是整个实习报告的重要组成部分，也是产生实习收获和体会的基础。对实习过程作简要交代即可。

2）实习收获。具体内容包括完成了哪些实习任务、实习结果如何、取得了什么成绩、专业知识与技能是否能与实习的内容相结合，抑或是否适应实习等。

3）实习体会。包括自己的专业技能存在什么问题，今后有何努力方向，对所学专业有何思考和认识，对专业课程设计和知识结构方面的建议等。

（3）尾部。一般是对实习指导老师和实习单位表示感谢。

相关链接

实习报告的写作模板

框图模式

个人简介、缘由、背景

↓

文字模板

实习报告

我是××××××学院××××专业××××级××班的学生。根据学校的学习计划安排，我于今年×月至×月到×××××××公司进行了实习。（实习生情况及实习缘由、时间）

×××××××公司主要从事×××××××××××。（实习单位基本情况）

实习单位情况 ↓ 文种承启语 ↓ 实习内容和过程 ↓ 专业收获 ↓ 体会 ↓ 其他 注：以上为实习报告基本内容模块结构模式。	此次实习的主要目的××××××××××××。（实习目的） 现将实习的收获及有关内容报告如下（文种承启语）： 一、实习内容和过程 1. ××××××××××××××××。（做法，专业知识与技能） 2. ××××××××××××××××。（做法，专业知识与技能） 二、专业收获 1. ××××××××××××××××。（专业知识与技能应用方面的收获） 2. ××××××××××××××××。（专业知识与技能应用方面的收获） 三、体会 ××××××××××。 （包括存在的问题、努力方向，以及与专业有关的思考和建议） 六、对实习作出总体性评价 七、致谢

（四）实习报告的写作要求

（1）写作实习报告，必须在实习过程中注重收集有关的资料，比如收集实习单位的基本情况、专业或行业的基本情况。

（2）注重专业知识和技能在实习中的运用情况。

（3）实习报告是写实性文书，要注重对材料的概括总结，体现综合性和真实性，文章内容须依托自己的实习经历，切忌凭空杜撰。

复习与训练

一、名词解释

竞聘辞　社会实践报告　实习报告

二、填空题

1. 竞聘辞具有________、________和________三个特点。
2. 重在表述自己的行政能力和施政方略的竞聘辞，为________。
3. 社会实践报告具有________、________、________和________四个特点。
4. 实习报告具有________和________两个特点。

三、判断题

1. 竞聘辞只要介绍好自己的优势和工作能力即可，不必提出自己任职后的施政目标、

构想和措施。（　　）

2. 不必在竞聘辞中表述对竞聘岗位的理解和认识，因为听众都知道竞聘者所竞聘的是什么岗位。（　　）

3. 调研对社会实践报告有时是不一定需要的。（　　）

4. 社会实践报告不必对实践单位作出基本评价。（　　）

5. 社会实践报告主要写自己的实习内容、专业知识与技能应用情况及收获。（　　）

6. 实习报告与社会实践活动报告是同一种文书。（　　）

7. 实习报告不必对所学的专业提出有关建议。（　　）

8. 实习报告是主要写专业实习情况的专业文书。（　　）

四、简答题

试述实习报告与社会实践报告的异同。

五、病例析改题

1. 试指出下面这篇竞选辞的主要毛病，并补写文章缺写的主要内容。

院学生会主席竞选辞

各位老师，各位同学：

大家好！

参加竞聘之前，我一直在想：我应不应该参加这次竞聘？我靠什么来参加这次竞聘？思索再三，我想，我愿意把这次竞聘当成争取尽自己一份责任的机遇，更愿意把这个竞聘过程当作我向各位同学学习、接受各位评判的一个难得的机会。因为我是鼓着十二分的勇气来参加竞聘的。

我知道，成为一名合格的院学生会主席很不容易。我之所以鼓起勇气参加院学生会主席的竞聘，首先缘于我对同学们的热爱和对学生工作的执着。我相信，一个人，只要他执着地热爱自己的事业，他就一定能把他的事业做好。当然，我也有过一些学生工作的经历，我曾经在高中时当过班长，对组织管理工作并不陌生。有人说，经历是一笔财富，而我更愿意把自己的经历当作一种资源，一种在我今后工作中可以利用、可以共享、可以整合的资源。

当然，我更清楚，成绩也好，经验也罢，它只能说明过去，并不能证明未来。

假如我能竞聘成功，我将做好自己应该做的工作。

说到这里，我想起了阿基米德的一句名言："给我一个支点，我可以撬起整个地球。"但在这里，我不敢高喊这类豪言壮语，我只想表达一个愿望，请投我一票，我会尽自己有限的能力给大家回报！

谢谢大家！

×××

××××年×月×日

2. 下面是一则社会实践报告病文，试指出其毛病。

我在××木业有限公司实践的报告

我于8月2日到××市××木业有限公司进行了暑期社会实践。

公司宏伟的发展目标、先进的管理、一流的生产设备都给我留下了深刻的印象。

××市××木业有限公司是一家从事板材出口的民营企业，公司坐落于××东城工业园内。该工业园基础设施比较完备，距市中心不足十分钟车程，地处××出口处，西距××港3公里，距××机场1小时的车程，与××港相距只有百里。

公司占地200亩，拥有4个标准厂房，总面积55万平方米，职工830人，固定资产600万元，板材加工生产线2条，高档板材加工线3条。公司是××市取得出口资格的企业之一。

公司前身是一家专门从事板材加工的小企业，始建于1995年，从木材的长途贩运到粗加工、半成品的加工，直到现在的板材出口，公司的资产从开始的几万元发展到现在已达数百万元。

公司虽然是民营企业，但并非家族式管理，而是采用法人治理结构。公司的日常事务由总经理负责，下设人事、财务、生产、采购四大机构。各车间设有专门负责人，对总经理负责，同时设有副总经理，协调各车间与上级部门关系。公司发展目标明确，即“争创国际品牌”。

公司同样有着和谐的企业文化。在公司里，不管是管理层，还是普通工人，都统一着装、佩戴胸卡，显示出了积极的工作状态、良好的精神面貌。这些都给我留下了深刻的印象。

公司成就不小，但我也发现了公司的一些不足之处，仅个人意见而已。

公司虽然是一家有出口资格的企业，但是毕竟从事国际贸易出口仅有两三年的时间，可以说公司从事国际贸易运作经验还不足，是摸着石头过河，而且公司在我国加入世界贸易组织后才开始板材出口，对国际贸易规则及利用规则自我保护意识还不强，而且公司以欧美为主要的市场，这些地区的行业准入制度相当完善，这对企业要求更高，出口难度较大。

而且我发现公司缺乏国际贸易专业人才，公司过去只是通过外贸中介机构来实现外贸，这样就失去了主动权，增加了企业的风险，公司应该吸引有外贸出口并熟知国际贸易规则的专业人才，这样才能为企业实现国际化目标保驾护航。

公司产品结构比较单一，主要是瞄准欧美市场，对中东、东南亚市场不是太重视。目标市场太小，某种程度上加大了公司的风险，而且公司重视国外、轻视国内市场发展，忽视了有着巨大商机的国内市场。

该公司的出口板材全部是由海运完成的，加上国际石油价格一涨再涨，引起了企业物流成本的上升，一定程度上增加了企业的成本。

当然，我也看到了企业面临的机遇，从国家到地方的扶持政策力度进一步加大，财政部、税务部恢复对板材出口的退税13%，××市把板材产业发展作为全市支柱产业之一，在税收方面给予了一定优惠。

公司发展机遇难得，国际市场对板材的需求进一步扩大，特别是周边国家的需求增长很快，可以看出公司产品前景看好，特别是公司引进的具有国际先进水平的高档板材生产线，使公司的产品在同行业竞争优势明显。

另外，公司的区位优势将更有利于公司降低成本。××市的劳动力价格相对较低。公司在原料采购上更具有优势，大家知道××市以交通发达闻名，××市的原木市场早在20世纪80年代就形成了。这里又是苏、鲁、豫、皖木材集散地，可以说是原料十分充足，这对公司降低成本极为有利。

另外，××市高校云集，其人才高地早已形成，这对企业挑选优秀的外贸人才提供了机会。

我认为公司有一个非常正确的竞争战略——品牌化战略。公司早已将自己的核心品牌同时在几个国家注册，这为企业实施国际化战略铺平了道路，也有力地保护了自己的利益，同时也是自主知识产权保护意识加强的表现，公司已经迈出了走向国际化的第一步，也是坚实的一步。

正如汽车制造业有日本丰田、德国大众，快餐业有美国的肯德基、麦当劳，我相信经过努力，世界板材业将会有一个中国品牌，我希望是××木业有限公司。

通过这次进厂进行社会实践，我深刻体会到了知识在企业发展中的力量，激发了我的学习热情，更加明确了学习的目标。作为一名国际贸易专业的大学生，还要有扎实的英语功底、过硬的专业知识，才能在将来的工作中纵横驰骋。

3. 下面是一则实习报告病文，试指出其主要毛病。

拆装版实习报告

为了进一步了解印刷业，将所学理论与实践相结合，同时认识印刷机的结构及印刷机的品牌，了解印刷生产的具体步骤和印刷机开启、印刷、关闭的一些过程及印刷过程中注意事项，印版的卸与装、保养等，作为印刷专业的大学生，我们于××××年9月在本校工厂参加了为期一个月的实习。

一、实习单位及岗位介绍

（略）

二、实习内容及过程

我们的实习任务是控制和掌握印刷机，完成印品的精美印刷。然而，印刷最基础的部分也就是拆装印版、橡皮布和保养等，这也是印刷人必须做好的工作。因为印版、橡皮布装的好坏直接影响着印刷品的质量，所以我们要从最基础的部分做起。

拆装版也是我们实习的关键，机器的清洁是维护保养机器的重要工作。做好清洁保养工作，不仅可降低废品率，提高产品质量和设备利用率，还可延长机器的使用寿命。

首先，对拆装版前的要求做一下说明，胶印机的调整是机器操作的重要环节。有些机件的调整需要在机器运转中进行，有些机件的调整必须停机进行，必须要遵守安全第一的原则。如遇到需要到机器内进行检修或调整时，应切断电源。

其次，要注意人身安全、财产安全。拆装版的技术要求比较高，拆装印版的过程中，在保证质量的前提下，要尽可能地提高速度，因为在实际生产过程中时间就是金钱。

再次，调节机器也是关键的。为了更好地利用机器印出好的印刷品，就需要调节印版和橡皮布之间的压力、橡皮布和压印辊筒之间的压力，压力大小、水墨平衡、印刷色序等，这些都是要印前处理的。

拆装印版是印刷中重要的一部分，若装印版不正确或没有装好，会直接影响印刷的套印，严重的甚至会影响到机器的安全。

1. 安装印版时注意事项：

…………

2. 拆装版步骤及流程如下：

拆版流程：

…………

装版流程：

(1) 为了避免装印版时发生糊版，装印前要检查着墨棍、着水棍等。

(2) 转动机器使其印版转到空白处。

(3) 装版前，要手动压印开关到合压位置。

(4) 把印版咬口位置仔细插入与印版滚筒相应的位置，直至印版两定位孔完全卡住印版。

…………

3. 机器保养及其清洁：

机器清洁工作是维护保养机器的重要方面。做好清洁保养工作，不仅可降低废品率，提高产品质量和设备利用率，而且能及时发现事故隐患，保证机器正常运转，延长机器使用寿命。

胶印工人务必养成干净利落的操作习惯和认真细致的工作态度，在进行清洁保养工作时，应注意下列事项：

…………

此外，还应保持机器四周及工作环境的整洁，每天下班前，应该打扫干净。如果机器长期停止运转，应用机罩罩好，以防灰沙落入机内，加速机器的磨损。

三、实习总结及体会

通过实习，我了解到了印刷的基本流程和在印刷过程中应注意的事项，从中体会到，理论仅仅是基础，而实践才是理论的练武场。作为印刷人，必须要学好扎实的基础课，并及时地把所学专业知识应用到实践中去。

实习中，我认为印刷的难点是控制水墨平衡、压力调节、多色印刷的套印、拆装印版及调节等工作，难点涉及技术含量和印刷人的经验。而这些，都是一个高技术的印刷人才必须具备的。

实习是不可缺少的一部分。实习可以把学到的印刷知识应用到实际当中，并在实践中提高发现问题、分析问题、解决问题的能力。只有理论与实践结合，才能够更好地体会理论的精髓所在，使理论与实践真正融会贯通，从而提高自己的实践能力。

六、写作训练

1. 假设自己竞聘学校学生社团或其他某个学生干部职位，撰写一份竞聘辞。

2. 试根据自己的社会实践，撰写一份社会实践报告。

3. 假如你参加过有关课程实习或专业实习，请依据自己的实习经历，撰写一份实习报告。

第八章
大学生就业文书

本章结合对简历、求职函和劳动合同例文的阅读与析评，介绍各文种写作的必需知识，着重学习、掌握它们的一般写法。

第一节　简　历

一、阅读与析评

【例文 8 - 1】

个人信息	姓　名	××	性　别	男	出生年月	2001 年 9 月	相片
	民　族	汉	户　籍	广东广州	目前所在地	广东广州	
	政治面貌	中共党员	学　历	大学专科	所学专业	法律事务	
	毕业院校和专业	××××××学院××××专业					

联系方式	电　话 微　信	×××××××××××× ×××××××××	E-mail	×××@163. com
	通信地址	×××××××××××× ×××××××××	邮政编码	××××××

教育简历	2016 年 9 月至 2019 年 7 月，就读于××市×××××中学
	2019 年 9 月至 2021 年 7 月，就读于××××××学院××××专业

个人能力	能力证明	拥有全国计算机一级、英语八级、办公自动化高级等证书，通晓普通话及粤语、潮汕方言
	其他特长	有较强的组织沟通与协调能力，具备较强的责任心和集体主义感
	求职意向	行政助理、人事文员

社会实践经验	2020 年 9 月至 2021 年 7 月，任法律 3 班团支部书记
	2020 年 9 月至 2021 年 7 月，任××系学生会副主席、普法协会副会长
	2020 年 9 月至 2021 年 7 月，任××系学生党支部支委会委员
	2020 年 3 月至 2021 年 3 月，任××市金海岸中学初二（4）班法制助理班主任，从事法制宣传
	2020 年 7 月至 2020 年 8 月，在×××市××电子有限公司实习，从事办公室工作
	2021 年 3 月至 2021 年 6 月，在××市区司法局顶岗实习，从事司法行政工作
获奖情况	2020 年 5 月，获××区××街道 2009 年度“优秀青年志愿者”称号
	2020 年 7 月，获××市 2008—2009 学年度“优秀学生干部”称号
	2021 年 5 月，被评为“优秀社团会员”“优秀法制助理班主任”
	2021 年 11 月，获校奖学金“精神文明奖”、校“十佳团支书”称号
	2021 年 5 月，获校诗歌征文比赛二等奖、校“团支部风采大赛”团体第二名
	2021 年 7 月，获校“优秀共产党员”荣誉称号
自我鉴定	本人性格开朗、稳重、有活力，待人热情、真诚。对工作认真负责、积极主动、吃苦耐劳，有较强的组织能力、实际动手能力和团队协作精神，能迅速适应各种环境，并融入其中。曾多次组织策划学院学生会、社团的各类活动，具备相应的组织领导能力。积极参加社会实践活动，先后于××电子有限公司、××中学、××区司法局等单位进行实习，锻炼自己不怕苦、不怕累的精神。注重自身道德的修养，热心公益事业，多次参加无偿献血、义务劳动及捐款活动，主动向党组织靠拢，在大学期间终于成为一名共产党员，并获得学校“优秀共产党员”的光荣称号。 学校的一切只能代表以往的行为与成绩，一纸虔诚的写照，能否打动您那颗炽热的心？ 我的座右铭是：常怀感激之心，一生快乐无穷……

［析评］

这份表格式求职简历，介绍了求职者的个人信息、联系方式、教育简历、个人能力、社会实践经验、获奖情况以及自我鉴定等情况，不尚空谈而注重以事实说话，结构清晰，信息具体。

这份简历还有不足之处。由于整份简历皆属于个人信息，所以表格首栏设“个人信息”栏便在逻辑上不合理，应删除。如果一定要设栏，则以设“基本信息”为宜。“求职意向”应独立成栏并置栏尾。“社会实践经验”应改为“实践经历”并独立成栏。此外，为使聘用单位更好地了解求职者的知识技能，最好补充“主要学习课程”栏内容。此外，“个人能力”栏中的“其他特长”内容与“自我鉴定”栏的内容存在冲突。属于特长的“有较强的组织沟通与协调能力”如果在“自我鉴定”中表述，则不合适再设“其他特长”栏目，何况“具备较强的责任心和集体主义感”属于个人思想品格，并非特长，不合适写入“其他特长”栏中。自我鉴定后面两句的内容可不写入。“自我鉴定”改为“个性评价”更好。

二、必需知识

（一）简历的含义及特点

1. 简历的含义

简历是求职者客观简要地介绍自己的学习经历、实践或工作经历、能力、个性、业绩等基本情况，突出个人特长或特点，以达到求职或应聘目的的文书。

简而言之，简历是一份关于求职或应聘的个人情况简介。

一般简历通常含“个人基本情况”“履历”“能力和特长”“求职意向”“联系方式”等基本要素。

2. 简历的特点

（1）真实性。简历必须客观真实地叙述个人学习经历、实践或工作经历等情况，任何编造都可能给求职或应聘造成难以预料的不良后果。

（2）自评性。简历需对个人的专业特长等作出自评，突出个人特点，毛遂自荐，让他人了解自己，达到求职或应聘的目的。

（3）简要性。顾名思义，简历就是简要、简洁地介绍个人的学习经历等相关情况。

（二）简历的种类

按写作方式分，简历可分为表格式简历、文字式简历和文字表格综合式简历。

学生求职通常选用表格式简历。

（三）简历的结构和写法

1. 标题

简历标题，一般有“个人简历”“简历”“求职简历”和“×××（姓名）简历”等写法。

2. 正文

（1）基本信息。包括姓名、年龄或出生年月、性别、出生地、民族、政治面貌、身高、专业、学历、毕业院校和毕业时间等。

（2）教育履历。包括个人从高中阶段至所获最高学历阶段之间的就读学校及专业，需注意按时间顺序排列。

（3）主要学习课程。主要的学习课程及其成绩。

（4）实践、社会工作经历。突出大学阶段所参加的社会工作，在各种实习中担当的工作。如果有职务也应具体写明。

（5）获奖、获取职业技能证书情况。各种获奖项目、等级或名次。相关职业技能证书可作为附件。

（6）能力、特长及个性评价。内容的介绍要恰如其分，尽可能使你的专长、兴趣、性格与你所谋求的职业特点、要求相吻合。

事实上，“教育履历”“实践、社会工作经历”已隐含了个人的能力、性格等，因而必须前后照应。

（7）求职意向。简短清晰地表明本人对哪些岗位、行业感兴趣及相关的要求。

（8）通联方式与备注。即写明电话号码、E-mail、QQ、详细通信地址、邮政编码等。

简历通常有一个封面。封面上的相关信息必须和内文中一致。

相关链接

简历的写作模板

框图模式

基本信息
↓
联系方式
↓
教育简历
↓
学习课程
↓
实践经历
↓
任职情况
↓
获奖情况
↓
证书与特长
↓
个性评价
↓
求职意向

注：以上为简历的基本内容模块结构模式。

文字模板

<table>
<tr><td>姓名</td><td></td><td>性别</td><td></td><td>出生年月</td><td></td><td rowspan="4">照片</td></tr>
<tr><td>民族</td><td></td><td>籍贯</td><td></td><td>目前所在地</td><td></td></tr>
<tr><td>政治面貌</td><td></td><td>学历</td><td></td><td>所学专业</td><td></td></tr>
<tr><td>毕业院校</td><td colspan="5"></td></tr>
<tr><td rowspan="2">联系方式</td><td>电话</td><td colspan="2"></td><td>E-mail</td><td colspan="2"></td></tr>
<tr><td>通信地址</td><td colspan="2"></td><td>微信</td><td colspan="2"></td></tr>
<tr><td>教育简历</td><td colspan="6"></td></tr>
<tr><td>主要学习课程</td><td colspan="6"></td></tr>
<tr><td>实践经历</td><td colspan="6"></td></tr>
<tr><td>在校期间任职情况</td><td colspan="6"></td></tr>
</table>

<table>
<tr><td>获奖情况</td><td colspan="2"></td></tr>
<tr><td rowspan="2">个人能力</td><td>职业证书</td><td></td></tr>
<tr><td>其他特长</td><td></td></tr>
<tr><td>个性评价</td><td colspan="2"></td></tr>
<tr><td>求职意向</td><td colspan="2"></td></tr>
</table>

（四）简历的写作要求

（1）实事求是。切忌凭空杜撰。

（2）突出亮点。多表述自己的优点，并注重适当自我评价。

（3）针对性强。注意介绍与自己谋求的职位相关的学习课程、专业知识和个人特长。可以在简历前置一封求职函。

（4）注意装帧，图文美观。各证书应附复印件，并附上自己的免冠近照。

第二节 求职函

一、阅读与析评

【例文 8-2】

求职信

尊敬的××公司总经理先生：

首先，为我的冒昧打扰向您表示真诚的歉意。在即将毕业之际，我怀着对贵公司的无比信任与仰慕，斗胆投石问路，希望能成为贵公司的一员，为贵公司服务。

我是××职业技术学院计算机软件专业××级学生，将于今年7月毕业。在大学学习期间，我努力学习各门基础课及专业课，并取得了良好的成绩（见附表），英语已通过六级考试（见附件）。本人不仅能熟练掌握学校所教课程的有关知识，包括VC程序设计、AUTOCAD R14、FRONTPAGE98、FOXPRO2.5、C语言等，而且还自学了PHOTOSHOP5.0、DMAX2.5、VISUAL FOXPRO等，专业能力强，曾获学校计算机软件设计比赛一等奖。

作为互联网时代的大学生，我非常注意各方面能力的培养，积极参加社会实践，曾在平安保险做过业务员，在肯德基做过星级训练员，还在××信息有限公司做过网络技师，爱好广泛，有责任感，能吃苦耐劳。

本人期盼能成为贵公司的一员，从事网络营销类计算机服务等工作。诚然我尚缺乏丰富的工作经验，如果贵公司能给我机会，我会用我的热情、勤奋来弥补，用我的知识、能力来回报贵公司的赏识。

盼望您能给我一次面试的机会。随信附上简历、英语等级证书、获奖证书等。

此致

敬礼！

××敬上

××××年×月×日

联系地址：××职业技术学院计算机系软件专业××级1班（邮编：××××××）

电　　话：×××××××××

［析评］

这是一封求职信。正文导言谦恭有礼，说明“投石问路”的缘由。主体分为三部分：第一部分介绍自己的学业情况，重点介绍了自己的学习成绩和自学能力；第二部分突出写自己注重参加社会实践，特别自评了自己的爱好、责任感和吃苦耐劳精神；第三部分用恳切的言辞表达了自己的求职愿望和决心。附件为信函提供了旁证。

全文情辞恳切，谦恭得体，不卑不亢。此信可供借鉴。

【例文 8－3】

应聘函

尊敬的××商场×××总经理：

我从×月×日《××日报》上看到了贵商场招聘员工的启事。我有意应聘其中的财务会计一职。

我叫张××，女，今年 24 岁，本市人，于 20××年毕业于××××学院会计电算化专业。在校学习时各科成绩优良。毕业后在××××厂做网商销售员，由于专业不对口，所学特长无法发挥，很苦闷，很羡慕那些专业对口具有用武之地的人士。知悉贵商场需要财务会计专业人员一事，令我非常高兴，觉得终于盼来了施展自己特长的好机会。

希望贵商场能给我一个面试的机会。经考核，如蒙录用，我将会竭尽全力做好本职工作，做一个合格的××商场的“理财人”。

附件：1. ××大学毕业证

2. 会计人员上岗证

此致

敬礼！

求职人：张××谨上

二×××年×月×日

联系地址：本市××路××号　邮政编码：××××××

联系电话：××××××

［析评］

这是一封根据招聘启事而写的应聘函。第一段引据报上的招聘启事，作为写应聘函之缘起，接着直接提出应聘财务会计一职的要求。第二段写自己的学历、经历和提出应聘的客观原因，以及心态。第三段即结尾部分，表达希望能经面试被录用，以及做好工作的愿望。文章能紧扣该公司提出的应聘条件和要求，理由充分，态度诚恳，语言得体。提供的附件有利于证明自己的应聘条件。

二、必需知识

（一）求职函的含义及特点

1. 求职函的含义

求职函是求职者向有关企事业单位介绍自己的基本情况，提出供职请求，并要求对方考虑答复的文书。

2. 求职函的特点

（1）针对性。求职函的针对性体现在三个方面：一是针对用人单位的实际情况；二是针对读信人的心理；三是针对自己的实际情况。

（2）自荐性。不论求职者与用人单位的人员是否认识，求职者在信中都必须毛遂自荐，恰当地介绍自己。

（3）竞争性。择人与择业的双向选择机制决定了求职行为本身就是一种竞争。自用人单位收到你的求职函起，竞争就展开了。

（二）求职函的类型

1. 应聘式求职函

这是求职人根据用人单位招聘人员的条件向用人单位进行自我介绍而谋职的书信。

2. 非应聘式求职函

这是不知晓对方单位是否有用人需求而径自投递过去的求职信。

（三）求职函的结构和写法

1. 称谓

求职函若是写给国有企事业单位，通常称谓写单位名称或单位的人事处（人力资源部）。若是写给民营、私营或合资独资企业，称谓则一般写公司老板或人力资源部负责人。

2. 正文

（1）导言。写求职、应聘的缘由。也有的求职信不写导言。

（2）主体。这是求职函的重点部分。写作内容通常包括：

1）个人的学历、年龄、专长、经历、业绩；

2）个人的志向、兴趣、性格；

3）求聘的工种、职位；

4）待遇要求（也可不写）；

5）通信地址、电话、电子邮箱等。

（3）结尾。以诚恳的态度表达自己希望被择优录用的愿望，如“希望领导给我一次面试的机会”“盼望答复”“静候佳音”等。结尾可与主体衔接在一起写，也可另起一段。最后写上附件名称。附件一般是证书和有关材料的复印件等。

3. 敬语

按信函的格式写上“此致”“敬礼”一类敬语。

4. 落款

按信函格式写上个人姓名、日期。

之后，另起一行，写上附件名称，以及联系地址、电话等通联信息。

相关链接

求职函的写作模板

框图模式	文字模板
称谓 ↓	求职函 尊敬的××公司总经理（称谓）： 我怀着对贵公司的无比信任与仰慕，邮上求职信，企盼能成为贵公司的一员，×××××××，为贵公司服务。（导言：写求职、应聘缘由）

求职缘由

↓

学历、专长、业绩

↓

志向、兴趣、性格

↓

应聘职位

↓

求职意愿

↓

信函格式，敬语

↓

附件

↓

通联地址

注：以上为求职信基本内容模块结构模式。

我是××××××学院××××专业学生，将于今年7月毕业。在大学学习期间，我努力学习各门课程，并取得了良好的成绩（见附件）。我还自学了×××、×××等，曾获××××××等奖项，有比较强的×××××技能。（个人的学历、专长、业绩）

作为新时代的大学生，我非常注重社会实践，曾在×××××做过业务员，还在×××××做过技师，本人对××××××具有浓厚的兴趣，具有良好的团队合作精神。（个人的志向、兴趣、性格）

本人期盼能成为贵公司的一员，从事××××××××××。如果贵公司能给我机会，我会用××××××××××××××来回报贵公司的赏识。（应聘职位；是否写待遇视情况而定）

期望您能给我一次面试的机会。随信附上简历、英语等级证书、获奖证书等。（结尾：以诚恳的态度表达求职意愿，写上附件名称）

此致

敬礼！（信函格式，敬语）

附件：×××××××××××××××

××　敬上

××××年×月×日

联系地址：××市××路××××××学院××××专业××级×班（邮编：××××××）

电　　话：×××××××××（通联地址、电话、电子邮箱等）

（四）求职函的写作要求

（1）多写自己的优势，展示自己的业绩和能力。

（2）可适当说明自己求职注重的是某个职位更适合发挥个人的才能，为单位的发展作出贡献，而不只是考虑经济上的收入。

（3）如果是应聘式求职函，则应严格依据招聘条件，有针对性地逐条如实表述。

（4）态度自信、恳切，尊重对方，礼貌，不卑不亢。

第三节　劳动合同

一、阅读与析评

【例文 8-4】

××省职工劳动合同

使用说明

一、双方在签订本合同前，应认真阅读本合同书。本合同一经签订，即具有法律效力，双方必须严格履行。

二、本合同必须由用人单位（甲方）的法定代表人（或者委托代理人）和职工（乙方）亲自签章，并加盖用人单位公章（或者劳动合同专用章）方为有效。

三、本合同中的空栏，由双方协商确定后填写，并不得违反法律、法规和相关规定；不需填写的空栏，画上“/”。

四、工时制度分为标准工时、不定时、综合计算工时三种。实行不定时、综合计算工时工作制的，应经劳动保障部门批准。

五、本合同的未尽事宜，可另行签订补充协议，作为本合同的附件，与本合同一并履行。

六、本合同必须认真填写，字迹清楚，文字简练、准确，并不得擅自涂改。

七、本合同（含附件）签订后，甲、乙双方各保管一份备查。

甲方（用人单位）：	乙方（职工）：
名称：	姓名：
法定代表人：	身份证号码：
地址：	现住址：
经济类型：	
联系电话：	联系电话：

根据《中华人民共和国劳动法》和国家及省的有关规定，甲、乙双方按照平等自愿、协商一致的原则订立本合同。

一、合同期限及试用期限

（一）合同期限

双方同意按以下第________种方式确定本合同期限：

1. 有固定期限：从________年________月________日起至________年________月________日止。

2. 无固定期限：从________年________月________日起至本合同约定的终止条件出现时止（不得将法定解除条件约定为终止条件）。

3. 以完成一定的工作为期限：从________年________月________日起至________工作任务完成时止。

（二）试用期限

双方同意按以下第________种方式确定试用期期限（试用期包括在合同期内）：

1. 无试用期。

2. 试用期从________年________月________日起至________年________月________日止。

（试用期最长不超过六个月。其中合同期限在六个月以下的，试用期不得超过十五日；合同期限在六个月以上一年以下的，试用期不得超过三十日；合同期限在一年以上两年以下的，试用期不得超过六十日。）

二、工作内容

（一）乙方的工作岗位（工作地点、部门、工种或职务）为：

____

（二）乙方的工作任务或职责是：

____

（三）甲方因生产经营需要调整乙方的工作岗位，按变更本合同办理，双方签章确认的协议或通知书作为本合同的附件。

（四）如甲方派乙方到外单位工作，应签订补充协议。

三、工作时间

（一）甲、乙双方同意按以下第________种方式确定乙方的工作时间：

1. 标准工时制，即每日工作________小时，每周工作________天，每周至少休息一天。

2. 不定时工作制，即经劳动保障部门审批，乙方所在岗位实行不定时工作制。

3. 综合计算工时工作制，即经劳动保障部门审批，乙方所在岗位实行以________为周期，总工时________小时的综合计算工时工作制。

（二）甲方因生产（工作）需要，经与工会和乙方协商后可以延长工作时间。除《劳动法》第四十二条规定的情形外，一般每日不得超过一小时，因特殊原因最长每日不得超过三小时，每月不得超过三十六小时。

四、工资待遇

（一）乙方正常工作时间的工资按下列第________种形式执行，不得低于当地最低工资标准。

1. 乙方试用期工资________元/月；试用期满工资________元/月（元/日）。

2. 其他形式：____

（二）工资必须以法定货币支付，不得以实物及有价证券替代货币支付。

（三）甲方根据企业的经营状况和依法制定的工资分配办法调整乙方工资，乙方在六十日内未提出异议的视为同意。

（四）甲方每月________日发放工资。如遇节假日或休息日，则提前到最近的工作日支付。

（五）甲方依法安排乙方延长工作时间的，应按《劳动法》第四十四条的规定支付延长工作时间的工资报酬。

五、劳动保护和劳动条件

（一）甲方按国家和省有关劳动保护规定提供符合国家劳动卫生标准的劳动作业场所，切实保护乙方在生产工作中的安全和健康。如乙方工作过程中可能产生职业病危害，甲方应按《职业病防治法》的规定保护乙方的健康及其相关权益。

（二）甲方根据乙方从事的工作岗位，按国家有关规定，发给乙方必要的劳动保护用品，并按劳动保护规定每（年/季/月）免费安排乙方进行体检。

（三）乙方有权拒绝甲方的违章指挥、强令冒险作业，对甲方及其管理人员漠视乙方安全和健康的行为，有权要求改正并向有关部门检举、控告。

六、社会保险和福利待遇

（一）合同期内，甲方应依法为乙方办理参加养老、医疗、失业、工伤、生育等社会保险的手续，社会保险费按规定的比例，由甲乙双方负责。

（二）乙方患病或非因工负伤，甲方应按国家和地方的规定给予医疗期和医疗待遇，按医疗保险及其他相关规定报销医疗费用，并在规定的医疗期内支付病假工资或疾病救济费。

（三）乙方患职业病、因工负伤或者因工死亡的，甲方应按《工伤保险条例》的规定办理。

（四）甲方按规定给予乙方享受节假日、年休假、婚假、丧假、探亲假、产假、看护假等带薪假期，并按本合同约定的工资标准支付工资。

七、劳动纪律

（一）甲方根据国家和省的有关法律、法规通过民主程序制定的各项规章制度，应向乙方公示；乙方应自觉遵守国家和省规定的有关劳动纪律、法规和企业依法制定的各项规章制度，严格遵守安全操作规程，服从管理，按时完成工作任务。

（二）甲方有权对乙方履行制度的情况进行检查、督促、考核和奖惩。

（三）如乙方掌握甲方的商业秘密，乙方有义务为甲方保守商业秘密，并作如下约定：

____

八、本合同的变更

（一）任何一方要求变更本合同的有关内容，都应以书面形式通知对方。

（二）甲、乙双方经协商一致，可以变更本合同，并办理变更本合同的手续。

九、本合同的解除

（一）经甲、乙双方协商一致，本合同可以解除。由甲方解除本合同的，应按规定支付经济补偿金。

（二）属下列情形之一的，甲方可以单方解除本合同：

1. 试用期内证明乙方不符合录用条件的；

2. 乙方严重违反劳动纪律或甲方规章制度的；

3. 严重失职、营私舞弊，对甲方利益造成重大损害的；

4. 乙方被依法追究刑事责任的；

5. 甲方歇业、停业、濒临破产处于法定整顿期间或者生产经营状况发生严重困难的；

6. 乙方患病或非因工负伤，医疗期满后不能从事本合同约定的工作，也不能从事由甲方另行安排的工作的；

7. 乙方不能胜任工作，经过培训或者调整工作岗位，仍不能胜任工作的；

8. 本合同订立时所依据的客观情况发生重大变化，致使本合同无法履行，经当事人协商不能就变更本合同达成协议的；

9. 本合同约定的解除条件出现的。

甲方按照第5、6、7、8、9项规定解除本合同的，需提前三十日书面通知乙方，并按规定向乙方支付经济补偿金，其中按第6项解除本合同并符合有关规定的还需支付乙方医疗补助费。

（三）乙方解除本合同，应当提前三十日以书面形式通知甲方。但属下列情形之一的，乙方可以随时解除本合同：

1. 在试用期内的；

2. 甲方以暴力、威胁或者非法限制人身自由的手段强迫劳动的；

3. 甲方不按本合同规定支付劳动报酬，克扣或无故拖欠工资的；

4. 经国家有关部门确认，甲方劳动安全卫生条件恶劣，严重危害乙方身体健康的。

（四）有下列情形之一的，甲方不得解除本合同：

1. 乙方患病或非因工负伤，在规定的医疗期内的；

2. 乙方患有职业病或因工负伤，并经劳动能力鉴定委员会确认，丧失或部分丧失劳动能力的；

3. 女职工在孕期、产期、哺乳期内的；

4. 法律、法规规定的其他情形。

（五）解除本合同后，甲、乙双方在七日内办理解除劳动合同有关手续。

十、本合同的终止

本合同期满或甲、乙双方约定的本合同终止条件出现，本合同即行终止。

本合同期满前一个月，甲方应向乙方提出终止或续订劳动合同的书面意向，并及时办理有关手续。

十一、违约情形及责任

（一）甲方的违约情形及违约责任：

…………

（二）乙方的违约情形及违约责任：

…………

十二、调解及仲裁

双方履行本合同如发生争议，可先协商解决。不愿协商或协商不成的，可以向本单位劳动争议调解委员会申请调解。调解无效，可在争论发生之日起六十日内向当地劳动争议仲裁委员会申请仲裁；也可以直接向劳动争议仲裁委员会申请仲裁。对仲裁决不服的，可在十一日内向人民法院提起诉讼。

十三、其他

（一）本合同未尽事宜，按国家和地方有关政策规定办理。在合同期内，如本合同条款与国家、省有关劳动管理新规定相抵触的，按新规定执行。

（二）下列文件规定为本合同附件，与本合同具有同等效力：

…………

（三）双方约定（内容不得违反法律及相关规定，可另加双方签名或盖章的附页）：

…………

甲方：（盖章）　　　　　　　　　　乙方：（签名或盖章）

法定代表人：

（或委托代理人）

年　　月　　日　　　　　　　　　　年　　月　　日

鉴证机构（盖章）：

鉴证人：

鉴证日期：　　　年　　月　　日

[析评]

这是××省职工劳动合同的固定格式，按劳动合同涉及的内容分项设计，供用人单位（甲方）和职工（乙方）根据达成协议的内容直接填写。

这份固定格式的劳动合同，引言部分表明了订立本合同的原则，依据明确。主体内容包括了劳动合同不可或缺的合同期限、工作内容、工作时间、工资待遇、劳动保护和劳动条件、社会保险和福利待遇、劳动纪律、本合同的变更、本合同的解除、违约情形及责任、调解及仲裁等条款。尾部对合同的未尽事宜该如何处理，以及对合同附件等也作了相应的必要说明。

本劳动合同符合国家的法律法规，能兼顾双方的职责和权利。内容合理周密，条款明确具体，格式规范完整。学习劳动合同，对大学生即将面临的求职就业，其意义不言而喻。

二、必需知识

（一）劳动合同的含义及特点

1. 劳动合同的含义

劳动合同是用人单位（甲方）的法定代表人（或者委托代理人）和职工（乙方）为明确相互的权利义务关系而订立的契约文书。

劳动合同具有法律约束力，保护合同当事人的合法权益。

2. 劳动合同的特点

（1）身份的限定性。签署劳动合同者必须是用人单位（甲方）的法定代表人（或者委托代理人）与职工（求职者）。

（2）规定规范性。劳动合同中的条款内容必须符合《中华人民共和国劳动法》（以下简称《劳动法》）和有关规定，合同中的未尽事宜，可按照平等自愿、协商一致的原则签订补充协议，作为本合同的附件，以规定双方的责任和权利。

（3）约束性。劳动合同签署后，劳动合同中的各项条款对于用人单位的法定代表人（或者委托代理人）与职工（求职者）就产生了法律约束力。

（二）劳动合同的类型

按格式分，劳动合同分为以下两种类型。

1. 固定格式合同

固定格式合同是国家有关劳动部门把劳动合同中必不可少的相关内容分项设计、印制成一种固定格式的劳动合同。签署劳动合同者，只需把达成的协议逐项填写到表格或文字空档处即可。

2. 非固定格式合同

非固定格式合同是签署劳动合同者根据《劳动法》和有关规定，将各方协商一致的条款逐条记载下来的合同。

如果按写作形式分类，劳动合同也可以分为条款式劳动合同、表格式劳动合同和条款表格结合式劳动合同。

（三）劳动合同的结构和写法

1. 标题

标题一般由劳动合同的性质或内容加文种两部分组成，如“实习大学生劳动合同”“××××公司职工劳动合同”，也有的只写“劳动合同”。

2. 立合同人

立合同人即订立劳动合同的当事人名称或者姓名。要准确写出用人单位的全称、全名。通常用人单位或法定代表人（或者委托代理人）为甲方，职工或求职者为乙方。

3. 引言（开头）

引言即劳动合同的开头，主要写明甲、乙双方根据《劳动法》和政府的有关规定，按照平等自愿、协商一致的原则订立本合同。

4. 主体

劳动合同的主体包括以下 11 个方面的内容：

（1）合同期限。合同期限可分为固定期限、非固定期限和试用期限等类型。

（2）工作内容。写乙方的工作岗位、工作任务或职责。

（3）工作时间。写甲、乙双方商定的工作时间。

（4）工资待遇。写工资的执行形式和标准，其中需标明试用期与试用期满的工资标准。

（5）劳动保护和劳动条件。写甲方提供的工作场所，以及按有关规定保障、保护乙方的健康及相关权益的措施。

（6）社会保险和福利待遇。写在合同期内，甲方应依法为乙方办理及提供的相关的社会保险和福利待遇。

（7）劳动纪律。写甲、乙双方就对有关规章制度的制定、遵守、履行、考核和奖惩等方面的约定。

（8）合同的变更、解除和终止。写甲、乙双方约定的合同的变更、解除和终止的具体条件。

（9）违约情形及责任。写甲、乙双方约定的具体的违约情形及违约责任。

（10）调解及仲裁。写甲、乙双方在履行本合同时假如发生争议，将采取协商解决、申请调解、申请仲裁、向人民法院提起诉讼等类型中的何种方式，以及在时间和程序方面的约定。

（11）尾部。

1）必要的说明。如：本劳动合同的未尽事宜，将按国家和地方的有关政策规定办理；在合同期内，如劳动合同条款与国家、省有关劳动管理新规定相抵触的，按新规定执行；劳动合同的份数、保管及有效期；劳动合同所附的表格、图纸、实物等附件。

2）落款。写甲、乙双方单位全称和代表姓名，并签名盖章。还应写上劳动合同当事人的有效地址、邮政编码、电子邮箱、电话以及开户银行、账号等。

相关链接

劳动合同的写作模板

框图模式

标题
↓
引言
↓
合同期限说明
↓
工作岗位、职责和时间
↓
工资、劳保、福利
↓
劳动纪律
↓
合同变更处理
↓
违约、调解、仲裁
↓

文字模板

劳动合同

根据《中华人民共和国劳动法》和××××××有关规定，×××××××××公司（甲方）和×××（乙方）双方按照平等自愿、协商一致的原则订立本合同。

一、合同期限

双方同意合同期限从××××年 × 月× 日起至 ××××年×月 ×日止。无试用期。

二、工作内容

××××××。（乙方的工作地点、工作部门和职责或业务）

三、工作时间

×××××××。（乙方每天的工作时间、假期约定）

四，工资待遇

××××××××××××。（月工资标准、何种货币支付、发放工资日期、延长工作时间的付酬标准）

五、劳动保护和劳动条件

×××××××××××××。（劳动作业场所安全、职业病的处理、劳保、体检、拒绝甲方强令冒险作业等权益）

六、社会保险和福利待遇

××××××××××××。（合同期内的社会保险，乙方患病的医疗，患职业病、因工负伤或者因工死亡的待遇，享受各种节假日等）

七、劳动纪律

××××××××××××。（甲方各项规章制度公示，乙方遵纪守法、服从管理，以及为甲方保守商业秘密等）

八、本合同的变更、解除

×××××××××××。（一方或双方若需变更合同或解除合同的处理约定）

九、本合同的终止

××××××××××××。（本合同的终止条件及有关约定）

落款 注：以上为规范的劳动合同内容模块结构模式，视需要可另附有关表格、图纸和实物等附件。	十一、违约情形及责任 ××××××××××。（甲、乙方的违约情形及违约责任） 十二、调解及仲裁 ××××××××××。（调解、仲裁乃至提起诉讼的约定） 十三、其他 ×××××××××××××××。（未尽事宜、附件、合同份数的说明） 落款

（四）劳动合同的写作要求

（1）与用人单位（甲方）签订劳动合同前，必须充分了解对方的资信、相关规章制度、发展前景和履行合同能力，同时，也得注重用人单位是否能够为自己（乙方）提供较好的发展平台。

（2）劳动合同内容必须合法、合理，而且关系到自己（乙方）报酬、福利和劳保等关键条款不能遗漏。

（3）条款内容表述清晰，简明周密，具体准确。必须使用规范汉字，不使用“基本上”“可能”“大概”一类模糊词语。薪酬等数字必须大写。

复习与训练

一、名词解释

简历　求职函　劳动合同

二、填空题

1. 简历具有________、________和________三个特点。
2. 求职函具有________、________和________三个特点。
3. 求职函可分为________和________两种。
4. 劳动合同具有________、________和________三个特点。
5. 劳动合同按格式分，可分为________、________两种类型。

三、判断题

1. 简历必须客观全面地介绍自己的学习经历等情况。（　　）
2. 简历如果对自己的情况能够客观如实地介绍，则不必再在文字中作自我评价。（　　）
3. 劳动合同中的用人单位或法定代表人（或者委托代理人）通常为甲方，职工或求职者为乙方。（　　）
4. 劳动合同中的当事人名称或者姓名可用简称或习惯称谓。（　　）
5. 劳动合同的开头，也可以不写明“甲、乙双方根据我国《劳动法》和政府的有关

规定，按照平等自愿、协商一致的原则订立本合同”一类引言。（　　）

四、简答题

1. 求职函的导言通常写什么内容？
2. 求职函的正文主题通常包括哪些内容？
3. 求职函的结尾通常写什么？
4. 求职函有何写作要求？
5. 劳动合同中为什么要写明在履行合同过程中假如发生争议时的解决方式？

五、病例析改题

1. 下面是一则内容不够完整的简历，试指出其主要毛病。

个人简历

基本信息

<table>
<tr><td>姓名</td><td>×××</td><td rowspan="2">联系电话</td><td rowspan="2">158××××115</td><td rowspan="7">照片</td></tr>
<tr><td>性别</td><td>女</td></tr>
<tr><td>出生年月</td><td>1990 年 10 月</td><td rowspan="2">E-mail</td><td rowspan="2">×××@163.com</td></tr>
<tr><td>最终学历</td><td>大学专科</td></tr>
<tr><td>目前职业</td><td>无（应届毕业生）</td><td rowspan="2">QQ</td><td rowspan="2">××××××</td></tr>
<tr><td>目前所在地</td><td>广东珠海</td></tr>
<tr><td>户口所在地</td><td>广东珠海</td><td>邮编</td><td>××××××</td></tr>
</table>

教育经历

教育时间	最终学历	毕业学校	所学专业	专业描述
2008 年 9 月到 2010 年 7 月	大学专科	×××××××学院	行政管理	1. 专业背景：掌握本专业必备的行政管理与办公自动化基础理论、专门知识和技能，是能够在行政、企事业单位、“三资”企业从事管理工作的技术应用性专门人才。 2. 专业课程：行政管理实务、行政管理办公自动化、人力资源开发与管理、组织行为学、企业会计实务、公共英语、秘书实务、计算机网络应用技术等。 3. 专业特长：行政、人事管理、文秘管理和计算机操作等。

求职意向

工作性质	全职
从事行业	计算机（软件、数据库、系统集成），咨询（顾问、会计师、审计师、律师），金融（投资、保险、证券、银行、基金），办公设备、文化体育休闲用品、政府公用事业、社区服务
职能职位	人事助理、人事文员、行政助理、高级秘书以及其他相关职位
工作地点	广东珠海

所获证书

获证时间	证书类别	获证成绩
2009 年 1 月	全国计算机等级一级	合格
2009 年 5 月	全国高级办公自动化技能合格证书	良好
2009 年 12 月	高等学校英语应用能力 B 级证书	合格
2010 年 6 月	国家四级秘书技能合格证书	良好
2009 年 9 月	会计资格从业上岗证书	合格

2. 下面是××市实习学生劳动协议书的格式，试指出其漏写的条款内容。

××市实习学生劳动协议书

第一条　协议期限

本协议自________年________月________日起至________年________月________日止。

第二条　实习报酬或实习补助

甲方应与乙方学校协商确定乙方实习期间的报酬或实习补贴。具体支付办法和标准约定如下：

____。

第三条　工作时间及休息休假

（一）甲方实行每日工作不超过八小时，平均每周不超过四十小时的工作时间。

（二）甲方保证乙方按国家和本市有关规定享受各种休息、休假。

（三）甲、乙双方的具体约定：

____。

第四条　保险福利待遇

（一）乙方在实习中发生人身伤害，由甲方负责。

（二）其他保险福利待遇约定如下：

____。

第五条　劳动纪律

（一）甲方有权按照国家及本市的有关规定及企业的规章制度对乙方实行管理。

（二）乙方应遵守甲方依法制定的各项规章制度和劳动纪律，保守甲方的商业秘密。

第六条　本协议的解除、变更、终止

（一）经甲、乙双方协商同意，本协议可以变更或解除；

（二）双方就本协议的解除条件约定如下：

____。

（三）本协议到期即终止，不得续订。

第七条　违反本协议的责任及其双方约定的其他事项：

____。

第八条　甲、乙双方履行本协议发生争议先经企业调解委员会或实习学生所在学校进行调解，调解未成按《中华人民共和国民事诉讼法》程序办理。

甲方（盖章）：　　　　　　　　　乙方（签字）：

法定代表人或委托代理人（签字或盖章）：

年　月　日　　　　　　　　　　年　月　日

六、写作训练

1. 试为自己撰写一份求职简历。

2. 试依照劳动合同的结构和写作模式，评析有关用人单位提供的劳动合同，如果该用人单位提供的劳动合同条款内容存在问题，请写出自己的修改稿。

3. 给你认为合适自己事业发展的某公司的人力资源部门写一封求职信。要求：格式规范，内容齐备，语言得体。事先并不知道该公司对聘用人员有何要求。

第三部分

公文写作

第九章 公文写作理论知识

本章在学习了应用文书写作基本理论的基础上，介绍党政公文（公文）写作的有关基础知识。

第一节 公文的特点和作用

公文作为治理社会、管理国家的公务工具，作为一种文章体裁，具有自己独有的、鲜明的特点和作用。

一、公文的特点

（一）作者的法定性，读者的特定性

所谓作者的法定性，是指公文的作者是法定的，是能以自己的名义行使职权和承担义务的机关、团体、企事业单位。公文起草者，只是组织的代笔人。公文的读者具有特定性。有的公文的读者是特指的受文机关，有的公文的读者是社会的全体成员。

（二）作用的权威性

一般文章，写什么，怎样写，发表与否，在何处发表，是比较自由的；文章发表后，何时有人读，读后认同与否，效果如何，也可以见仁见智；文章的影响力，主要由文章的质量而定。而公文，具有代行法定职权的功能，对受文机关，在法定的时间和空间范围内具有强制性。比如，必须强制贯彻执行、办理和复文等。

（三）效用的现实性

指公文主要用于现行工作，且效用具有一定的时间性。

（四）体式的规范性

公文的体式，必须符合《党政机关公文处理工作条例》规定的体式，即规范体式。

（五）制作的程序性

公文的制作，有严格的程序；不履行法定的程序，就无法制成公文。

二、公文的作用

公文的作用，概括地表述就是行政工具作用。公文的具体作用，可归纳为下述五个方面。

（一）领导和指导作用

上级机关发给下级机关的公文，都具有领导和指导作用。上级机关传达贯彻党和国家的方针政策、决定和规定等公文，必然要对下属机关产生领导作用。而批复等公文，则对具体工作产生指导作用。

（二）行为规范作用

相当一部分公文，体现了政府机关对人们行为的要求，要求人们坚决执行。

通过公文发布的一些法律、法令和行政法规等，同样对所辖成员起着规范和准绳作用。

（三）宣传和教育作用

一般来说，有些政策规定本身就是最好的宣传。而传达贯彻党和国家的方针政策又是公文所担负的重要任务。在一般情况下，公文在传达某一方针政策、规定人们应该怎么做的同时，还要说明为什么要这样做。这无疑增强了它的宣传和教育作用。

（四）联系和知照作用

许多工作是通过公文进行联系、协调而得到及时处理的，还有许多信息资料也是通过公文获得的。公文在保证各机关正常而有秩序地开展工作上，起着极大的作用。通告、通报等知照性公文，主要是告知对方有关事项，起知照作用。

（五）依据和凭证作用

公文反映了制发机关的意图，具有法定的效力，受文机关则以此作为处理工作、解决问题的依据。这是公文的依据作用。而有些公文，如会议纪要等，还具有凭证作用。事实上，应该说所有的公文都具有凭证作用。因此，公文不仅传达了发文机关的意图，同时也是证实这一意图的最好凭证。

公文的以上作用是相互联系的。一种公文并不仅仅具有单一的作用，而是可以同时兼有各种作用。

第二节　公文写作的特点

公文写作除具有应用文书写作的一般特点外，还具有自身的特点。具体来说，公文写作主要有以下五个特点。

一、写作的受命性

公文写作是受命写作，写作者一般较少有主动写作的愿望，大多按照领导的意图，或依照决策层和全体成员的意愿，在机关单位负责人的授意下进行“遵命”写作。公文写作过程中，表述什么观点，运用什么材料，提出什么建议，发出什么请求，都是受制于授意者的，必须“代机关立言”。写作时不能自作主张、抒发己见、随意铺排、任意发挥，这是由写作的受命性所决定的。可以说，公文写作是一种典型的遵命写作的被动行为。当然，它需要写作者具有一定的政策水平、理论素养和文字表达能力，以便准确地表述领导机关的意图。

二、目的的专指性

写作活动总有一定的目的。公文写作的目的是专一的，有特定明确的指向。撰写公文，有的是为了传达机关意图和领导的指示；有的是为了反映情况，汇报工作；有的是请求事项，表达意愿；有的则是为了沟通信息，加强联系；有的是为了交流经验，明确做法；有的是记载史实，以便查考；等等。一篇公文最终能否在社会生活中发挥效用，关键就看写作者是否对写作意图有准确的把握，是否能够围绕写作目的在行文中具体地表述。只有目的明确，写出来的公文才能真正发挥指导、凭据、传达作用。

三、读者的确定性

任何文体都有一定的读者对象。公文则有特定的读者，由“主送机关”“抄送机关”“阅读范围”等加以确定。正因为如此，写作公文便要考虑不同的读者对象，行文甚至要采用不同的语气。在应用性文体中，公文的读者对象是最为确定的。

四、写作的集体性

公文写作是一个集体参与的过程。有些重要文稿还要进行集体讨论，指定专人执笔，初稿在一定范围内征求意见，再由领导审阅定稿。有些简单文稿虽然由个人执笔单独完成，但最终也要经过有关领导审批。任何公文文种，都不是靠一个人单独完成的。公文写作过程是集体发挥智慧的过程。

五、写作的程式化

公文写作具有程式化的特点。公文已形成了相对固定的规范程式。如果公文体式千变万化，不仅写起来困难，印发、办理也将十分不便，势必难以发挥作用。国务院对公文的适用范围、格式和发文稿纸等许多方面都作出了规定，这除维护公文的严肃性外，还能起到方便起草、方便处理、利于立卷归档的作用，有利于提高公文写作的质量。

第三节　对公文语言的要求

公文的语言，受制于公文的性质、内容、功能，有明晰、准确、简朴、庄重的鲜明特点。撰写公文时，应按公文语言的要求选词造句，组段成篇，使公文语言更好地为表达内容服务。

一、明晰

明晰，就是意思明白、清楚，不晦涩，无歧义。

公文要在办理公务中发挥有效的作用，从语言方面看，首先是要让人看得懂，能清楚地理解所表达的意思。如果晦涩难懂、语有歧义，必然会影响公务的有效办理。

如何使公文语言具有明晰性？语言是思想的载体，只有思想明晰，语言才可能明晰。就语言方面来讲，要特别注意两点。

（一）选用含义确定、自己明白的词语

选择词语，首先要选含义确定、自己明白的词语。如果自己都不懂或似懂非懂，表达出来的意思也会含混不清、晦涩难懂。

（二）要选通俗易懂的词语

不要用过时、冷僻的词语，更不能生造词语。比如，计量单位，我国曾实行市制，现在实行公制，其名称也应相应改变。现在在公文中就不应该再用诸如尺、平方尺、斤，而应该用米、平方米、千克（公斤）。生造词语，是指由撰稿者自己造出来的、别人可能不理解其意义和功能的词语。

二、准确

准确，就是能恰如其分地说明情况、阐述做法、表达思想。这里有用词、造句、构段等问题，但最基本的是词语的锤炼问题。锤炼词语的目的，就是要选用最恰当、最能说明特定事物的词语入文。

锤炼词语，在公文的撰写中要注意以下两点。

（一）要认真分辨词类

词，按照其在造句时所起的作用不同，可以分成实词和虚词两大类。实词能充当句子成分，包括名词、动词、形容词、数词、量词和代词。虚词不能单独充当句子成分，包括副词、连词、介词、助词、语气词和叹词。各类词因性质不同，其语法特点也不同。在公文撰写中要做到用词准确，就要分清词性，了解其语法特征，否则，选用时就容易产生错误。

（二）要精心辨析词义

汉语的词汇非常丰富，这是我们民族语言发达的一个重要标志。在公文的语言表达上要做到准确，精心辨析和选用同义词，就显得十分重要。例如，公文中在讲到收获时常常用到成绩、成果、成效、成就，这几个词就是同义词。它们的基本意义一样，但分量上和重点上则不相同。“成绩”一般用于工作或学习中取得的具体收获，如“他在期末考试中取得了优良成绩”。“成果”则用于在事业中取得了较大的收获，如“我们的劳动取得了丰硕的成果”。“成效”则重于功效、效果，如“他们研制的新农药，对杀灭稻田害虫很有成效”。“成就”是指事业上取得了很大的成绩，如“我国的改革开放事业取得世界瞩目的成就”。

三、简朴

简朴，就是要简明扼要、实事实说、直陈直叙，不冗长繁杂，不浮华藻饰。

要使公文语言达到简朴的要求，应该注意以下几点。

（一）实事求是，实话实说

不说假话，不说空话，不说套话。

（二）叙事说理，开门见山

主旨确定之后，就要话不离题。议论某个问题，就要对其发表赞成或反对意见。

（三）遣词造句，惜字如金

一个词能概括就不用两个词，三句话能交代清楚的就不用四句话。要反复修改，正如鲁迅先生所说：“竭力将可有可无的字、句、段删去，毫不可惜。”

四、庄重

庄重，就是端庄、郑重，这是发文单位办理公务的严正立场、严肃态度的体现，也是公文强烈的权威性和行政约束力的要求。

公文在语言的运用上要达到庄重，起码要做到以下两点。

（一）用规范的书面语言

公文的遣词造句，要符合现代汉语的规范要求。一般不要使用口语、方言、土语。如“改革开放后，农民的钱包一年比一年胀，日子越过越好，就像吃甘蔗由尾吃到头越吃越甜。”这是口语，要把这样的意思写入公文，需改为：“改革开放后，农民的收入年年增加，生活越过越幸福。”这是书面语言。口头语言和书面语言的意思虽然没有什么差别，但后者要比前者来得端庄、郑重。

（二）恰当地使用专用语

在长期的公务实践中，由于行文关系和处理程序的需要，公文逐渐形成了一套常用的专用语，即公文特定用语。

现代的公文特定用语，已基本规范化、定型化，具有含义的确定性，它在准确、严谨地表述公文内容及格式的同时，还能自然地强化简明、庄重的语体风格。公文常用特定用语简表如表 9－1 所示。

表 9－1　公文常用特定用语简表

类别	用语名称	作用	常用特定用语
1	开端用语	主要用于文章开头，表示发语、引据	为、为了、为着、查、接、顷接、根据、据、遵照、依照、按照、按、鉴于、关于、兹、兹定于、今、随着、由于
2	称谓用语	用于表示人称或对单位的称谓	第一人称：我、我单位、本人、本公司、我们、敝单位 第二人称：你、你局、贵公司、贵方 第三人称：他、该公司、该项目
3	递送用语	用于表示文、物递送方向	上行：报、呈 平行：送 下行：发、颁发、颁布、发布、印发、下达
4	引叙用语	用于复文引据	悉、接、顷接、据、收悉
5	审批、拟办用语	用于审批、拟办	拟办：责成、交办、试办、办理、执行 审批：同意、照办、批准、可行、原则同意、原则批准、可办、不可
6	经办用语	用于表明进程	经、业经、已经、兹经

续表

类别	用语名称	作用	常用特定用语
7	过渡用语	用于承上启下	鉴于、为此、对此、为使、对于、关于、如下
8	期请用语	用于表示期望请求	上行：请、恳请、拟请、特请、报请 平行：请、拟请、特请、务请、如蒙、即请、切盼 下行：希、望、尚望、切望、请、希予、勿误
9	结尾用语	用于结尾表示收束	上行：当否，请批示；可否，请指示；如无不当，请批转；如无不妥，请批准；特此报告；以上报告，请批转；以上报告，请审核 平行：此致敬礼；为盼；为荷；特此函达；特此证明；尚望函复 下行：为要；为宜；为妥；希遵照执行；特此通知；此复；为……而努力；……现予公布
10	谦敬用语	用于表示谦敬	承蒙惠允、不胜感激、鼎力相助、蒙、承蒙
11	批转用语	用于上级对下级来文的批转处理	批转、转发
12	征询用语	用于征请、询问对有关事项的意见、态度	当否、妥否、可否、是否妥当、是否同意、如无不当、如无不妥、如果可行

表 6－1 所列的常用特定用语，或在结构上引起开端，导向过渡，收束煞尾；或在语意上表示郑重、强调；或在意向上提出请示，表示盼望。要恰当运用，就不但要认识、熟悉它们，还要能够根据行文的实际灵活选择。

公文语言明晰、准确、简朴、庄重的特点，不是孤立存在的，而是互相联系，统一存在于一份公文的整体之中。因而撰写公文的时候，遣词造句，要从体现这些特点出发，切勿顾此失彼。正如老舍先生所说："写文章，用一字，造一句，都要仔细推敲。写完一句，要看看全句站得住否，每个字都用得恰当与否，是不是换上哪一个字，意思就更明显，声音就更响亮。应知一个字要起一个字的作用，就像看下棋使棋子那样。一句、一段写完之后，要看看前后呼应吗？连贯吗？字与字之间，句与句之间，段与段之间，都必须前后呼应。"要做到这些是不容易的，但必须努力做到。只要我们在实践中，坚持不懈地下苦功，就可以使所撰公文的语体特点更鲜明，更能发挥公文在办理公务中的作用。

第四节　公文文种选择的依据

公文中有的文种容易混淆。能否正确地选用文种，是一个至关重要的问题。要正确区分一些容易混淆的文种。

如何才能不错用文种呢？以下四个方面，可作为正确选择文种的依据：

（1）依据国家的有关法律、法规以及党和国家有关公文处理的规定。

（2）依据发文者与主要受文者（即主送机关）的工作关系。只有当发文者是主要受文者的上级机关时，才能选用具有规定性、领导指导性、公布性的下行文种。当发文者是主要受文者的下级机关时，才能选用呈报性的上行文种。当发文者与主要受文者是同级或不相隶属关系时，则只能选用商洽性的平行文种。

（3）要看发文单位的级别和权限。有一些文种对使用者的权限有明确规定，如不具备规定的法定权限，则不能使用这些文种，如命令、议案等。

（4）要看行文目的和行文要求。《党政机关公文处理工作条例》规定了 15 种公文文种的适用范围，应选取唯一的、能最适当地表达和实现具体行文目的、行文要求的文种。

复习与训练

一、填空题

1. 公文的特点可概括为五个，即________、________、________、________和________。

2. 公文的主要作用有五个，即________、________、________、________和________。

3. 公文写作的特点，表现为五个，即________、________、________、________和________。

4. 公文语言的特点是________、________、________和________。

二、简答题

1. 选择文种的依据主要有哪几条？

2. 如何理解公文写作是一个集体参与的过程？

3. 如何理解公文的凭证、依据作用？

三、病例析改题

试指出下列句子不符合公文语言要求之处，并加以改正：

1. 与会者请于 4 月 23 日前来报到。

2. 当前经济领域中的严重犯罪活动，已经和正在破坏我们的干部队伍，破坏我们党、政府及其军队的肌体和国家的信誉。

3. 我们的请示已送去一个多月，你们为什么迟迟不予批复？

4. 贵校府高庭阔，物实人济，且具宽大为怀、救人之危的美德。以上区区小事，谅贵校不难解决。

5. 该地局势之恶劣与严重，已被你们等看见。

四、阅读题

熟读、抄写“公文常用特定用语简表”（见本章表 9－1）。

第十章 决定　纪要

本章结合对决定、会议纪要例文的阅读与析评，介绍这两个文种写作的必需知识，学生应着重学习和掌握其一般写法。

第一节　决　定

一、阅读与析评

【例文 10-1】

全国人民代表大会常务委员会
关于惩治侵犯著作权的犯罪的决定

（××××年7月5日第×届全国人民代表大会
常务委员会第八次会议通过）

为了惩治侵犯著作权和与著作权有关的权益的犯罪，对《刑法》作如下补充规定：

一、以营利为目的，有下列侵犯著作权情形之一，违法所得数额较大或者有其他严重情节的，处三年以下有期徒刑、拘役，单处或者并处罚金；违法所得数额巨大或者有其他特别严重情节的，处三年以上七年以下有期徒刑，并处罚金：

（一）未经著作权人许可，复制发行其文字作品、音乐、电影、电视、录像作品、计算机软件及其他作品的；

（二）出版他人享有专有出版权的图书的；

（三）未经录音录像制作者许可，复制发行其制作的录音录像的；

（四）制作、出售假冒他人署名的美术作品的。

二、以营利为目的，销售明知是第一条规定的侵权复制品，违法所得数额较大的，处二年以下有期徒刑、拘役、单处或者并处罚金；违法所得数额巨大的，处二年以上五年以下有期徒刑，并处罚金。

三、单位有本决定规定的犯罪行为的，对单位判处罚金，并对其直接负责的主管人员和其他直接责任人员，依照本决定的规定处罚。

四、查获的侵权复制品、违法所得和属本单位或者本人所有的主要用于侵犯著作权犯罪的材料、工具、设备或者其他财物，一律予以没收。

五、犯本决定规定之罪，造成被侵权人损失的，除依照本决定追究刑事责任外，并应当根据情况依法判处赔偿损失。

六、本决定自公布之日起施行。

[析评]

这是一篇法规性决定。这种决定具有法规性，规定明确。该决定用条款式表述，将决定事项逐条列出，语言运用十分精确、周密，没有歧义。

【例文 10-2】

中共中央关于恢复沈雁冰党籍的决定

（一九八一年三月三十一日）

我国伟大的革命作家沈雁冰（茅盾）同志，青年时代就接受了马克思主义，一九二一年在上海先后参加共产主义小组和中国共产党，是党的最早的一批党员之一。一九二八年以后，他同党虽然失去了组织上的关系，但仍然一直在党的领导下从事革命的文化工作，在中国现代文学运动中做出了卓越贡献。他临终前恳切地向党提出，要求在他逝世后追认他为光荣的中国共产党党员。中央根据沈雁冰同志的请求和他一生的表现，决定恢复他的中国共产党党籍，党龄从一九二一年算起。

[析评]

这份知照性党务决定不长，大部分篇幅写缘由，概括介绍了沈雁冰同志的一生，并做出评价，最后只用一句话写决定的事项，理由充分，使人信服。

【例文 10-3】

红日实业集团公司
关于表彰黎明服装分公司的决定

（××××年十一月六日）

黎明服装分公司是我集团公司 18 家企业之一。近年来，该分公司在全国“十大女杰”之一王宏明同志带领下，始终坚持外向牵动的发展方针，加速与国际经济接轨的步伐，以超常的胆识和气魄，内转机制，外闯市场，挺进国际，开拓进取，拼搏实干，创产品名牌，树企业形象，取得了令人瞩目的成绩，从一个原有 80 余人的集体企业，一跃发展成为拥有 5 000 余名员工、年销售额近 9 亿元、年利税超亿元的企业，为我集团公司的发展做出了重要的贡献。特别是今年 10 月中旬，黎明服装分公司生产的系列晚礼服参加法国高级成衣展示周活动，不但使我集团公司服装第一次进入世界顶级服装艺术展示的殿堂——巴黎卢浮宫，而且黎明系列晚礼服还被评为本届展示周服装银奖，这不仅弘扬了中华民族古老悠久的服装艺术和辉煌灿烂的历史文化，而且展现出当代中国日新月异的文明成果和奋发向上的精神风貌，产生了巨大影响，受到了国际服装界的高度赞扬，为本集团公司赢得了荣誉。

为此，经本集团公司研究决定，对黎明服装分公司予以表彰，并奖励 10 万元人民币，以资鼓励。

希望黎明服装分公司再接再厉，不辱使命，勇攀高峰，为振兴我集团服装产业、服务全国、走向世界再立新功。同时，希望各分公司、各部门、各单位向黎明服装分公司学习，学习他们放眼世界、走向国际的开放思想；学习他们勇立潮头、敢超一流的争先精神；学习他们不畏风险、敢为人先的开拓气魄；学习他们努力拼搏、追求卓越的实干行为，高举邓小平理论伟大旗帜，进一步加大“创新争优”的力度，继续参与国际竞争，开拓奋进，为全面完成今年的各项工作任务，为实现发展目标而努力奋斗！

[析评]

这是一份企业表彰决定。正文首先简写被表彰者近年来取得的主要成绩和企业概况，这是表彰决定的间接缘由，继而写被表彰者生产的服装首次进入巴黎卢浮宫参展，这是行文的直接缘由，接着对参展一事进行了恰当的评价。用“为此”两字引出决定事项，之后还提出了希望。

全文层次分明，结构完整，语言简洁、流畅。末段“学习他们……”的排比句，增加了文章的气势，同时，表现出表彰决定应有的热情。

【例文 10－4】

关于撤销林董缝纫机厂“文明单位”称号的决定

林董缝纫机厂××××年×月被市人民政府授予“文明单位”称号之后，放松管理，无视法规，现经查实，该厂自去年3月以来，盗用牡丹缝纫机厂“牡丹牌”注册商标，推销自己的产品，欺骗群众，侵犯了商标专用权，违反了商标法，经市府办公会议研究决定，撤销林董缝纫机厂“文明单位”称号，违反商标法行为由市工商行政管理局按有关法规处理。

××市人民政府

××××年×月×日

[析评]

这是一则撤销性决定。文章开头先交代行文的缘由、背景，接着写做出撤销决定的依据和事项。该决定思路明晰，事项明确，语言准确、果断、简练。

二、必需知识

(一) 决定的适用范围及特点

1. 决定的适用范围

决定适用于对重要事项作出决策和部署、奖惩有关单位和人员、变更或者撤销下级机关不适当的决定事项。

决定属于党政机关常用的具有规定性、强制性和领导指导性的公文。企事业单位、社会团体使用决定时，其内容应为本机关中相对重要的事宜。

一般来说，只有事关全局、政策性强、任务艰巨、执行时间较长的重要工作，才适合使用决定行文。

2. 决定的特点

(1) 制约性。决定是下行文，一般由领导机关制发，要求下级机关贯彻执行。决定的制约性主要表现在领导性、指挥性和强制性上。比较起来，决定的制约性没有命令那么强硬，但比其他公文要强，因为决定比较集中地体现了上级领导机关对重要事项和重大行动的指挥意志、处置意图和倾向，要求下级机关无条件执行。另外，决定有时是法规的延伸和补充，具有强制性和行政约束力。

(2) 稳定性。决定的稳定性主要表现在内容上。某个问题一旦经党政领导机关做出决定，就要求在相当长时期内贯彻执行。例如，1984 年 10 月 20 日颁布的《中共中央关于经济体制改革的决定》，一直是我国经济体制改革的主要政策依据。

（二）决定的主要类型

1. 指挥性决定

指挥性决定也叫部署性决定，多为对重要事项和重大行动做出部署的决定。这类决定政策性强，要求坚决贯彻执行。

2. 法规性决定

法规性决定是指为规范人们的社会行为和国家某一方面的管理工作要求而制定的类似法规的重要决定。

3. 知照性决定

知照性决定是指把决定的事项简要地传达给有关地区、单位和人员的决定。这类决定多数没有执行要求，少数兼有事项安排。

4. 表彰与处理性决定

表彰与处理性决定是指对人或事进行表彰或处理的决定。

5. 更变或撤销性决定

更变或撤销性决定是指对下级机关不适当的决定事项或有关事项做变更或撤销处理的决定。

（三）决定的结构和写法

决定注重对缘由和事项写作的详略处理。对缘由和事项写作的处理方式有三种：其一，略写缘由，详写事项。这是常见的处理方式。其二，详写缘由，简写事项。这种写法要求把情况写清楚，尽可能详细，因为它是决定事项的依据、前提。其三，不写缘由，只写事项。有些缘由是法定的或众所周知的，可略。缘由省略与否，以是否影响决定事项的权威和效用为依据。

决定由标题、正文和落款三部分组成。

1. 标题

标题有以下两种写法：

(1) 发文机关＋事由＋文种，如“中共中央关于科学技术体制改革的决定”。

(2) 事由＋文种，如“关于环境保护工作的决定”。

有的标题下面标明“××××年×月×日×××会议通过”字样，并用括号括住。

2. 正文

正文内容包括：做出决定的根据和缘由；决定的事项、处理的问题或部署的重大行动；执行决定的要求和提出号召。

指挥性决定正文的写作，一般来说，都要讲明道理，布置任务，指出原则，拟出规定，交代办法，提出要求。其决定事项往往采取分条列项式写法，把复杂的事情、众多的问题写得条理分明、眉目清楚，使下级机关易于把握、便于执行。

法规性决定的正文，开头一般写行文目的，其后以条款式逐条写出类似法规的决定内容。

知照性决定的正文，多数一段到底，不分条目，没有明显的两段式特征。

表彰与处理性决定的正文，实际上可分成两种：表彰决定的正文，主要写被表彰者的身份、事迹，对被表彰者的评价，表彰的决定事项，希望与号召等；处理性决定针对人和事，先说明错误事实，并分析其性质、根源、责任及后果，而后要交代被处理人对所犯错误有无认识和悔改表现，再写处理决定，最后还要指出教训、提出希望，起到警戒作用。

更变或撤销性决定的正文，一般只要写明变更或撤销有关事项的原因、依据和决定事项即可。

3. 落款

如果标题中已有发文机关名称，落款处则一般不再写发文机关名称。

决定的日期是写公布此项决定的年、月、日，其位置通常写在标题下的小括号内。如果是会议通过的决定，需要在标题下的小括号内写明这一决定是在什么时间、什么会议通过的。

有的决定，会议通过的日期与发布的日期不一致，在小括号内还要写上何时发布。有的为了给执行决定留一段准备时间，同时还写上决定的生效日期。

也有的决定把施行日期作为决定事项的一项内容，写在最后的条文里。有的决定生效日期与公布日期一致，便通常在末尾写上一句“本决定自公布之日起施行”。有的决定在落款处发文机关名称下面写成文时间。

相关链接

决定的写作模板

框图模式

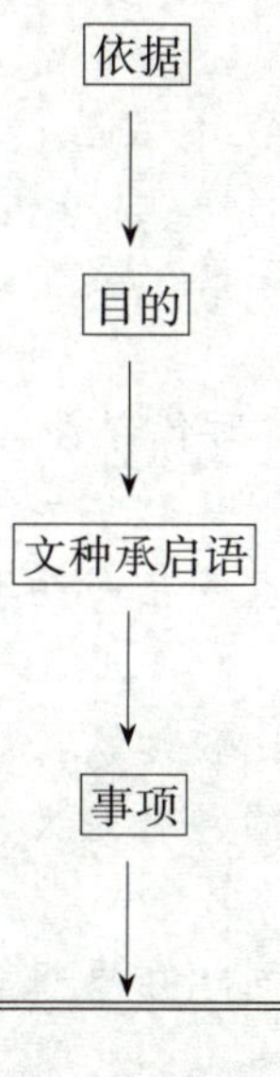

文字模板

1. 奖惩性决定（表彰决定、惩戒决定）

××××公司关于××××的决定

（××××年十一月六日）

×××××××××××××××××。（表彰决定写被表彰者的身份、事迹。惩戒决定针对惩戒的人和事，说明错误事实。依据之一）

×××××××××××××××××。（表彰决定写对被表彰者或事迹的评价。惩戒决定分析其性质、根源、责任及后果，有无认识、悔改表现。依据之二）

为了×××××××××（目的），经本公司研究决定（文种承启语），对×××××××××××××（决定的事项）。

希望×××××××××××××。（表彰决定写要求、希望、号召。惩戒决定写教训、提出希望）

<table>
<tr>
<td>要求
注：以上为公文的基本内容模块结构模式，除了“事项”，其余模块可视情况作相应的省略。</td>
<td>2. 事项性决定
××××关于×××××的决定
×××××××××××××（缘由、背景、依据），为了×××××（目的），经×××研究决定如下（文种承启语）：
××××××××××××××××××。（事项）
××××年×月九日
（变更或撤销性决定，必须说明依据的法律、法规、相关的政策规定，以及不处理的后果。要求 一般可略。）</td>
</tr>
</table>

（四）决定的写作要求

1. 要有政策和法律依据，同时结合实际

在做出决定时，对所决定的事项，要有充分的依据，即贯彻落实党和国家的路线、方针、政策和法律、法令，同时要结合本地区、本系统、本行业、本部门、本单位的实际情况，这是撰写决定必须遵循的重要准则。

2. 决定事项要明确突出

决定的内容，主要是陈述决定的事项、落实的措施、解决的办法、提出的要求等，表达一定要完整、周密，尤其是所决定的事项，一定要明确突出，以利于贯彻执行。

3. 语言要准确、决断

决定的语言必须庄重、准确、严谨、精练，富有决断性，而又分寸适宜，切忌模棱两可。

第二节　纪要

一、阅读与析评

【例文 10 - 5】

××××学院学生思想状况分析座谈会纪要

时间：××××年×月×日下午

地点：本院小会议室

主持人：主管政治思想教育工作副院长××

出席者：各系党总支书记、政治辅导员、班主任、学生会委员

现将座谈会情况纪要如下：

一、××副院长传达了省教育厅领导关于要认真加强网络时代学生思想政治工作，注重分析当前学生的思想状况的讲话精神，其后，××副院长对学生思想状况作了分析，认为当前学生的思想状况总体是健康的、向上的，但也存在一些较突出的问题，如……（略）

二、人文系党总支书记×××同志说：当前青年学生思想比较活跃，愿意思考问题，这确是学生的主流，但当前在部分学生中也存在比较严重的拜金主义、重技能轻理论、重实用轻人文的倾向。

三、××班党支部书记在汇报学生思想状况时指出，有些同学在思想上没有处理

好学习与兼职的关系，严重影响了学习成绩。

四、经贸系政治辅导员×××同志谈到个别学生存在怕露贫而不愿申请经济困难补助的心理。

（略）

[析评]

这是一则摘要式会议纪要，摘录了与会者符合会议议题的发言要点。

这种写法最大的特点是把具有代表性的言论加以提要整理，按一定的排列关系排列成文。这种写法能较真实地反映会议的讨论情况和与会人员的意见，适用写座谈会、讨论会和研究性会议纪要。这种会议纪要的观点出自个人，具体而真实，具有较强的资料价值。

【例文 10－6】

绵阳市人民政府

会议纪要

绵府纪要〔××××〕18号

严厉打击制贩注水猪肉会议纪要

××××年4月3日下午，在市政府二会议室，向正副市长主持召开了严厉打击制贩注水猪肉的专题会议。参加会议的有：市政府副秘书长李有全、姜涛，市府财办副主任张德怀，市技术监督局局长张克勤、副局长李方侠，市公安局副局长张粱，市工商局副局长杨纯忠，市卫生局副局长辛林平，市物价局副局长段启华，市畜牧食品局纪检组长邓方培和市中级法院办公室副主任赵永华等。现将会议议定事项纪要如下：

一、进一步提高认识，加强组织领导。目前仍存在一些不法厂商在猪肉中注水，以牟取暴利，危害人民群众身心健康，损害农民和消费者利益，扰乱正常的市场秩序，破坏绵阳形象，我们要站在促进经济建设和对人民负责的高度来认识这个问题。市政府要尽快调整以市府财办、市技术监督局、市工商局、市畜牧食品局、市卫生局、市公安局等职能部门组成的市“整顿猪肉市场”领导小组；市府财办负责领导小组的日常工作。领导小组人员名单由市府财办拟制后，报市政府审定行文。

二、完善制度，规范行为。责成市府财办牵头会同有关职能部门尽快制定可操作的具体管理办法。同意以市财办、市技术监督局、市工商局、市畜牧食品局、市卫生局和市公安局的名义联合发出打击制贩注水猪肉的通告。通告经市政府审定后冠以“经市人民政府同意”字样。

三、加大打击力度。由市府财办牵头组织有关部门，制定方案，抽调得力人员，组成联合行动组，于4月、5月、6月分别进行三次集中整治行动；查获一起，惩处一起。

四、加强宣传。市级各新闻单位应在近段时期内对通告广泛宣传，使群众知晓，形成社会氛围；与各有关职能部门做好衔接配合工作，对典型案件要顶住压力，坚决予以曝光，并进行跟踪报道；同时注意做好面上的宣教工作，努力提高全社会的质量意识和法律意识。

五、各级政府、各有关部门要将打击制贩注水猪肉工作纳入议事日程，加强信息交流，各尽其职，密切配合，务求将此项工作抓紧、抓实、抓出成效。

（记录整理：殷剑川）

发：各县（市、区）人民政府，高新区管委会，市政府有关部门。

送：市委办公室，市人大常委会办公室，市政协办公室，市中级法院，市级各新闻单位。

（共印 80 份）

［析评］

这是一篇条项式会议纪要。正文导言部分介绍了会议主题、会议时间、地点、主持人以及出席人。文种承启语之后，分条列项写会议议定的五个主要精神。全文层次清楚，内容充实。

本文虽是一篇“老文”，却极具借鉴意义的是第一项会议议定事项的写法：复合型段旨句“进一步提高认识，加强组织领导”提领全段，此段旨句之后的一句为对“提高认识”的展开，而后为对“加强组织领导”的展开。这种写作格式可概括为“A＋B＝A 的展开＋B 的展开”。该文第三段也属同样的写法。

【例文 10－7】

全国旅游地区财政理论研讨会

第五届年会会议纪要

全国旅游地区财政理论研讨会第五届年会于今年 10 月 6—9 日在浙江省绍兴市召开。参加这次会议的有中国财经报社、财政部科研所、上海社会科学院、中国财政经济出版社、浙江省财政厅以及来自全国 18 个旅游地区的市县财政部门的专家、领导、代表共 45 人。本届年会共收到论文 19 篇，其中 10 篇进行了大会交流。会议期间，代表们还对绍兴市的旅游设施和鉴湖风光、古越文化进行了实地考察。绍兴市市长纪根立、副市长马忠和副秘书长赵乃兴等专程到会看望了代表，纪根立市长还发表了热情洋溢的视频祝酒词。期间，还召开了两次常务理事会议、一次代表预备会，就研讨会的规范、完善、提高等问题进行了深入探讨。现将本届年会及常务理事会的内容综合纪要如下：

一、关于本届年会的主要收获

从会议收到的论文和大会交流的情况看，各地都结合实际，就发展旅游与培植地方财源的关系，旅游业对“脱贫”的作用，旅游地区的建设问题，网络时代旅游经济的效益问题，以及如何筹措资金发展旅游、旅游财政与旅游促销等问题，进行了深入研究和探讨。会议期间，《中国财经报》总编程理嘉、财政部科研所项境泉教授、上海社会科学院王大悟教授等先后作了专题发言。

会议认为，旅游地区财政理论研讨会不仅在理论上做了大量的开拓性研究工作，而且在实践上对我国的经济体制改革、财税体制改革以及对外开放，推动旅游地区的财政经济发展提出了具有很强的实用性和指导性的对策意见。

会议认为，目前我国的旅游业带动了流通部门、生产生活服务部门、教科文卫和社会福利部门的事业发展，旅游业已成为新兴的特殊的龙头产业之一。我国实行分税制后，旅游业在许多省市正在成为地方财源新的增长点，它对发展民族经济、扶持贫困地区脱贫致富，具有社会的和经济的双重应用价值。

会议的收获与本届年会的东道主绍兴市财政局的组织工作是分不开的，与会代表对东道主表示衷心感谢。

二、关于研讨会的发展问题

全国旅游地区财政理论研讨会自成立至今，已经把相当部分的旅游地区财政工作者和研究工作者联合了起来，开展了旅游财政问题的广泛研究，先后召开了8次年会，并出版了5本文集，成果显著，成绩很大。现在应在已有成绩的基础上，走向进一步规范、完善、提高的阶段，以适应蓬勃发展的旅游业和财政工作的需要，当前研究会要朝着“一巩固，二扩大，三提高”的方向发展。

1. 巩固成就。（略）

2. 扩大规模。（略）

3. 扩大影响。（略）

4. 提高规格。（略）

5. 提高质量。（略）

6. 提高效果。（略）

会议决定，本次年会继续出版论文集。（略）

会议还决定，要广泛宣传本次会议的成就。为此委托绍兴市财政局撰稿，请《中国财经报》《财政》予以报道。

三、关于第六届年会和加强研讨会的工作问题

根据第四届年会决议和本次会议与有关地区的商议，决定第六届年会在黑龙江省哈尔滨市召开，并确定新疆阜康市为第六届年会的预备举办单位。第六届年会主要是交流旅游地区财政工作的主要经验。

为了加强研讨会的工作，会议决定，请会长和副会长在近期前往北京向财政部主管外事财务司汇报研讨会的基本情况和这次年会的成就及意见、建议。在此基础上，择时召开一次视频一次常务理事会议，进一步研讨和确定研讨会今后的工作。

[析评]

这是一篇综合式会议纪要。导言介绍会议的基本情况。文种承启语导出文章的主体。文章主体分三大部分：第一部分写本届年会的主要收获，第二部分写研讨会的发展问题，第三部分是关于下一届年会和加强研讨会工作的有关事宜。三个部分的排序合理。

文章层次分明，行文简洁。文中两段“会议认为……”以及“一巩固，二扩大，三提高”的写法，归纳概括颇见功力，给人留下结构严谨、层次清晰的印象，值得借鉴。

二、必需知识

（一）纪要的适用范围及特点

1. 纪要的适用范围

纪要也叫会议纪要，纪要适用于记载会议主要情况和议定事项。

纪要原作为内部文件使用，1987 年以后才作为正式公文。纪要根据会议、会议文件和其他会议资料分析归纳写成，它既可上呈，又可下达，被批转或被转发至有关单位遵照执行，使用广泛。它的主要作用是沟通情况，交流经验，统一认识，指导工作。

纪要反映的内容比较复杂，可以是会议情况、议定事项，也可以是议而未决的事项，以起一定的参考作用。

2. 纪要的特点

（1）纪实性。纪要须如实反映会议的内容和议定事项，不能把没有经过会议讨论的问题写进会议纪要。这样才能起到传达会议精神、为有关单位提供工作依据、指导有关工作开展的作用。因此，纪实性是会议纪要的基本特点，也是撰写会议纪要的基本原则。

（2）提要性。纪要是会议的要点，不是会议记录，不能有闻必录、平铺直叙，而是必须对会议繁杂的情况和内容进行综合、概括性的整理，即概括出主要精神，归纳出主要事项，体现出中心思想，使人一目了然，易于把握精髓。

（3）约束性。纪要一经下发，便要求与会单位和有关人员遵守，有的还须执行，具有一定的约束性。

（二）纪要的主要类型和作用

根据会议性质的不同，纪要可以分为两类：办公会议纪要和其他会议纪要。

办公会议纪要用以传达由机关、单位召开的办公会议所研究的工作、议定的事项和布置的任务，要求与会单位和有关方面、有关人员共同遵守、执行。

其他会议纪要指专门工作会议、专题讨论会、座谈会、学术研究会等会议形成的纪要。这类纪要，有的起通报会议情况的作用，使有关人员尽快知道会议的基本情况和主要精神；有的具有指导作用，它所传达的会议精神，对有关方面的工作有指导作用。

根据写法的不同，纪要又可分为条项式（决议式）纪要、综合式（概述式）纪要和摘要式纪要三种类型。

（三）纪要的结构和写法

纪要由标题和正文组成。在结构格式上与其他公文不同的是，纪要可没有主送单位和落款两项，成文时间多写在标题下方。纪要不盖公章。

1. 标题

纪要的标题通常由会议名称和文种构成，例如“全国农村爱国卫生运动现场经验交流会纪要”。有的纪要的标题还可写上召开会议的单位名称，有的标题由正标题和副标题构成，正标题反映会议的主要精神和内容，副标题写会议名称和文种，例如“探讨新时期文学的发展——中国当代文学研究会第二次学术讨论会纪要”。

纪要的标题，常省略介词“关于”二字。

2. 正文

纪要的正文由导言、主体和结尾三部分组成。

（1）导言。导言即纪要的开头部分，一般是概括会议的基本情况，包括会议的名称、目的、内容、时间、地点、规模、参加人员、主要议题和会议成果等。导言不能写得过长，要简明扼要，让人们读后对会议内容有个总体的了解。

（2）主体。主体是纪要的核心部分。它根据会议的中心议题，按主次、有重点地写出会议的情况和成果，包括对工作的评价、对问题的分析、会议议定的事项、提出的要求等。主体的写法一般有以下三种：

1）条项式，即把主体内容包括讨论的问题和议定的事项，按主次一条条列出来。例如《关于加速设置广州市公用电话亭事宜会议纪要》的主体分五条写，每一条写一个问题：第一条写电话亭的选点；第二条写电话亭的照明用电；第三条写电话亭的线路安装；第四条写开展精神文明教育，爱护电话亭；第五条写广告收入的处理。内容清楚，重点突出，便于执行。

2）综合式，即把会议的内容或议定事项，进行综合概括，分成若干个部分。一般把主要的、重要的放在前面，而且尽量写得详细、具体一些，次要的和一般性的内容放在后面，可简略一些。用于批转的纪要，多采用这种写法。例如《××省计划生育工作会议纪要》的主体部分，分成四个部分：第一部分，进一步深入学习、宣传、贯彻落实中央文件精神；第二部分，正确贯彻计划生育政策；第三部分，正确处理计划生育突击性工作和经常性工作的关系；第四部分，加强和健全各级计划生育机构。

3）摘要式，即把与会者的具有典型性的发言要点摘录出来，按发言顺序或按内容性质先后写出。这种写法的好处是，可尽量保留发言人谈话的风格，避免一般化和千篇一律，比较客观、具体。

（3）结尾。结尾一般写对与会者的希望和要求，也有的纪要不写专门的结尾用语。

相关链接

纪要的写作模板

框图模式

依据
↓
目的
↓
文种承启语
↓
事项
↓
要求

注：以上为公文的基本内容模块结构模式，除了“事项”，其余模块可视情况作相应的省略。

文字模板

1. 格式一：

×××会议纪要

××××年×月×日，××××在×××××××召开。参加会议的有各部门负责人。会议由×××总裁主持。会议讨论了××××××问题。

现纪要如下：

一、×××××××××××××××。

二、×××××××××××××××。

三、×××××××××××××××。

2. 格式二：

×××会议纪要

××××年×月×日，××××在×××××××召开。参加会议的有各部门负责人。会议由×××总裁主持。现将会议讨论和决定的问题纪要如下：

一、会议指出：×××××××××××××××。

二、会议认为：×××××××××××××××。

三、会议要求：×××××××××××××××。

（四）纪要的写作要求

1. 掌握会议的全部情况

写作纪要首先要弄清楚会议的目的、任务、内容和形式，掌握会议的所有文件材料，参加会议的全过程，并认真做好记录，特别要注意阅读会议的主体文件和材料、领导同志的发言，掌握会议的主要精神。

2. 抓住要点，突出会议主题

纪要虽然是会议情况和结果的反映，但不能面面俱到，照搬会议记录，而应该围绕会议主题，抓住要点，突出重点，把会议的主要情况简明扼要地反映出来，把会议议定的事项一一叙述清楚。

3. 文字简洁明快

写作纪要应根据会议内容确定写法和篇幅。在语言表达上，尽可能简短、通俗，切忌长篇大论，应以叙述为主；在层次结构、段落安排上，要条理清楚，篇幅一般不宜过长。

4. 注意与会议记录的区别

纪要和会议记录既有密切联系，也有显著区别。纪要以会议记录为基础和依据，表现会议的主要内容；会议记录则是如实记录。另外，会议记录只作为机关单位内部存查使用的文书，不对外公布；纪要则在一定范围内公布传达，作为正式党政公文使用。纪要报送上级时，会议主办单位需另拟一份报送报告，与纪要一并报上。

5. 注重使用纪要的习惯用语

纪要常常以“会议”为第三人称而记述会议内容。因而，主体部分应注重使用“会议认为”“会议提出”“与会者一致认为”“会议决定”“会议要求”“会议希望”“会议号召”等作为层次或段落的开头语。

复习与训练

一、名词解释

决定　纪要

二、填空题

1. 决定的特点有________和________。

2. 决定的主要类型有________、________、________、________和________。

3. 纪要的特点有________、________和________。

三、判断题

1. 决定的写法，其难点主要表现在缘由与事项的详略处理上。（　　）

2. 布置重要的工作或重大的行动用决定行文，布置日常具体工作则用通知行文。（　　）

3. 与会议记录相比，纪要具有明显的思想上的倾向性、内容上的选择性、文序上的条理性和文字上的简明性等特征。（　　）

四、简答题

试比较撤销性决定与处理性决定的异同。

五、写作训练

根据近期班会的情况，试拟一份纪要。（要求：先拟订写作提纲）

第十一章 通告　通知　通报

本章结合对通告、通知、通报例文的阅读与析评，介绍这三个文种写作的必需知识。通过学习，要求学生了解其一般写法。

第一节　通　告

一、阅读与析评

【例文 11-1】

《通告》

（粤防疫指办通〔2020〕2号）

为进一步落实国家对新型冠状病毒感染的肺炎疫情防控工作的部署，全面落实省突发公共卫生事件一级响应，加强公共场所管理，切断病毒传播途径，切实防止新型冠状病毒感染的肺炎疫情传播扩散，依照《中华人民共和国传染病防治法》《中华人民共和国突发事件应对法》《突发公共卫生事件应急条例》《公共场所卫生管理条例》等规定，结合国家已发布的《预防新型冠状病毒感染的肺炎口罩使用指南》，现就我省公共场所实施佩戴口罩的控制措施要求事项通告如下：

一、实施范围

（一）宾馆（酒店）、旅店、招待所、饭馆、咖啡馆、酒吧、茶座；

（二）公共浴室、理发店、美容店；

（三）影剧院、卡拉OK厅、录像厅（室）、游艺厅（室）、舞厅、音乐厅；

（四）体育场（馆）、游泳场（馆），景区、宗教场所、商业街、步行街；

（五）超市、农（集）贸市场、商场（店）、书店；

（六）候诊室、候车（机、船）室、高速公路服务区、公共交通工具（含网约车、出租车）；

（七）展览馆、博物馆、美术馆、图书馆；

（八）其他人群密集或密闭的公共场所。

二、实施要求

各公共场所经营者、管理者应当要求进入其场所的人员佩戴口罩后方可进入其经营的公共场所，并在场所入口处设置醒目、清晰的佩戴口罩的提示；对未佩戴口罩进入场所者应当予以劝阻，对不听劝阻的人员依据《中华人民共和国传染病防治法》和《公共场所卫生管理条例》的规定向相关主管部门报告，由各相关主管部门按照各自职责依法处理。阻碍突发事件应急处理工作人员执行职务，触犯《中华人民共和国治安管理处罚法》，构成违反治安管理行为的，由公安机关依法予以处罚；构成犯罪的，依法追究刑事责任。

三、口罩佩戴原则

基本原则是科学合理佩戴，规范使用，有效防护。具体如下：

（一）个人独处、自己开车或独自到公园散步等感染风险较低时，不需要佩戴口罩。

（二）在非疫区空旷且通风场所不需要佩戴口罩，进入人员密集或密闭公共场所需要佩戴口罩。

（三）在疫情高发地区空旷且通风场所建议佩戴一次性使用医用口罩；进入人员密集或密闭公共场所佩戴医用外科口罩或颗粒物防护口罩。

（四）有疑似症状到医院就诊时，需佩戴不含呼气阀的颗粒物防护口罩或医用防护口罩。

（五）有呼吸道基础疾病患者需在医生指导下使用防护口罩。年龄极小的婴幼儿不能戴口罩，易引起窒息。

（六）棉纱口罩、海绵口罩和活性炭口罩对预防病毒感染无保护作用。

本通告自发布之日起施行，终止日期另行通告。原粤防疫指办通〔2020〕1号废止。

广东省新型冠状病毒感染的肺炎疫情防控指挥部办公室

2020年2月5日

[析评]

这份禁管性通告，让人回顾起那段抗疫岁月。本文事关广大民众的健康和生命安全，是为更好地引发民众的高度重视，因而较罕见也较特殊地以文种“通告”作标题，正文先写行文的目的、依据，文种承启语后，分别通告了在广东省内实施佩戴口罩的范围、要求和原则。全文语言庄重、严肃、明晰、精准。

【例文11－2】

××公司　××××有限责任公司
关于兼并经营的联合通告

为了促进经营的合理化，经双方认真论证和商定，并报请有关主管部门批准，双方同意兼并，并以××公司为存续公司、××××有限责任公司为解散公司。现将有关事项通告如下：

一、兹定于××××年××月××日为兼并日。

二、自兼并之日起，××××有限责任公司的一切权利、义务和债务，悉由××

公司（存续公司）承担。

三、依公司法规定，凡××××有限责任公司的债权债务人，如有异议，请在本通告发布之日起三个月内提出，逾期提出视为无效异议。

特此通告。

××公司
××××有限责任公司
××××年××月××日

[析评]

这是一篇企业知照性通告。文章先以主旨句直陈行文目的，并对有关行文背景作了交代，然后以文种承启语导出三项通告事项。文章以通告惯用语“特此通告”作为结尾。

全文文字精简，庄重明白，事项排列合乎逻辑，是短小精悍的优秀通告。

【例文 11-3】

广州市建设用地起坟
通　告

因建设需要，经核准，市公安局天河区分局征用天河区东圃镇棠下乡（村）土名收容所以东的土地。为便利建设工程顺利进行，上述被征用范围内的坟墓，均须于××××年二月二十日以前起葬、火化。起葬、火化工作由建设用地单位委托殡葬管理部门办理，各坟主应于××××年二月二十日前携带身份证及有效证明到东圃镇棠下村委会办理认领起葬手续。逾期不办者，作无主坟墓由殡葬管理部门按规定统一予以处理。

特此通告。

广州市国土局
××××年十一月二十日

[析评]

这是一篇办理性通告，强制性较强。正文第 1 句为制发通告的依据。第 2 句至第 4 句为事项和规定。文章以“特此通告”作结尾。

二、必需知识

（一）通告的适用范围及特点

1. 通告的适用范围

通告适用于在一定范围内公布应当遵守或者周知的事项。

通告是机关单位广泛使用的公文，是泛行文。

2. 通告的特点

（1）内容具体，业务性强。通告内容的重要程度较弱，而且多是业务工作方面的，使用频率较高。

（2）有限制的行文对象。通告的告知范围较小，为社会有关方面。

（3）广泛的发文机关。通告的内容是一般事项，所以发文单位比较广泛，党政机关、企业事业单位、人民团体都可发布通告。

（4）独特的发布方式。一般来说，公文是用文本形式印发的，而通告的发布形式比较特殊，除可用文本形式印发外，还可采用张贴或登报的形式发布。

（二）通告的主要类型

1. 知照性通告

即告知应当知道或需要遵守事项的通告。如例文 8－1、例文 8－2。

2. 办理性通告

即办理一些例行事项的通告，其内容多为注册、登记、年检等。如例文 8－3、例文 8－4。

3. 禁管性通告

即公布一些令行禁止类事项的通告，其内容如查禁淫秽书画、收缴非法枪支、加强交通管理、查处违禁物品等。如例文 8－5。

（三）通告的结构和写法

通告和公告一样，也由标题、正文、署名与日期三部分组成。

1. 标题

通告标题的写法有四种：

（1）发文机关＋事由＋文种，如“××大学关于实行夏季统一作息时间的通告”。

（2）发文机关＋文种，如“中国农业银行东莞分行、东莞信用社通告”。

（3）事由＋文种，如“关于税收财务大检查实行持证检查的通告”。

（4）只写文种。

2. 正文

通告的正文包括缘由、事项、结尾三部分。

缘由，是发布通告的原因、根据，说明为什么发此通告。

事项，即通告的具体事项或规定。内容比较简单、单一的，可不分条写；如果内容比较多，则应分条列项地写。

结尾，也叫结语，一般为“特此通告”之类的用语，以示强调，提起注意。有些通告干脆不用结语，意尽而言止，干净利落。

通告是对公众的，一般不用写抬头。

3. 署名和日期

标题已有发文机关，并在标题下署上了日期的，可不用落款。如果标题没有发文机关，也没有日期，则落款处必须署上发文机关名称和日期。

相关链接

通告的写作模板

框图模式

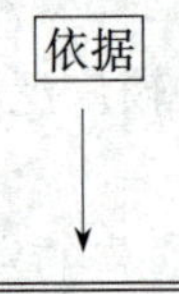

文字模板

××有限公司关于××××××××的通告

××××××（背景、依据），为了××××××（目的），现将有关事项通告如下（文种承启语）：

目的
↓
文种承启语
↓
事项
↓
要求

注：以上为公文的基本内容模块结构模式，除了“事项”，其余模块可视情况作相应的省略。

一、××××××××××××××。（事项）
二、××××××××××××××。（事项）
三、××××××××××××××。（事项）
特此通告。

××××年××月××日

（四）通告的写作要求

1. 不要把“通告”写成“通知”

“通告”与“通知”是两种不同的公文，其特点、作用和受文对象范围都不相同。有的单位往往把握不准它们的特点和作用，以为让人们知晓的事项都可用通告行文，结果把一些该用通知的错用了通告，该用通告的又错用了通知。例如：

回迁通知

原住××区××街的动迁户，于明年6月底前回迁。请所有回迁户持动迁证、动迁协议书以及交款单据，于明年5月底前，到我公司办理回迁手续。

具体办理时间：上午8时至12时，下午2时30分至5时30分。

特此通知。

×××房地产开发公司
××××年×月×日

这份公文用错了文种。告知回迁户办理回迁手续一事，属社会有关方面或人士应周知和遵守的事项，应用通告行文。此外，该公文还存在行文不严密等问题。

2. 发文目的要明确

发布通告的目的或原因，一般要在缘由部分扼要地交代清楚，让人们一看就知道为什么要发此通告。有的通告在缘由部分没有写明目的，或表达不清，有的通告甚至不写缘由部分，一般来说这是不规范的。

3. 通告事项要符合法规政策规定

通告的事项，应该符合法律、法规和有关政策规定，不能违反法规政策。如有一家房地产公司发出通告，告知回迁户在一定期限内前来办理手续，在通告中写道“限期于××月××日前来我公司办理进住手续，否则，视为已有住房，不予安置”。这是不符合有关政策规定的。公文作者必须注意学习法律、法规和有关政策。

4. 通告语言要通俗简洁

通告是一种周知性公文，多用张贴和登报的方式发布。因此，写通告要注意语言的通俗和简洁，应简单明了、一看就懂，篇幅也不宜过长，以便于张贴和阅读。

第二节　通　知

一、阅读与析评

【例文 11－4】

关于举办××省 2021 年疫苗和冷链管理技术培训班的通知

×疾控免疫发〔2021〕409 号

各市（州）疾病预防控制中心、各县（市、区）疾病预防控制中心：

《中华人民共和国疫苗管理法》已经实施，为进一步提高全省各级免疫规划工作人员疫苗管理意识，提高疫苗管理的规范性，确保我省疫苗管理更加合法化、规范化、系统化、信息化、我中心定于 2021 年 8 月举办全省疫苗和冷链管理技术培训班，现将有关事宜通知如下：

（一）培训内容

1.《中华人民共和国疫苗管理法》解读。

2. 全省疫苗信息化及接种率数据分析。

3.《××省预防接种单位等级评审考核办法（试行）》解读

4. 2021 年全省免疫规划工作进展及下一步工作部署。

5. 免疫规划信息化平台操作讲解。

（二）培训时间及地点

培训时间：2021 年 8 月 25—28 日（25 日报到，26—27 日培训，28 日上午离会）。

培训地点：××酒店（××市××区××路 529 号）。

（三）参加人员

1. 各市（州）疾控中心主任或分管主任、免疫规划科（所）负责人各 1 名。

2. 各县（市、区）疾控中心主任或分管主任、免疫规划科负责人各 1 名。

（四）注意事项

1. 培训班负责学员培训期间的食宿，交通费用自理；

2. 请将参加培训人员回执（见附件）于 11 月 20 日之前发至××省疾控中心免疫规划科邮箱，以便安排食宿；

3. 本培训为“省级继续医学教育项目”，项目编号为 2021—×××××，学员考试合格后可获得省级继续医学教育学分 3 分；

4. 联系人及联系方式：

联系人：省疾控中心免疫规划科××　　联系电话：×××××××××

邮箱：×××××××××　　传真：×××××××××

附件：培训班回执

××省疾病预防控制中心

2021 年 8 月 18 日

［提示］

这是常见的培训通知，既可用于下行，也可用于平行。文种承启语后，写了培训的时间、地点、内容、对参加人员身份的要求，以及相关注意事项。对参加培训人员的要求和培训后的“待遇”在文中先交代清楚，是本通知的重要“笔墨”。

【例文 11－5】

批转省公安厅关于我省农村
人口迁入城镇落户情况报告的通知

（受文单位略）

省人民政府同意省公安厅《关于我省农村人口迁入城镇落户情况报告》，现批转给你们，请认真贯彻执行。

农村人口迁入城镇落户，是一项政策性很强的工作，是关系到全局和群众切身利益的大事。各级政府和有关部门要通观全局，把有限的“农转非”指标重点用于解决那些确需解决户口的人员入户问题。一些市、县不考虑本地的实际情况和承受能力，盲目地把大批的农业人口转为非农业人口，是非常错误的，必须坚决纠正。今后，各地应严格执行规定，从严控制，不得自立法规，擅开口子，随意扩大“农转非”控制指标。

××省人民政府

××××年十二月十一日

［析评］

这个批转性通知写得比较巧妙，正文第 2 段着重强调了报告所提问题的严重性，要求各地严格执行规定，这实际上从侧面说明了批转这个报告的意义。

这个通知语气较严厉。读者对之应细心体会。公文须根据不同的情况选择相应的、适当的词句、语气表达思想。

【例文 11－6】

关于做好“五一”黄金周期间“防疫”及安全生产工作的通知

公司各部门、各单位：

“五一”节即将到来，为认真做好“五一”黄金周期间“防疫”及其他各项安全工作，保持公司安全生产的稳定形势，确保大家度过安全健康、欢乐祥和的佳节，贯彻落实××××集团和上级主管部门的通知精神，按照公司领导的指示要求，现将做好“五一”长假期间安全生产工作的有关事项通知如下：

一、机关各部门、下属各单位的一把手，是安全生产的第一责任人，必须牢固树立“安全第一，预防为主”的思想，认真抓好节前对全体员工的“防疫”安全教育，切实突出一个“防”字。

二、机关职能部门要加强对船舶动态的跟踪，及时掌握安全生产动态；及时识别安全风险，发生险情和突发事件及时启动应急预案，妥善处理，按规定向有关领导和上级机关报告；各类安全监督员要恪尽职责，对节日期间抵国内港口的船舶按计划做好登轮检查指导工作，确保我司船队节日期间安全生产工作的顺利进行。

三、海监、船管部门要对重点船舶（老旧船、大型船）、重点区域（大风浪区域、复杂航区、狭水道、进出港）、重点货物（危险品货物、重大件、特殊物资等）、重点人员（新任船长、第一次跑的航线和港口的船长）进行重点跟踪指导。切实做好船舶防火、防爆、防风、防碰撞、防搁浅、防污、防恐、防海盗等安全工作。

四、加强内部管理，落实值班制度。节日期间各单位办公楼和场院实行封闭管理，值班人员要配合保安和门卫人员工作，进入单位，应主动出示证件，出示健康码；进行登记。值班人员禁止携带家属和孩子到办公室。特别是要遵照公司的有关规定，加强对现金、贵重物品及有价证券的妥善保管，严防丢失。个人贵重物品及现金不要存放办公室。

五、各部室、各单位要严格值班制度，做到尽职尽责，不脱岗、不离岗、不醉岗，做好值班记录，严格请示报告制度，出现问题及时报告。要加强内部管理，对财务室、仓库、机房、电站等重点部位要加强值班力量，严守工作岗位，认真搞好监督检查和夜间巡逻检查，圆满完成节日期间安全生产工作任务。

六、节日期间，各下属单位要安排专人昼夜值班，同时保证有一名领导同志在岗带班。值班人员要坚守岗位，尽职尽责，避免在位不到位；具体要求由陆产公司负责布置和检查，报公司安委办。

七、为确保节日期间道路交通行车安全，总务中心要组织对所管车辆进行一次全面的安全检查，杜绝带病车上路。强调遵章守法，严禁超速行驶和酒后驾车。节日期间公司车辆要实行严格的调派管理，并充分做好车辆的防火防盗工作。对车辆重点部门和单位，总务中心可制定进一步的预防措施，指导、监督各单位安全行车。

八、为确保应急情况指挥系统畅通，各单位请将节日期间值班人员名单及联络电话，于4月27日前报公司安委办。

××××公司

××××年四月二十五日

[析评]

这是一篇事项性通知。正文先写行文背景，目的句之后用文种承启语引出应做的各项工作或应完成的事项。因事项较多，故采用分条列项的写法。

【例文 11－7】

关于筹建××省××系统文学艺术联合会
及五个协会有关事宜的通知

各××管理局、××企事业单位：

为进一步推动××系统企业文化建设的发展，繁荣林区文艺创作活动，总局决定成立××系统文联及文学、书法美术、摄影、音乐舞蹈、剧作五个协会。现将有关事宜通知如下：

一、各××管理局按文学、书法美术、摄影、音乐舞蹈、剧作五个门类，分别推荐五名理事会候选人。总局直属企事业单位推荐一名。候选人要求思想品质好，有一定的组织能力，在地市级以上报刊发表过文艺作品。

二、各××局按上述五个门类，各组织推荐5名首届文代会代表候选人，事业单位推荐2名。

三、要求各××管理局、××局成立上述相应协会。

以上三项事宜，请于×月×日前上报总局宣传部。

××省××总局

××××年三月十二日

[析评]

这是一篇事项性通知。正文部分先写发文的缘由、目的和依据，承启语后写具体的事项和要求，直截了当，具体明确。

【例文 11－8】

关于解决两家特殊困难企业问题的通知

县经委、县化纤丝绸企业集团公司、县财政局、税务局、工商局、审计局、监察局、各银行：

现将县政府关于解决县丝织二厂、丝织三厂两家特殊困难企业（下称“两厂”）问题的决定通知如下：

一、实行企业兼并。由县糖纸集团公司兼并县丝织二厂，县涤纶厂兼并县丝织三厂。兼并后，“两厂”仍是独立核算单位，其所有财产归属兼并企业管理。兼并企业分别有权对“两厂”实行技术改造、安排生产计划、调整产品结构和人员调动等，并按管理权限报上级主管部门审批。

二、整顿调整“两厂”现任的领导班子。迅速派得力干部，包括由县经委、主管公司、审计、监察、税务、工商等部门组成的工作组帮助“两厂”进行整顿。对厂领导班子进行审计。查处企业领导自办或挂靠的个体企业；查处企业领导、技术骨干以权谋私，搞“第二产业”的问题。突出解决厂领导班子建设和企业内部管理上的混乱状况。

三、从县糖纸集团公司、县化纤丝绸企业集团公司、县涤纶厂和本县工业系统中抽调干部前去“两厂”任职或挂职。从外单位抽调到“两厂”工作的干部，其工资、奖金、福利待遇在一定时期内按照就高不就低的原则，不低于原单位的水平；不足部分由主管公司予以补贴。对成绩显著，在期限内能改变面貌者，予以重奖。

四、从兼并开始，两年内对“两厂”生产用电的费用减收 40%（不包括生活用电）。减收的电费由县办电协调小组负责处理。

五、从兼并开始，两年内县涤纶厂每年按保本价调拨 1 200 吨织造原材料交县化纤丝绸企业集团公司安排给有关被扶持的企业。其保本价与销售价的差额部分视同企业利润计提工效工资奖金。

六、为了促使“两厂”转化，可参照整顿华海公司的做法，原有的旧账先挂后处理，实行“新人新财务”。同时，要建立制度，组织力量，清理债权债务，追收欠款，处理积压物资，减少不必要的损失。

七、要求财税、金融等有关部门尽最大努力对“两厂”给予支持和照顾。一是继续贷款还旧债，处理现有高利率贷款。二是银行贷款执行几种利率，尽量按基准利率计算，计息挂账，两年内不计复息，其中第一年挂息的资金用作企业的启动资金，第二年起实行还本挂账计算的办法。三是近期内贷给相应的低息企业启动资金和流动资金，由兼并单位负责担保。四是“两厂”尚欠的税款，先挂起来，直到企业出现转机再作处理，或待后争取办理减免手续。

八、在实施兼并整顿期间，“两厂”的职工、干部必须坚守生产和工作岗位，维护正常的生产和工作秩序，杜绝发生各类事故，确保兼并整顿工作的顺利进行。

九、“两厂”兼并和整顿工作，由县政府派出的工作组负责全面领导和协调。兼并整顿中的情况及问题请及时反映。

××县人民政府办公室

××××年九月十九日

［析评］

这是一份处理具体问题的通知。问题牵涉多个方面，比较复杂，但内容写得条理清楚，主次有序，内容比较具体，文句也较通畅。

如果精益求精，通知中个别段落和句子还可以写得更准确、更简练。正文第三条，把“本县工业系统”同句子前部所列两个公司和一个厂相并列，犯了属种不当并列的逻辑错误。这一条其余两个句子的内容和文字也有瑕疵。

【例文 11－9】

××移动通信有限公司关于成立客户服务中心的通知

公司各科室：

为增进与客户的联络，进一步做好客户服务工作，适应公司日益发展的新形势，经公司研究决定，在原客户联络室的基础上成立客户服务中心，主任由×××同志兼任。

××××年五月十六日

［析评］

这是一篇知照性通知。通知正文篇段合一，依次写了目的、依据和事项，文字简练，意思明确。

【例文 11－10】

重庆松风电子有限公司关于召开代理商工作会议的通知

各地区代理商，本公司各部门：

为了保证松风显示器在中国的领先地位，建立一个和谐顺畅而稳定坚固的销售渠道，给厂商、代理商和消费者带来更多的利益，本公司决定在重庆召开松风电子20××年度显示器代理商工作会议。现将有关事项通知如下：

一、会议议题

1. 总结各地区代理销售情况。

2. 讨论并解决各地区存在的销售矛盾。

3. 商讨如何建立一个和谐顺畅而稳定坚固的销售渠道。

二、参加会议人员：各地区代理商及本公司各部门负责人。

三、会议时间：5月10日至5月12日。

四、报到时间和地点：5月9日在重庆乐园度假村酒店大堂报到。

五、会议地点：重庆百乐园度假村二楼圆形会议厅。

六、其他事项

1. 大会将为各与会人员免费提供食宿。

2. 参加会议的代理商请按要求填写本通知所附的会议报名表，于4月20日前寄回会务组。需接车、接机及购买回程机票、车票的人员，务请在会议报名表中注明。

3. 请华东、华北及华南各代理商报到时向我公司提交一份销售情况报表。

会务联系：重庆市××路××号松风电子有限公司代理商工作会议会务组

邮编：××××××

联系人：李秘书

联系电话：××××××××

电子邮箱：liwen@21cn. com

附件：重庆松风电子有限公司代理商工作会议报名表

重庆松风电子有限公司

二〇××年四月十八日

[析评]

这是一篇会议通知。正文开头写会议目的和会议名称。文种承启语后，写了会议的议题、时间、地点、与会人员及有关注意事项。文章层次分明，语言简洁、清晰。此外，为与会人员赴会考虑得比较周到，也是本文的一大特点，值得借鉴。

【例文 11－11】

关于召开全省民政工作会议的通知

各市人民政府、行政公署，省直各单位：

为了贯彻全国民政工作会议精神，省政府决定召开全省工作会议。会议的主要议题是：传达学习全国民政工作会议的主要文件和领导讲话，讨论研究贯彻的意见和措施，请你们提前做好准备。

参加会议人员：各市人民政府、行政公署分管民政工作的领导同志和各市、行署的民政局局长，省直各单位的负责同志。

会议拟开五天，地点××宾馆，于八月十五日前来报到。

××省人民政府办公厅

××××年×月×日

[析评]

仔细分析这份会议通知，至少有三个毛病：一是内容不够明确。会议的名称、议题都不够具体明白，没写明研究的具体问题，也没有写明与会人员需做什么准备。二是参加会议人员不够具体明确。省直单位包括的范围很广，包括党、政、工、群、公、检、法等，要求哪些单位参加写得不够清楚。一般要写清楚有关单位，同时还要附上单位名单。还有，省直单位负责同志一般不止一位，是要求只来一个还是都来，也没有写清楚。三是报到时间不明确。“八月十五日前来报到”，是指八月十五日之前还是八月十五这一天报到？可见，通知虽强调简短，但也要按要求将有关问题写得具体、清楚。

【例文 11－12】

关于任免××市建筑公司经理的通知

××市建筑公司：

你公司上报选举的过程和结果我局已收悉。经局务会议研究决定：

任纪××为经理，主持全面工作；

任吴××为副经理，主持施工工作。

免去蒋××的经理职务和刘××的副经理职务，由公司安排其他工作。

特此通知。

××市建设局

××××年×月×日

［析评］

任免通知的正文一般分两部分，第一部分说明任免的依据，如“经××××研究决定”“根据×××××，经××××研究决定”，后面加上冒号，领起文中第二部分。第二部分是具体的任免事项，每个事项单独为一个段落，以达到醒目的效果。该例文简明扼要，直陈其事，一目了然，符合一般任免通知的写法。

二、必需知识

（一）通知的适用范围及特点

1. 通知的适用范围

通知适用于发布、传达要求下级机关执行和有关单位周知或者执行的事项，批转、转发公文。

通知是各级党政机关、人民团体、企事业单位在公务活动中最常用的一种公文，使用范围相当广泛。

2. 通知的特点

（1）使用范围具有广泛性。通知不受发文机关级别高低的限制；对通知的行文路线限制不严，主要作上级机关对下级机关、组织对所属成员的下行文，但平行机关之间、不相隶属的机关之间，有时也可使用通知知照有关事项；通知写作灵活自由，使用比较方便。

普发性、周知性强的通知，可不写主送机关。

（2）文种功用多具有指导性。上级机关和组织向下级机关、组织用通知行文，都明显体现出指导性。特别是部署和布置工作、批转和转发文件等，都需明确阐述处理某些问题的原则和方法，说明需要做什么、怎样做、达到什么要求等。一部分通知对下级或有关人员有约束力，起指挥、指导作用；另一部分通知则主要起知照作用。

（3）有明显的时效性。通知事项一般都要求立即办理、执行或知晓，不容拖延。有的通知如会议通知，只在指定的一段时间内有效。

（二）通知的主要类型

根据内容与作用，通知可分为以下几种类型。

1. 指示性通知

有关行政法规和规章、办法，在不成熟之前，或未出台前，可形成指示性通知行文。指示性通知带有较强的强制性、指挥性和决策性。

2. 处理文件性通知（批转、转发、印发和发布性通知）

用于印发、发布某些行政法规，转发上级、同级或不相隶属机关的公文以及批转下级机关的公文。

3. 事项性通知

即要求下级机关办理某些事项，除交代任务外，通常还提出工作要求，让受文单位贯彻执行，具有行政约束力的通知。

4. 知照性通知

用于告知某一事项或某些信息的通知，诸如庆祝节日，成立、调整、合并、撤销机构，启用新印章，更改电话，更正文件差错等，都可用这种通知行文。

5. 会议通知

即告诉有关单位或个人参加会议的通知。

6. 任免通知

即告知有关单位或个人有关人事任免的通知。

（三）通知的结构和写法

各种类型的通知有不同的写法。以下介绍各类通知标题和正文的一般写法。

1. 标题

通知的标题有完全式和省略式两种。完全式标题是发文机关、事由、文种齐全的标题，省略式标题则根据需要省去除文种“通知”之外的其中的一项或两项。省略式标题有如下三种情况：

(1) 省略发文机关。如果标题太长，可省略发文机关。如“关于县级市经济管理权限的通知”，这个标题便省略了发文机关。省略发文机关的标题很常见。如果是两个单位以上联合发文，不能省略发文机关。

(2) 省略多余的“关于”和“通知”字样。发布、批转、转发性通知的标题由“发文机关＋发布（批转、转发）＋被发布文件标题＋通知”构成。被发布、批转、转发公文为法规、规章时，一般应加上书名号，有时由于被批转、转发公文标题中已有“关于”和“通知”字样，或者被批转、转发的公文标题比较长，这时，通知的标题一般可保留末次发布（批转、转发）文件机关和始发文件机关，省略去多余的“关于”和“通知”字样。否则，就会出现一个标题中有多个“关于”和“通知”的现象，显得很长，读起来也拗口。如：“××县人民政府关于转发《××市人民政府关于转发〈××省人民政府关于转发人事部关于×××同志恢复名誉后享受××级待遇的通知〉的通知》”。这个标题有四个层次，用了三个“关于转发”，两个“的通知”，很不顺口。可把这个标题简化为“××县人民政府转发人事部关于×××同志恢复名誉后享受××级待遇的通知”。至于被省、地区等转发过的内容，可在转发意见中交代清楚。

(3) 省略发文机关和事由。如果通知发文范围很小，内容简单，往往只用于张贴，这样的通知标题便可以省略发文机关和事由，只写文种“通知”二字。

值得指出的是：批转性通知标题须注明“批转”文件字样；转发性通知标题须注明“转发”文件字样。

2. 正文

通知的正文主要包括缘由、事项、要求三部分。主体在事项部分。下面分别介绍几种通知正文的写法：

(1) 指示性通知的写法。指示性通知的正文，一般先写发文的缘由、背景、依据；在事项部分，写具有强制性、指挥性、决策性的意见和工作要求等。

指示性通知的事项，一般具有影响面较大、比较紧急和有一定的政策性等特点。

(2) 处理文件性通知（批转、转发、印发和发布性通知）的写法。批转与转发性通知正文写法大体相同。可以把这两种通知称为“批语”，把被批转、转发的文件看做通知的主体内容。批语的内容主要有如下三个方面：一是说明批转的目的或陈述转发的理由；二是对受文单位提出贯彻执行的具体要求；三是根据具体情况做出补充性的规定。

相关链接

通知的写作模板

框图模式

注：以上为公文的基本内容模块结构模式，除了“事项”，其余模块可视情况作相应的省略。

文字模板

1. 工作通知

××××关于×××××××××××××的通知

×××××××××××××。（背景、缘由、问题、依据）

为了××××××××××（目的），现就有关问题通知如下（文种承启语）：

一、××××××××××。（事项）

二、××××××××××。（事项）

三、××××××××××。（事项）

×××××××××××××。（要求、希望）

××××年×月×日

2. 会议通知

××××集团公司关于××××××××会议的通知

各××××，公司各部门：

×××××××××××××（背景、缘由）。为了××××××××××（目的），本公司决定召开××××××××××××工作会议（会议意图）。现将有关事项通知如下（文种承启语）：

一、会议内容：×××××××××××××。

二、与会人员：×××××××××××××。

三、会议时间：×月×日至×月×日。

四、报到时间和地点：×月×日 9：00—18：00，在××××××××××××酒店大堂报到。

五、会议地点：×××××××××××××。

六、其他事项：

1. ××××××××××××××。

2. ××××××××××××××。

3. 会务联系：××市××路××号×××××××××××××工作会议会务组。邮编：××××××。联系人：李秘书。联系电话：×××××××××。电子邮箱：liwen@21cn. com。

附件：会议报名回执表

××××集团公司

××××年×月××日

用通知批转或转发下级机关、不相隶属机关和上级机关的公文时，对被批转和转发的文件已起到了一种公布、认可或推荐的作用。从构成上看，这种通知由批语部分和被批转或转发文件组成，批语和被批转或转发文件都不能单独作为一份文件。如果批语脱离被批转或转发文件，没有实际依托内容，不能单独行文；如被批转或转发文件离开批语则不能纳入通知的内容，不能体现发文单位的意图，没有批语予以的权威性和合法地位。

印发和发布性通知正文一般在写清楚印发或发布的文件之后，还要写印发或发布文件的目的和要求。

(3) 事项性通知的写法。事项性通知正文的写作，要使受文单位明确通知的内容（即事项），以及做什么，怎样做，有什么要求。正文一般分三部分：

第一部分是开头，一般是说明为什么要发此通知，目的是什么。

第二部分是主体，即事项部分，将通知的具体内容一项一项列出，把布置的工作或需周知的事项阐述清楚，并讲清要求、措施、办法等。这类通知多数用于布置工作，因此也称之为“工作通知”。

第三部分是结尾，多提出贯彻执行要求，可用“请遵照执行”“请认真贯彻执行”“请研究贯彻”等习惯用语，也有的通知结尾不写习惯用语。

写事项性通知，要开门见山，忌转弯抹角。在叙述事项时，要突出重点，把主要的、重要的写在前面。根据需要，主要的内容可详写，讲清道理，讲明措施，次要的内容则尽量简略，扼要交代即可。在语言表达方面，通知主要以叙述为主，对下级单位提出要求。有时可以适当进行一些分析、说理。但通知中的说理不像议论文的说理那样要有严密的逻辑性，只要抓住关键问题，用简洁的语言把道理阐述清楚即可。

(4) 知照性通知的写法。知照性通知的正文，只要写清楚行文的依据、目的和事项即可。要求文字简练、明白。

(5) 会议通知的写法。会议通知依据其不同类型有不同的写法：通过文件传递渠道发出的会议通知，一般应写明召开会议的原因、目的、会议名称、主要议题、到会人员、报到时间及地点、需要的材料等，通常采用条文式写法，要求内容周密、语言清楚、表述准确，不产生歧义；供机关、单位内部张贴或广播的周知性会议通知，正文开头可不写受文对象，应在通知事项中说明会议时间、地点、内容、准备材料及出席人员等，语言力求简短、明白。

(6) 任免通知的写法。任免通知的写法比会议通知更为简单，一般的固定格式是：在任免决定依据之后，写上任免人员姓名及职务。

第三节　通　报

一、阅读与析评

【例文 11-13】

××省化工总公司党委

关于授予张××“优秀共产党员”荣誉称号的通报

各分公司党委、总公司党委各部门、各直属机构：

张××同志是××分公司所属天宏化工厂管道维修工人，共产党员。今年8月12

日上午8时30分，该厂成品车间后处理工段油气管道突然爆炸起火。正在利用公休日清理夜间施工现场的张××被爆炸气浪猛烈推倒，头部、右臂和大腿等多处受伤，鲜血直流，鞋子也被甩出很远。在这危急关头，张××强忍剧痛，迅速爬起来，顾不得穿鞋和查看伤势，踩着玻璃碎片，冲入烈火之中，迅速关闭了喷胶阀门、油气分层罐手阀、蒸汽总阀。接着先后用了10余个干粉灭火器扑救颗粒泵、混胶罐等处的大火，在随后赶来的保安人员的援助下，共同英勇奋战十余分钟，最终将大火全部扑灭，避免了火势的蔓延。

张××同志在身体多处受伤、火势凶猛并随时可能发生更大爆炸的万分危急关头，将个人生死置之度外，果断处理突发事件，为遏制火势蔓延，防止事故扩大，减少国家财产损失，作出了突出的贡献。他的行为体现了为保护国家财产和人民利益而置个人生命安危于不顾的崇高精神品质，谱写了一曲保持共产党人先进性的正气之歌。

为了表彰张××的英雄行为和崇高的革命精神，总公司党委研究决定：授予张××“优秀共产党员”荣誉称号，将张××奋力灭火的英勇事迹通报全公司，晋升二级工资，并颁发灭火奖励10 000元，以资鼓励。

希望各分公司党委、各直属机构组织广大共产党员和干部职工以张××为榜样，落实安全生产责任，努力做好本职工作，为化工行业的改革与发展作出更大的贡献。

××省化工总公司党委（印）

××××年八月二十日

[析评]

这是一份表彰性通报。正文叙述张××的先进事迹，对该同志的行为作了恰当的分析、评议，目的句之后写决定事项，最后提出发文单位的希望号召。全文结构合理，格式规范，注重将英勇行为上升到恰当的高度予以分析、评议，语言通俗流畅。美中不足的是对事件过程的叙述稍显啰唆。

【例文11-14】

××市食品酿造公司

关于××食品厂司机×××私自开车到北戴河游玩的通报

公司所属各单位：

今年8月8日晚，××食品厂司机×××以磨合汽车为借口，擅自驾驶“630”食品防尘车并带上五人从××分厂去北戴河游玩。10日8点抵达北戴河，至12日夜间12点才返回公司。行程600多公里。

×××的行为，违反了组织纪律，错误实属严重。车队负责人在问题发生后未及时向公司汇报，这种做法也是错误的。为了严肃纪律，维护公司利益，同时教育×××本人，经公司研究决定：对司机×××予以通报批评，扣发三个月奖金，并责令其上交全程所用汽油费。

望各单位接此通报后，组织员工们及时学习、讨论，从中吸取教训，把各项工作提高到一个新水平。

[析评]

这是一篇批评性通报。正文第1段写当事人的错误事实和经过，具体交代了时间和地点。第 2 段对当事人的错误进行了分析评价，同时做出了处理。第 3 段对各单位提出了希望、要求。

全文层次分明，语言明晰，分析评价到位，行文思路清晰。标题中的“私自”若改为“擅自”则更好。

【例文 11－15】

中华人民共和国教育部
关于××大学处理一个学生侮辱教师的问题的通报

各省、市、自治区高教（教育）厅（局），全国重点高等学校：

最近××大学对一个学生在实验课中不遵守学习纪律和侮辱教师的问题，给予处分，并将校委会的决定正式公布。这样处理是对的。一切学校要提高教学质量，一方面是教师必须根据党的教育方针和学校的培养目标，认真地教好课程，关心和爱护学生，对学生提出严格的要求；另一方面是学生必须按照教学计划的要求，尊重教师的指导，遵守学习纪律，认真地学好功课。现将××大学的布告全文印给你们，供参考，希望引起大家的注意。

中华人民共和国教育部（印）
××××年×月×日

附：××大学布告一份。（略）

[析评]

这一篇情况通报，从内容看，类似一则按语。第一部分为从开头至“这样处理是对的”，说明通报的事由并肯定和同意校委会的处理决定；第二部分为从“一切学校要提高教学质量”至“认真地学好功课”，是对学校和老师提出正面要求，对学生进行正面教育；第三部分即最后一句话，提出印发通报及其目的，即警惕类似事件的发生。值得提出的是，校方公布对学生的处理决定，应用通报；附件的位置不对。

二、必需知识

（一）通报的适用范围及特点

1. 通报的适用范围

通报适用于表彰先进、批评错误、传达重要精神和告知重要情况。

2. 通报的特点

（1）内容的真实性。真实是通报的生命。通报的任何情况、事实都必须是真实的，不能有差错，更不能编造假情况。因此，写通报，对正反两方面的事实都要认真核实，做到准确无误，没有水分。例如，对先进事迹的通报表扬，要实事求是地反映，不要拔高，更不能借贬低群众来抬高先进人物。

（2）目的的晓谕性。表彰先进的通报，行文目的首先是告晓有关单位和人员，有谁或何事受到了表彰。同时，对被表彰单位是一种鼓舞、激励；对其他单位是一种教育，引导其找差距，学先进；对后进单位是一种鞭策，激励他们学习先进，迎头赶上。批评性通报的目的则是让人们知道错误，认识错误，吸取教训，改正错误，引以为戒。交流情况的通报，是让人们了解通报的事项。

（二）通报的主要类型及行文方向

根据通报的作用和应用范围，可将通报分为以下三类。

1. 表彰通报

用于在一定范围内表扬好人好事。

2. 批评通报

用于在一定范围内批评错误，纠正不良倾向。

批评通报和表彰通报都是下行文，制发单位没有级别限制。

3. 情况通报

多用于向有关方面知照应该掌握和了解的信息、动态，以供工作参考。

情况通报多作下行文，也兼作平行文。

（三）通报的作用

通报对下级和有关方面的指导作用重于指挥作用，主要是起到倡导、警戒、启发、教育和沟通情况的作用，具体来说有以下两点。

1. 嘉奖和告诫的作用

在一定范围内对具体的人和事予以表扬或批评，借以达到鼓励先进、弘扬正气或批评错误、打击歪风邪气的目的。表彰通报和批评通报对当事人的奖励或惩罚，具有行政约束力。

2. 交流作用

传达重要情况和知照事项的通报，能及时交流信息，上情下达，并能促进上下级之间、有关部门之间的相互了解。

（四）通报的结构和写法

1. 标题

通报的标题通常由发文机关、事由和文种三个要素构成，有时可省略发文机关和事由，只写“通报”二字。但比较重要的通报则不能省略。

通报的签署和时间也可以在标题下方，这样则不需再落款；通报也可以有抬头、落款，时间则写在发文机关下面。

2. 正文

（1）表彰通报正文的一般写法。

1）叙述先进事迹，包括时间、地点、人物、事迹、怎么做、结果。

2）对上述事件进行分析、评议，指出其典型意义，或概括其主要经验。语言要简明概括。

3）提出表彰或发出号召。

如果是转发式的表彰通报，正文部分需先对下级机关所发的文件进行评价，加上批语，即对被表彰者进行评议等，再发出号召或提出要求。

（2）批评通报正文的一般写法。

1）通报缘由，即将事故或错误事实的经过情况、时间、地点、事故、后果等交代清楚。

2）对事故进行分析评议，重点分析事故发生的原因，指出事故的性质及其危害，并提出处分决定。

3）写明防止此类事故的措施，要对症下药，提出告诫，或重申某一方面的纪律。

(3) 情况通报的一般写法。

情况通报正文的撰写，需基于对情况掌握得确实、全面和充分。其一般写法为：

1) 叙述情况。

2) 分析情况，阐明意义。

3) 提出指导性意见。

(五) 通报与通知的区别

从通报与通知的特点和作用，可以看出它们的主要区别有以下方面。

1. 内容范围不同

通知可以发布行政法规和规章，批转和转发公文，传达需办理和周知的事项等；通报则是表扬先进，批评错误，传达、交流重要的情况、信息。两者虽然都有告知的作用，但通知告知的主要是工作的情况，以及须共同遵守执行的事项；通报则是告知正反面典型，或有关的重要精神或情况。

2. 目的要求不同

通知的目的是告知事项、布置工作、部署行动，内容具体，要求受文机关了解要办什么事，该怎样办理，不能怎样办理，有严格的约束力，要求遵照执行；通报的目的主要是交流、了解情况，或通过正反面的典型去教育人们，宣传先进的思想和事迹，提高人们的认识。

3. 表现方法不同

通知的表现方法主要是叙述，告知人们做什么、怎样做，叙述具体，语言平实；通报的表现方法则常兼用叙述、说明、分析和议论，有较强的感情色彩。

相关链接

通报的写作模板

框图模式

依据

↓

目的

↓

文种承启语

↓

文字模板

1. 表彰性（批评性）通报

××有限公司关于表彰（批评）×××××××××的通报

各部门、各有关机构：

×××，是×××××××××（介绍基本情况。先进事迹及效果/事故或错误事实其后果）。××××××××××××××（分析、评议先进事迹/分析事故原因、性质及危害）。

为了表彰××××××（为严肃纪律），××××××××××（目的），公司研究决定：授予××“××××”荣誉称号，并颁发奖金××××1 000元（对×××予以通报批评，扣发××××奖金，并责令其××××）（表彰决定事项/处分决定）。

希望×××××××××以张×为榜样，努力做好本职工作，为公司的改革与发展作出更大的贡献（望全体员工引以为戒，从中吸取教训，把各项工作提高到一个新水平）。（希望、号召/吸取教训，希望和要求）

××有限公司

××××年×月×日

事项

↓

要求

注：以上为公文的基本内容模块结构模式，除了“事项”，其余模块可视情况作相应的省略。

2. 情况通报

××××公司关于×××××××××情况的通报

公司所属各单位：

最近，我公司发生了×××××事件（背景，依据）。为了×××××××××（目的），现将情况通报如下（文种承启语）：

×××××××××。（概括叙述情况。事项之一）

×××××××××。（分析情况。事项之二）

×××××××××。（提出希望和要求）

××××公司

××××年×月×日

（六）通报的写作要求

1. 注意时效性

发通报要抓住时机，及时将先进典型和经验向社会宣传推广，对反面典型予以揭露，引起警戒，或对某些重大事项和重要情况，及时予以通报，以起到交流情况、信息，指导工作的作用。错过时机的通报，就失去了它的时效性，没有行文的意义了。

2. 注意指导性

不能事无巨细都发通报，要选择对工作有普遍指导意义的事项来发通报。通报要有普遍的指导意义，就应选择典型。先进的典型要能反映事物的本质特征，能揭示时代的本质，体现时代的精神。反面的典型，要能体现警戒的作用。所以，只有选准、选好典型，通报才能起到激励教育、推动工作和批评警戒的作用。

3. 注意真实性

通报中所涉及的事例，必须是客观存在的，经过反复调查，认为是真实可靠的，绝不允许捏造和虚构。同时，对事例的反映要准确，不能夸大或缩小，要实事求是。通报在结尾提出的希望和号召，也必须切合实际，有一定的针对性，使读者能够接受或受到启示。

复习与训练

一、名词解释

通告　通知　通报

二、填空题

1. 通告的特点有________、________、________和________。

2. 通告的类型有________、________和________。

3. 通知的常见种类有________、________、________、________、________和________。

4. 通知的特点有________、________和________。

5. 下级转发上级的文件为________，上级转发下级的文件为________。

6. 通报的类型有________、________和________。
7. 通报的特点有________和________。
8. 通报的写作要求有________、________和________。

三、判断题

1. 判断下列事项是否可以用通知行文：
(1) ×市水电局将召开水利建设工作会议，需告知各县、区水电部门事先做好准备。(　　)
(2) ×县纪委拟批评×局×××干部玩忽职守、造成国家经济损失的错误。(　　)
(3) ×市政府拟批转市卫生局关于做好防疫工作的意见。(　　)
2. 判断下列事项是否可以用通报行文：
(1) ×县工会拟表彰奋不顾身抢救落水儿童的青年工人。(　　)
(2) ×厂拟向市工业局汇报该厂遭受火灾的情况。(　　)
(3) ×市安全办公室拟向各有关单位知照全市安全大检查的情况。(　　)

四、简答题

1. 写作通告要注意什么问题？
2. 批转、转发性通知的标题可作何种格式化省略？
3. 通报与通知的区别表现在哪些方面？
4. 通报何以多数不写主送机关？
5. 通报对事实一般都有分析、评议，你对分析与评议的关系如何理解？

五、病例析改题

1. 下文的条款排列除不合逻辑顺序外，还存在哪些错误？请做出修改。

通告

本渡口是××河上的重要渡口之一，过往车辆、行人很多，等候时间往往较长。为了减少等船时间，加强渡口管理，特作如下规定：

一、不准携带易燃、易爆、腐蚀性强的物品上船。违反规定擅自携带上船，被查出者，没收所带物品，并酌情予以五十元至二百元罚款。

二、凡需乘渡船过河者必须购票，机动车每辆五元，非机动车每辆三元，行人每位一元（儿童免票）。不买票者不得乘船。

三、乘客必须听从工作人员指挥，按顺序上下船。各种车辆要按指定位置停放，以保证渡船安全。

四、凡牵引牲畜过渡，到指定舱位，并购票，每头（只、匹）二元。放在筐、篮等容器内的家禽、仔猪等以筐计算，每筐一元。

五、渡船开动后，乘船者不要来回走动，机动车必须熄火，牲畜必须有人看守。

六、违反规定或者在船上无理取闹、不听指挥、妨碍渡船正常航行者重罚，情节严重的扭送公安机关，依法惩处。

七、乘船者必须爱护渡船及其设备，损坏要赔偿。

××河渡口管理处

××××年×月×日

2. 试析评下列各文的毛病，并改写之。

【病文 1】

机关游泳池办证的通知

机关各直属单位：

机关游泳池定于 6 月 1 日正式开放，6 月 10 日开始办理游泳证。请你们接此通知后，按下列规定，于元月三十日前到机关俱乐部办理游泳手续。

一、办证对象：仅限你单位干部或职工身体健康者。

二、办证方法：由你单位统一登记名单、加盖印章到俱乐部办理，交一张免冠照片。

三、每个游泳证收费伍角。

四、凭证入池游泳，主动示证，遵守纪律，听从管理人员指挥。不得将此证转让他人使用，违者没收作废。

五、家属游泳一律凭家属证，临时购买另票，在规定的开放时间内入池。

×××俱乐部

××××年×月×日

【病文 2】

石化厂关于我厂连续发生火灾的情况通报

各科、室、车间：

进入元月以来，不到二十天，连续发生四起火灾，给生产和职工生命财产造成不应有的损失，如：

一月八日十一时，运输车间汽车修理工段设明火取暖，工人杨××在明火附近用汽油洗手，油星溅入炉火内引起火灾，杨××等四名工人被烧成重伤住进医院，财产损失达二万九千四百余元。这起重大火灾是多年来我厂从未发生过的。一月十四日上午九时三十分，单身宿舍六号楼 203 房间，下夜班工人蒋××由于吸烟不慎，把烟头扔在床下，引起床下的棉纱起火，将该宿舍的衣物、被褥、书籍、生活用具等全部烧光，直接损失七百多元。

四起火灾，均系有关人员思想麻痹，违反安全防火要求所致。这也反映了我们的防火宣传工作做得还不够深入，防火措施还没落到实处，存在死角。为此必须引起我们各科室、车间领导同志的高度注意，从上述事故中吸取教训，根据各部门的具体情况，结合安全大检查，向职工广泛进行一次安全防火的教育，狠抓薄弱环节和死角，堵塞一切漏洞，落实好各项防火措施，严防火灾发生，以确保生产的顺利进行，保卫国家及群众生命财产的安全。

六、写作训练

首届“桃李杯”马拉松赛将于××××年 9 月 15 日上午 8 时至下午 1 时在某市举行。为保证赛事的顺利进行，对环城路、江滨路、诗书南路、教育北路、桃园中路实行交通管制，除警备车、救护车、消防车、工程保险车外，禁止其他机动车辆通行。试据此信息，代某市公安局拟一份通告。

第十二章
报告　请示

本章结合对报告和请示例文的阅读与析评，介绍报告、请示写作的必需知识。通过学习，应掌握报告、请示的一般写法。

第一节　报　告

一、阅读与析评

【例文 12-1】

××省石油公司英德供应站
关于解决油库长期遗留的山地及树木的归属问题的报告

省石油公司：

我站于××××年五月新建油罐两个，扩建了油库，占用当地东方村部分山坡地及该地树木。扩建后几年来，库界未定，东方村多次提出，要求补偿被占用的山地及树木，但几经协商，均未有结果，以致发生纠纷，库区围墙被推倒十多米。最近，双方本着对国家财产和群众利益负责的精神进行协商，彼此谅解，终于达成协议，由我站给予东方村山坡地及树木一次性补偿费×万元，并经双方划定界线，新建围墙为界，界内土地及树木永久归我站所有。我站应付的补偿费×万元拟在“保管费”中列支。现随文上报所订协议及库区界图，请核备。

附件：1.《××山地及树木归属协议》

2.《英德石油站界区图示》

××××年七月二十一日（公章）

抄报：××市商业局

［析评］

这是一则汇报工作的工作报告。工作报告有综合性报告和专项性报告两种。本文属专项性报告。

本报告的正文分三个层次：开头，叙述开展工作的主要背景，即由于新建了两个油罐，遗留下山地及树木的归属问题；主体，叙述报告的具体内容，即经过协商、达成协议，并写出具体的处理方法；结尾，用“随文上报所订协议及库区界图，请核备”作结。行文简洁，条理清晰。

【例文 12-2】

××市贸易局关于百货大楼重大火灾事故的报告

省贸易厅：

××××年6月4日凌晨2时40分，我市江南区百货大楼发生重大火灾，经过两个多小时的扑救，于5时明火全部扑灭。该大楼二楼经营的商品以及柜台、货架、门窗等全部烧毁，直接经济损失达50万元。造成此次重大火灾的直接原因，是二楼一个体裁剪户经二楼经理同意从总闸自接线路，夜间没断电导致电线起火。

这次火灾的发生暴露了该大楼领导对安全管理工作极不重视、内部管理混乱、安全制度不健全、违章作业严重等问题，因而造成了惨重的经济损失，教训十分深刻。

火灾发生后，市政府、市贸易局十分重视，三次派人员到事故现场进行调查，并对事故进行认真处理，责令该百货大楼二楼经理刘××停职检查，个体裁剪户李××罚款×××元，并听候进一步处理。

今后，我们要吸取教训，切实加强对安全工作的领导，尤其加强对零售企业的安全管理，及时消除各种不安全的因素和隐患，为企业创造良好的经营环境。

××市贸易局（印章）

××××年六月十二日

[析评]

这是一篇事故情况报告。正文第1段简要地介绍了火灾情况、损失和失火的直接原因。第2段写火灾事故的深层原因、教训。第3段写对火灾的处理情况和结果。最后一段为作者单位的态度和措施。文章行文简洁、层次分明、构思周密。

【例文 12-3】

关于我校工会干部有关待遇的报告

市总工会：

×月×日函悉。现将我校工会干部有关待遇报告如下：

一、我校基层工会主席由教师兼任，每年减免工作量40学时。

二、部门工会主席任职期间享受本单位行政副职待遇，由教师担任的每年减免工作量30学时。

三、校工会委员任职期间减免工作量30学时；部门工会委员每年减免工作量15学时。

专此报告。

××大学工会

××××年六月五日

[析评]

这是一则答复报告，是××大学工会接到上级工会来函询问工会干部待遇问题后所作的答复。报告正文以引叙来函开头，作为行文背景，接着以文种承启语导出主体。报告的主体，分条列项，言简意赅。结尾用“专此报告”作结。

【例文 12－4】

关于报送我区企事业单位机构设置等情况的报告

市政府办公室：

《关于催报全市企事业单位机构设置等情况的函》(×××办发〔××××〕××号）收悉。

按照此函要求，我们已将我区企事业单位机构设置及其人员组成等情况调查清楚，并统计汇总成表。现将此表报去，请查收并审核。若还有其他要求，请来函或来电说明。

附《××区企事业单位机构设置等情况的报表》

××区政府办公室

××××年×月×日

[析评]

这是一则报送报告。这类报告的写法较简单，正文写清楚缘由和报送的材料名称、数量，结尾部分用“请查收并审核”“请查阅”之类习惯用语收束。报送的材料以附件的形式附上。

该文末尾“请来函或来电说明”一句，不符合行文规范。上级与下级行文一般不能用函，用“说明”两字也不够庄重。“附”字之后，要加上“件”字和冒号。

二、必需知识

(一) 报告的适用范围及特点

1. 报告的适用范围

报告适用于向上级机关汇报工作、反映情况、回复上级机关的询问。

2. 报告的特点

(1) 内容的实践性。这一特点鲜明地表现在工作报告上。工作报告是对本单位所做过的工作的回顾和总结，只有做过的工作，才能写进报告，没有做过的、只停留在计划里和口头上的豪言壮语，不能作为报告的材料。怎样做就怎样写，做得好的总结经验，做得不好的吸取教训，不能弄虚作假，也不能抄几段文件搪塞。其他类型的报告也要以实践为依据。

(2) 表述的概括性。这是报告的文体特点。报告是以叙述和说明为主要表达方式的文种，但它的叙述和说明是概括性的，要求作粗线条的勾勒，而不必详述过程，更不要求铺排大量的细节，制作者只有领会了这个特点，才能写出篇幅短小而又有分量的报告来。

(3) 选材的灵活性。报告选材的自由度很大，写什么、不写什么，选择权掌握在发文单位手里。了解了这个特点，发文单位就可以根据实践挑选最有特色、最有价值、最有新意的题材和材料来写。当然，答复报告必须按上级的要求实事求是地写。

(二) 报告的主要类型

1. 工作报告

工作报告是指汇报工作的报告。例如，下级机关向上级机关汇报某一阶段工作的进展、成绩、经验、存在问题及打算，汇报上级交办事项的结果，汇报对某一指示传达贯彻的情况，等等。

2. 情况报告

情况报告是指向上级机关反映情况的报告。例如，及时汇报本地区、本单位发生的重大事件，在一定范围内带有倾向性的情况，包括会议的情况等。

3. 建议报告

建议报告是指汇报或提出工作建议、措施的报告。用于下级机关或主管部门向上级领导机关提出工作意见，或贯彻某文件、指示的意见，或解决问题的措施、工作方案等。有的建议报告只要求上级机关认可，这类建议报告称为呈报性建议报告。有的建议报告要求上级机关批准转发给下级机关执行，这类报告称为呈转性建议报告。呈转性建议报告一般具有较强的政策性。工作意见或解决问题的办法措施，一旦经上级批准转发，就变成了上级机关的意志，体现了上级机关的意图，能领导和指导下级的工作。起草报告的机关要从全局出发，才能把报告写好，从而获得上级机关批转，发挥公文的效用。

4. 答复报告

答复报告是指答复上级询问事项的报告。例如，上级领导对群众来信来访中反映的问题或文件材料中反映的问题，批示下级机关查办，或询问有关情况，下级机关办理完毕，需用书面形式答复上级机关，此时使用的公文就是答复报告。

5. 报送报告

报送报告是指向上级机关报送物件或有关材料的报告。

（三）报告的结构及写法

报告有多种写法，这里只介绍一般的结构和写法，同时指出实际写作中常见的一些问题。

报告的结构包括标题、主送机关、正文、落款四部分，其中正文一般包括缘由、事项和结尾三部分。这里仅介绍标题和正文的写法。

1. 标题

报告的标题可根据需要省略发文机关，事由和文种不能省略。另外，报告的标题容易出问题的部分是事由，对事由要注意概括、提炼。

2. 各类报告正文的写作要点

（1）工作报告。正文内容一般包括基本情况、主要成绩、经验体会、存在问题、基本教训、改进意见等几部分。这类报告篇幅较其他类型的报告长，应恰当安排其层次结构。可标出序数，分条分项陈述，也可列小标题分部分或分问题写。

基本情况可简要交代时间、背景和工作条件；写主要成绩应把工作的过程、措施、结果和成绩叙述清楚；经验体会主要写对工作实践的理性认识，要从实际工作中概括出规律性的东西来，以便指导今后的工作；存在问题要写出工作中的缺点与不足；基本教训是指工作失误的原因和值得吸取的教训；改进意见指改进工作的意见，或者提出今后开展工作的建议。

不同类型的工作报告，在这些内容上各有不同的侧重点。

（2）情况报告。情况报告常用于向上级汇报下列事项：

1）严重的灾害、事故、案情、敌情；

2）重要的社情、民情，如社会生活中的新动态和上级某项有关国计民生的新政策、新规定的贯彻执行情况及群众的反映等；

3）督促办理或检查某项工作的情况，如财务、税收、物价、质量、安全、卫生等项工作的检查结果；

4）举办重大活动、召开重要会议的基本情况，各级各类代表会议的选举结果等；

5）对某项工作造成失误和问题的检讨与反思；

6）其他重要的、特殊的、突出的新情况。

情况报告的写法不强求一律，但都要力求做到：

第一，内容集中、单一，突出重点，抓住事物本质，实事求是地反映情况；

第二，把情况和问题讲清楚，把事情的经过、原委、结果、性质写明白；

第三，提出处理意见和建议，要写得具体、明确、简要，尤其要注意提出意见、建议的角度，不能在报告中夹带请示事项；

第四，理顺文章的思路和结构，无论是纵式结构还是横式结构，都要脉络清楚，层次分明。

情况报告的写作要及时，以便让上级机关和有关领导尽快了解重大、特殊、突发的种种新情况。

（3）建议报告。建议报告的内容一般比较集中，它的正文可分为情况分析和意见措施两部分。情况分析部分或者介绍情况，分析问题；或者肯定成绩，指出不足，总结经验教训；或者说明提出意见、建议的目的、原因和依据。这部分一般写得比较简明扼要。其后常以“特提出如下意见（或建议）”“拟采取如下措施”等语领起下文。意见措施部分是在前一部分的基础上切合实际地提出做好某项工作的意见、措施、建议，这是这类报告的重点部分，也是建议报告在写法上有别于情况报告、工作报告的地方。意见措施部分往往采取条文式的写法，要求写得脉络清楚、逻辑严谨、主次分明。

有些建议报告需上级机关批转。有些则只对上级机关的某项工作、某一征求意见的文稿等提出看法、建议，不需要上级表态或批转。

（4）答复报告。答复报告的内容要体现针对性，有问必答，答其所问，以示负责。表述要明确、具体，语言要准确、得体，不可含糊其辞、模棱两可。答复报告的正文包括答复依据和答复事项两部分内容。答复依据指上级要求回答的问题，要写得十分简要，有时一两句话即可。答复事项指针对所提问题答复的意见或处理结果，既要写得周全，又要注意不要节外生枝，答非所问。

（5）报送报告。这类报告正文极为简单，有的甚至只有三言两语，把报送物件、材料的名称、数量说明就行。

一般报告结尾都有提出要求的习惯用语，根据报告的不同内容使用不同的习惯用语。除呈转性建议报告常以“如无不妥，请批转有关单位执行”的请求式用语作结外，其他各类报告常以“特此报告”“专此报告”“请审阅”“请批示”等用语作结。

相关链接

报告的写作模板

框图模式

注：以上为公文的基本内容模块结构模式，除了“事项”，其余模块可视情况作相应的省略。

文字模板

1. 工作报告

×××分公司关于×××××工作的报告

总公司：

×××××××（背景、依据）。在××××××××下，现在×××××工作已经结束。总的来看，工作××××××进展得比较顺利，取得了××效果（基本情况及总体评价）。现将此项工作报告如下（文种承启语）：

一、××××××。（主要成绩）

二、××××××。（经验教训、效果评价）

三、××××××。（存在问题、改进意见、建议）

特此报告，请审阅。

××分公司

××××年××月××日

2. 情况报告

××××关于×××××事故的报告

×××××：

×月×日，我单位发生了一起×××××事故。××××××××××××××。（背景。概述事故基本情况，包括事故发生的时间、地点，事故造成的损失）

现将情况报告如下（文种承启语）：

××××××。（对事故的救助活动情况）

××××××。（事故原因、救助方案）

××××××。（处理事故的做法、措施）

××××××。（对事故责任人的处分）

××××××。（教训或表态）

××××××

××××年××月××日

（四）报告的写作要求

报告的写作一般要求在掌握充分材料的基础上，进行综合分析，提炼出正确的主题和新颖的观点，然后用简洁的语言来表述。具体要求做到以下几点。

1. 立意要新

提炼主题，应该在占有大量材料的基础上进行分析研究，归纳出新颖的观点，从而提炼出能反映本质的、带规律性的主题。

2. 内容要真实、具体

报告的内容必须是真实的，尽管选材具有灵活性，但也要实事求是，一是一，二是二，有喜报喜，有忧报忧，绝不能编造假情况，欺骗上级。所以，起草报告的人员，要深入调查研究，尽可能亲自调查了解，掌握第一手材料，然后进行分析归纳，去伪存真。材料要具体，既要有概括性的材料，也要有典型的具体事例。

3. 重点突出

报告的内容要根据主题的要求来安排，分清主次轻重。重点的、主要的内容，要安排在前面，应详写；非重点的、次要的内容，可略写；可写可不写的内容就不写。同时，要注意处理好点和面的关系，比如既要有典型的事例，又要有面上的综合性的情况，做到点面结合，眉目清楚，说服力强。

4. 报告中不能夹带请示事项

对于报告，受文单位不用答复，如果夹带请示事项，不但不便处理，甚至还会贻误工作。

对呈转性建议报告中所提请求上级机关批转有关单位执行的意见，其实也是下级机关提出的建议，不应看做是一种请示。上级机关对此建议也不必向报告作者机关批示表态。

5. 注意情况报告与工作报告的区别

工作报告反映的是经常性的常规工作情况，而情况报告汇报的是偶发性的特殊情况；工作报告的内容相对确定，而情况报告的内容多不确定，因时因事而异；工作报告的写法基本稳定，而情况报告的写法灵活多样；工作报告有不同程度的说理，而情况报告重在叙述、说明有关情况。

第二节 请 示

一、阅读与析评

【例文 12－5】

关于申请对外承包劳务经营权资格的请示

××建工集团：

我公司是经国家建设部核定的工业与民用建筑工程施工一级资质企业，成立于××××年×月。公司注册资本××××万元，现有职工××××人，其中高级职称××人，中级职称×××人，机械设备1 000多台，总功率2. 2万KW。公司在区内外设有土建、设计、装饰、机械施工、设备水电安装、房地产、建筑工程监理、电脑软件开发等10多个分公司。在几内亚、冈比亚等国家和地区设有经理部和全合资企业。20世纪90年代以来，公司生产经营实现跨越式发展，主要经济技术指标位居××省内同行业前列，被评为我省最大经营规模建筑企业十强第一名、中国500家最大规模和最佳经济效益施工企业，连续9年被评为“省重合同守信用企业”，荣获“全国先进建筑施工企业”“全国施工技术进步先进企业”“全国工程质量管理先进单位”“全国建设系统精神文明建设先进单位”等称号，两次荣获中国建筑工程质量最高奖“鲁班奖”。公司现年施工能力可完成工作量××亿元，竣工面积××多万平方米。

2008年，我公司通过了ISO9002国际质量体系认证，在工作质量方面，取得了走向国内外市场的通行证，企业管理已与国际接轨。为拓展经营渠道，搞活国有企业，提高国有资产增值率，我公司现申请对外承包劳务经营权资格，申请对外经营范围为：

1. 承包境外工业与民用建筑工程及境内国际招标工程。

2. 建筑材料（产品）、设备出口。

3. 对外派遣实施境外工程需要的劳务人员。

特此请示，请批复。

××建工集团第×建筑工程有限责任公司

20××年十月二十五日

［析评］

这是一份请求批准的请示。正文第一段和第二段第一句通过陈述公司的历史、设施设备以及获得的各种荣誉，以表明实力，作为申请事项的依据、原由。目的句之后提出申请的事项，即对外承包劳务经营权资格及对外经营范围。结语以请示习惯用语提出请求。

本文主旨鲜明，将写公司的实力作为行文重点，思路清晰，结构合理。语言明晰、简洁。

【例文 12-6】

关于为开展补偿贸易拟在×××服装厂设立专车间生产点的请求

×××总公司：

今年 11 月，美国×××绸缎公司×××先生与香港×××丝绸公司×××先生来我公司洽谈业务。他们要求我公司开设专厂或专车间为其生产订货，并表示愿意提供部分缝纫设备及零部件。香港×××丝绸公司专营丝绸服装及绣衣，系我公司主要客户，资信良好。预计开展补偿贸易后，双方业务将有进一步的发展。

经研究，我们拟从×××服装厂拨一楼面（约×××平方米）设专车间生产点。该服装厂系用出口产品工业贷款筹建，共×××平方米，职工×××人，××××年生产总值×××万元，利润×万元。目前，该服装厂设备开工不足，厂房尚有空余，劳动潜力也未充分挖掘。如接受香港×××丝绸公司所提供的×××台缝纫平车、×××台双针车、×××台五线拷边机，再增加×××名工人，产值和利润均可翻一番。

最近，香港×××丝绸公司×××先生应邀来沪洽谈业务，我们邀请他参观了×××服装厂，向他介绍了该厂厂房及有关生产情况。×××先生同意采取补偿贸易方式提供上述设备（共计价值×××万港元），初步商定 3 年内该设备专为他们生产订货。预计投产后，可年产丝绸服装×××万件，收汇×××万港元。设备价款将分期从加工费中偿还。

我们认为，上述补偿项目投资少，收效快，可以考虑接受。

上述意见，如无不妥，请审核批准。

×××分公司

××××年××月××日

［析评］

这是一份请求审核批准设立项目的请示。全文具体阐述了请求要求的背景、原因及条件，理由充分，态度明朗，要求明确。文中的“拟”“系”“经研究”“如无不妥，请审核批准”等用语，准确、得体，值得借鉴。

【例文 12－7】

关于丹霞山风景名胜区列为国家重点
风景名胜区的请示

国务院：

丹霞山风景名胜区位于我省韶关市仁化、曲江两县境内，面积 180 平方公里，分丹霞山、韶石山、大石山三个景区，距韶关市区最近处 10 公里，最远处 50 公里，柏油公路直达主峰区，观光旅游的交通十分方便。

据地质考证，6 500 年前丹霞山所在地是一个大湖泊，由于造山运动，形成红岩峭壁和嶙峋洞穴，构成奇异自然风景。在全世界同类地形中，以丹霞山为最典型，“丹霞地貌”已成为国际地质学名词。现丹霞山景区已开发接待游人的范围为 12 平方公里，主要景点有 87 处，山、江、湖兼备，绿化良好，兼之摩崖石刻、寺庵、亭台楼阁点缀其间，自然及人文景观丰富。靠丹霞山南侧的韶石山景区，传说为舜帝南巡奏乐之处，内有“三十六石”的奇景；丹霞山西侧的大石山景区，类似丹霞山的奇山异峰，有丹寨幽洞、岩柱等自然景观。

在丹霞山风景名胜区附近，有“金鸡岭”“九龙十八滩”“古佛岩”“南华寺”“马坝人遗址”等风景区及名胜古迹，总面积约 400 平方公里。目前，粤北地区以丹霞山风景名胜区为中心形成了我省一条重要的旅游线。

根据国务院《风景名胜区管理暂行条例》，我们对丹霞山风景名胜区进行了资源调查、评价，编制了总体规划。现申请把丹霞山风景名胜区列为国家重点风景名胜区，请审批。

广东省人民政府
一九八八年二月十一日

[析评]

这是一则请求批准的请示。正文第 1 段写丹霞山的地理位置和有关情况，第 2 段、第 3 段写丹霞山的风景名胜价值和旅游价值。第 1 段至第 3 段即为本请示的背景、缘由、依据。最后一段写请示单位为申请将丹霞山列为国家重点风景名胜区做了有关准备工作。结尾以请求语作结。

该文结构周密，明晰简洁，语言具有与请示内容相匹配、相和谐的文采。虽是一篇“老文”，但仍具借鉴价值。

【例文 12－8】

广州市××机械厂
关于给技术革新能手×××同志
晋升两级工资的请示

××局：

我厂青年工人×××同志，入厂以来，虚心向老师傅学习，刻苦钻研技术，积极提合理化建议，去年在工程技术人员和老师傅的帮助下，实现了三项技术革新项目，被评为局系统的技术革新能手。今年以来，我厂原有产品滞销，如不迅速开发新产品，企业经营将出现极大的困难。在此情况下，×××同志积极进行市场情况调查，根据用户需要，大胆研制新产品 TS-2 型测温仪表。在全厂上下大力支持下，这项新产品已于 6 月份投放市场，深受用户欢迎。

为了奖励×××同志对工厂的贡献和调动全厂职工的积极性，拟将×××同志的工资级别由二级晋升为四级。

以上意见当否，请批示。

××××年×月×日（公章）

[析评]

这是一则请求批准的请示。正文最大的特点，是行文重点放在陈述理由：青年工人×××同志虚心、刻苦、积极，技术革新成绩卓著。结尾写主旨和请示语。值得指出的是，“请批示”宜改为“请批复”。

二、必需知识

（一）请示的适用范围及特点

1. 请示的适用范围

请示适用于向上级机关请求指示、批准。

具体地看，请示的适用范围主要包括如下几方面：

（1）对上级有关方针、政策、指示或法规、规章不够明确或有不同理解，需要上级机关做出明确解释和答复。

（2）从本地区本单位的实际情况出发，需要对上级的某项政策、规定做出变通处理，有待上级重新审定，明确作答。

（3）在工作中出现新情况、新问题需要处理而无章可循、无法可依，需要上级机关做出明确指示。

（4）需要请求上级解决本地区、本单位的某一具体问题和实际困难。

（5）按上级机关和主管部门有关政策规定，不经请示有关部门批准，无权自行处理的问题。

（6）工作中出现了一些涉及面广而本部门无法独立解决的困难和问题，必须请示上级领导或综合部门，以求得他们的协调和帮助。

值得注意的是，凡自己职权范围内的工作，经过努力能处理和解决的问题、困难，都应尽力自行解决，不要动辄请示，把矛盾上交。

2. 请示的特点

与报告比较，请示的特点突出地表现为以下几点：

（1）行文内容的请求性。请示是向上级机关请求指示和批准的公文，具有请求的性质；而报告是向上级机关汇报工作、反映情况、提出建议、答复上级机关的询问或要求的公文，具有陈述性质。

（2）行文目的的求复性。请示的目的是请求上级指示、批准，解决具体问题，要求做出明确批复；而报告的目的则在于让上级知道、掌握某方面或某阶段的情况，不要求批复。

（3）行文时机的超前性。请示必须在事前行文，等上级机关作了批复之后才能付诸实施；报告则可在事后行文，也可在工作进行中行文，一般不事前行文汇报方案。

(4) 请求事项的单一性。请示要求一文一事；报告可以一文一事，也可以一文数事。

(二) 请示的主要类型

请示类型有多种分类。本书根据请示的不同内容和写作意图，将其分为以下两类。

1. 请求指示的请示

这类请示多涉及政策上、认识上的问题。前面所提请示的适用范围之(1)、(2)、(3)项，属这种类型。

2. 请求批准的请示

这类请示多涉及人事、财物、机构等方面的具体问题，前面所提请示的适用范围之(4)、(5)、(6)项即属此类。

(三) 请示的结构及写法

请示包括标题、主送机关、正文和落款几部分。这里只介绍标题和正文的写法。

1. 标题

请示标题内容包括发文机关、事由和文种，发文机关有时可以省略，如“关于丹霞山风景名胜区列为国家重点风景名胜区的请示”。写标题时要注意，不能将“请示”写成“报告”或“请示报告”。标题中尽可能不要出现“申请”“请求”之类词语。

2. 正文

请示的正文包括请示缘由、请示事项、请示要求三部分。

(1) 缘由。请示的缘由，实际上就是何以提出请示事项和要求的理由、背景及依据，要写在正文的开头。先把缘由讲清楚，然后再写请示的事项和要求，这样才能顺理成章，有说服力。请示的缘由是写作请示的关键，写得充不充分，直接关系到请示事项能否成立，关系到上级机关审批请示的态度等。如果缘由比较复杂，不能为简要而简单化，必须讲清情况，举出必要的事实、数据，实事求是，具体而明白。

(2) 事项。指请求上级机关批准、帮助、解答的具体事项。请示的事项，要符合国家法律、法规，符合实际，具有可行性和可操作性。因此，事项要写得具体、明白，并做出具体的分析。如果请示的事项内容比较复杂，则要分清主次，一条一条地写。

请示事项的撰写不能出现不明确、不具体的情况，也不能把缘由、事项混在一起写，否则上级会不得要领，不明白下级要求解决什么问题。

(3) 要求。为了使请示的事项得到答复，发文机关一定要提出要求。请示的要求常用的写法有“以上请示，请批复”“以上意见当否，请指示”“以上请示，请审批”，等等，虽然是很简单的一句话，但却是请示必不可少的内容。

(四) 请示与报告的异同

1. 请示与报告的相同之处

(1) 行文方向一致。均属上行文，而且是公文中用得很广泛的两大文种。

(2) 在格式上，都由标题、主送机关、正文、落款四部分组成，都应当注明签发人、会签人姓名。

2. 请示与报告的不同之处

(1) 行文目的、作用不同。请示旨在请求上级批准、指示，需要上级批复，重在呈请；报告旨在向上级汇报工作、反映情况、提出意见或建议、答复上级询问，不需上级答复，重在呈报。

(2) 行文时间不同。请示需要事前行文，报告一般在事后或者工作过程中行文。

(3) 主送机关数量可以不同。请示只写一个主送机关。报告有时可写多个主送机关，如在情况紧急需要多级领导机关尽快了解、处理问题时。正式印发请示报送上级时，还应在“附注”处注明联系人的姓名和电话，以利于主送机关在必要时查询，而报告没有此项要求。

(4) 受文机关处理方式不同。请示属办件，收文机关必须及时批复。报告多属阅件，除需批转的建议报告外，收文机关对其他报告都可不行文。

(5) 涉及内容不同。请示用于向上级机关请求批准、指示，凡是下级机关、单位无权解决、无力解决以及按规定应经上级机关批准认定的问题，均可以请示行文。而报告用于向上级机关汇报工作、反映情况、提出意见建议、答复询问。

(6) 写作侧重点不同。虽然都要陈述、汇报情况，但报告的重点只在汇报工作情况，报告中不能夹带请示事项，而请示中所陈述的情况只是作为请示的原因，即使反映情况以及阐述缘由所占的篇幅再大，其重点依然是请示事项。

相关链接

请示的写作模板

框图模式

依据
↓
目的
↓
文种承启语
↓
事项
↓
要求

注：以上为公文的基本内容模块结构模式，除了“事项”，其余模块可视情况作相应的省略。

文字模板

第××工程有限责任公司关于××××的请示

××集团：

×××××××××××××（事实依据或缘由、条件）；×××××××××××××（理论依据或缘由、条件）。

为了×××××（目的一），×××××（目的二），我公司现请求（申请）××××××××××，×××××××××（要求或指示或批准或支持或帮助的具体内容）。

当否，请批复。（习惯式要求用语）

附件：1. ×××××××××　×份

　　　2. ×××××××××　×份

××集团第××工程有限责任公司

××××年三月八日

（五）请示的写作要求

1. 一文一事

一份请示只能写一件事，这是《党政机关公文处理工作条例》的规定，也是实际的需要，如果一文多事，很可能导致受文机关无法批复。如果性质相同的几件事确需写在一份请示中，则这几件事必须是同一机关可以批复的。

2. 单头请示

一份请示，只送一个上级领导机关，不能同时主送两个或两个以上机关。如有需要，对有关的单位可用抄送的形式。这样，可以避免出现推诿、扯皮的现象。受双重领导的机关向上级机关请示工作时，要根据请示内容的性质，主送一个上级领导机关，抄送另一个领导机关。

3. 不越级请示

请示与其他公文一样，一般不越级请示，如果因情况特殊或事项紧急必须越级请示时，要同时抄送越过的机关。请示一般不直接送领导个人，除非是领导直接交办的事项。把应由秘书部门统一办理的请示直接送领导个人，容易误事，甚至会造成领导者之间的矛盾。

4. 不得抄送下级机关

请示是上行公文，不得同时抄送下级机关，更不能要求下级机关执行上级机关未批准的事项。

复习与训练

一、名词解释

报告　请示

二、填空题

1. 报告的主要类型有________、________、________、________和________。
2. 报告的特点有________、________和________。
3. 请示的主要类型有________和________。
4. 请示的特点有________、________、________和________。

三、判断题

1. 某地发生一突发性重大事故，向上级反映此事故及其有关情况，用报告行文。（　　）
2. 报告可以同时上报几个上级机关。（　　）
3. 报告不能用“以上报告妥否，请指正”之类的结束语。（　　）
4. 关于申请修建教学大楼的报告。（　　）
5. 关于发生重大火灾事故的报告。（　　）
6. 关于扩建油库的请示报告。（　　）
7. 关于加强外事工作的报告。（　　）
8. 报告标题可只用“报告”两字。（　　）
9. 凡必须得到上级机关批准和指示后才能办理的公务，都可用“请示”行

文。（　　）

10. 请示可以一文一事，也可以一文多事。（　　）

四、多项选择题

1. 报告可用于陈述的事项有（　　）。

A. 向上级汇报工作，反映情况

B. 向下级或有关方面介绍工作情况

C. 向上级提出工作意见或建议

D. 答复群众的查询、提问

E. 答复上级机关的查询、提问

2. 工作报告的内容包括（　　）。

A. 常规工作情况

B. 偶发性的特殊情况

C. 向上级汇报的工作进程、总结的工作经验

D. 对上级机关的查问、提问做出的答复

五、简答题

1. 试述各类报告正文的一般写法。
2. 简述情况报告与工作报告的区别。
3. 报告有何写作要求？
4. 请示的适用范围主要包括哪些方面？
5. 为什么说写好缘由是写好请示的关键？
6. 请示有何写作要求？
7. 试比较请示与报告的异同。

六、写作训练

1. 根据下面提供的材料，请以××市商业局的名义向××省商业厅起草一份报告。

（1）××××年2月20日上午9点20分，××市××百货大楼发生重大火灾事故。

（2）事故后果：未造成人员伤亡，但烧毁三层楼房一幢及大部分商品，直接经济损失792万元。

（3）施救情况：事故发生后，市消防队出动15辆消防车，经4个小时扑救，火灾才被扑灭。

（4）事故原因：直接原因是电焊工××违章作业，对一楼铁窗架进行电焊时火花溅到易燃货品上引起火灾，但也与××百货公司管理局及员工安全思想模糊、公司安全制度不落实、许多安全隐患长期得不到解决有关。

（5）善后处理：市商业局副局长带领有关人员赶到现场调查处理；市人民政府召开紧急防火电话会议；市委、市政府对有关人员视情节轻重，做了相应处理。

2. 根据下述材料，拟写一份请示。

××省外资局拟于××××年12月10日派组（局长×××等5人）到美国纽约市××设备公司检验引进设备。此事需向省政府请示。该局曾与对方签订过引进设备的合同，最近对方又来电邀请前去考察。在美考察时间需20天，所需外汇由该局自行解决。各项费用预算，可列详表。

第十三章 函 意见

本章结合对函和意见例文的阅读与析评，介绍函和意见写作的必需知识。通过学习，应掌握函和意见的一般写法。

第一节 函

一、阅读与析评

【例文 13－1】

广东省商业储运公司

粤商储〔××××〕06 号

关于日野 FC16SA 大卡车

存在严重质量问题要求赔偿损失的函

广东省汽车贸易中心：

我公司于××××年六月六日向贵公司原业务一科购买附有商检合格证的日野 FC16SA 型六吨卡车 15 辆，发票 2 张，号码为 0671012、0671022，于××××年六月二十三日交货，九月中旬正式投入营运使用。该批车使用后，陆续发现前、后轮内侧胎不规则锯齿形磨损，以内侧内边缘为甚。经有关技术专家及广州市公安局第七检测站检验，认定此批车存在严重质量问题，与原供货资料标准不符。我公司已于十一月初暂停止使用。为此，特向贵单位请求：

一、于本月三十日前，派员前来检验质量鉴证等问题；

二、重新按质论价，赔偿经济损失，或退货。

希贵公司讲求信用，按国家有关法律、规定与我公司共同协商解决上述商品的质量问题。

附件：一、购车发票两张；

二、广州市公安局检测站检验书。

××××年十一月十二日（公章）

联系人：×××、×××

电话：××××××

联系地址：广州市××路××号广东省××公司汽车队

[析评]

这是一则商洽索赔的函。正文的事由部分简明扼要地交代了事情的原委、发现的情况、检验认定、采取的措施等，为提出商洽的要求提供了有力证据；要求部分写得有理有节，要求合理，并提出希望。最后附上附件作为证明材料，写上联系方法，以便联系。此函行文得体，表意明确、周密。

【例文 13-2】

关于商请报价的函

×××茶厂：

我公司对贵厂生产的绿茶感兴趣，拟订购君山毛尖茶。我公司要求该茶叶品质一级，规格为每包100克，望贵厂能就单价报价和交货日期、结算方式等给予回复。

如果贵厂报价合理，且能给予最惠折扣，我公司将考虑大批量订货。

××××副食品公司

××××年×月×日

[析评]

这是一则询问函。开头提出对对方产品有订购的意图，接着提出请对方报价及对有关事宜做出回复的要求。一般来说，正文至此就可以结束了，但作者继而又强调若对方报价合理，将考虑大批量订货，这样写，可以促使对方给出较低价，可谓匠心独运，值得借鉴。

【例文 13-3】

关于卖方降低原报价的函

××××副食品公司：

贵方×月×日还价函收悉。贵方不能接受我方的报价，非常遗憾。我厂加工的一级君山毛尖茶品质优良，价格合理，因此，贵方的还价我方实难接受，我方最多只能将原报价再降低5%。

盼复。

×××茶厂

××××年×月×日

[析评]

这是一则答复函。正文开头说明还价函收悉及对对方不接受报价表示遗憾。继而强调己方茶叶品质优良、价格合理，并提出降价底线，以求对方接受。最后提出函复要求。该例文行文既能注意对方的接受心理，又提出了己方的报价底线，在讨价还价中较充分地体现了函的语言特征。

【例文 13-4】

关于拟录用××××届大中专毕业生的函

省人事厅：

根据中共××省委组织部、××省人事厅《关于××××年省级机关录用应届高校、中专学校优秀毕业生的通知》规定，我们对拟录用到我厅机关工作的大中专毕业生按规定程序进行了统一考试、面试、体检、政审。经厅党组研究，拟录用大中专毕业生24名。现将有关录用审批材料报上，请审批。

附件：录用审批材料24份

××省安全厅

××××年三月二十五日

【例文13-5】

关于批准录用×××等
××名同志为国家公务员的函

省安全厅：

你厅《关于拟录用××××届大中专毕业生的函》（国安政〔××××〕18号）收悉。

根据中共××省委组织部、××省人事厅《关于部分省级机关从××××年应届高校、中专毕业生中考试录用国家公务员和机关工作人员的通知》的规定，经考试、考核合格，批准录用×××等××名同志为国家公务员。

特此函复。

附：录用人员名单

××省人事厅

××××年三月二十九日

[析评]

以上分别是请批函和批准函例文。

第一份请批函语态得体，文字简洁，先写发函的背景、依据，继而写做法、态度，最后提出请求作为结语。将需要用到的24份材料列为附件，节约正文篇幅，是个巧妙的处理。

第二份批准函首先引叙来函，作为复函背景、依据；然后写批准项，这是复函重点，依据明确，态度鲜明；最后以“特此函复”作结。此函行文简练准确，文字语气合乎批准机关身份。“附”字后应加“件”字构成“附件”。

二、必需知识

（一）函的适用范围及特点

1. 函的适用范围

函，适用于不相隶属机关之间商洽工作、询问和答复问题、请求批准和答复审批事项。具体来说，函的适用范围主要包括四个方面：

（1）平级机关或不相隶属机关单位之间的商洽性、询问性和答复性公务联系。

（2）向无隶属关系的业务主管部门请求批准有关事项。

（3）业务主管部门答复或审批无隶属关系的机关请求批准的事项。

（4）机关单位对个人的公务联系，如答复群众来信等。

2. 函的特点

（1）适用范围广泛，使用灵活方便。函既可用于相互商洽工作、询问答复问题，又可用于向主管部门请求批准事项及主管部门审批或答复事项。

（2）行文方向具有多向性。函既可平行，又可以上行、下行，但大多作平行文。

（3）短小精悍。函一般较短小，内容单一，语言简洁明了，有的函只有三言两语。因此，函有“公文轻骑兵”的称誉。

（二）函的主要类型

1. 按照内容和用途划分

按照内容和用途，函可分成三种类型：

（1）商洽函。指主要用于平行机关或不相隶属机关之间商洽工作、联系有关事宜的函。如商调干部函、联系租赁函、洽谈业务函等。

（2）询问、答复函。指主要用于不相隶属机关之间互相询问、答复处理有关问题的函。

（3）请批、批准函。主要指向不相隶属的业务主管部门制发的请批函，以及业务主管部门向不相隶属的机关单位制发的批准函。有关机关、单位涉及部门业务工作，需向不相隶属的业务主管部门请求批准，但又因互相之间不是上下级的隶属关系而不宜用请示行文，此时就应用函。同理，有关主管部门向不相隶属的机关单位批准某些业务事项（例如干部录用、调动、经费拨付等），也应用复函。但在实际工作中，这类函常常误用为请示、报告、批复。

2. 按照文面规格划分

按照文面规格，函可分为公函和便函。公函，按一般公文格式需写上标题、主送机关、正文、落款，也要编上发文字号，既可由机关办文部门按发文统一编号，也可按函件单独编号。便函格式灵活、简便，写法较自由，可不写标题、不编文号。便函不列入正式文件范围。

3. 按照行文方向划分

按照行文方向，函可分为去函和复函。去函也叫来函，即是主动发出的函。复函则是针对来函所提出的问题或事情，被动答复的函。

（三）函的结构和写法

1. 标题

函的标题主要有两种写法：

（1）发文机关＋事由＋回复函对象＋文种，如“国务院办公厅关于悬挂国徽等问题给湖北省人民政府办公厅的复函”，这是较重要的复函常用的标题。

（2）只写事由和文种，省略发文机关，如“关于请求拨款举办‘民间艺术节’的函”“关于拨款举办‘民间艺术节’的复函”，前例为去函标题，后例为复函标题。

2. 正文

去函的正文开头，一般先写商洽、请求、询问或告知事项的依据、背景、缘由。事项部分应采用叙述和说明的写作方法，是什么就写什么，既要简明扼要，又要交代清楚。要求部分可多可少，如果事项很简单，可同缘由写在一段，一气呵成；如果事项较复杂，或要求较多，往往要单列一段甚至分条列项写。不论是哪一种内容，对哪一级，要求语气都应是谦和的，既不巴结，也不生硬。如果要对方回复，则还要明确提出“请函复”“请复”之类的结语。

复函的正文写法同批复正文写法基本一样，由引语和答复意见两部分组成。引语就是引述来函标题及来函文号。答复意见即针对来函所提出的商洽、询问或请求等问题予以答复，即表示同意或不同意，不同意是什么原因，或应该怎么办，不应该怎么办，或对询问问题做出说明等。常用的结语有“特此函复”“此复”等。

（四）函与请示的区别

使用函还是请示，主要依据发文机关与受文机关的关系。函主要用于平级单位之间、不相隶属单位之间以及有业务上的主管和被主管关系的单位之间的工作往来。向主管单位请求批准有关事项，主管单位用复函批准请求事项。请示则用于有隶属关系的上下级机关之间，下级机关用请示向上级机关行文请求指示批准重要事项。因此，在使用请示和函时，我们首先要弄清发文机关和受文机关的关系，然后才能确定用什么文种。

（五）函与批复的区别

函有来函与复函之分，复函是用于回复不相隶属机关来函提出的事项，批复则是用来批准答复下级机关的请示。从使用范围来看，函比批复更广泛，使用更灵活。

相关链接

函的写作模板

框图模式

注：以上为公文的基本内容模块结构模式，除了“事项”，其余模块可视情况作相应的省略。

文字模板

1. 去函

××××（发文方）关于函洽（函请，函知）
××××××（事由）的函

××××：

××××××××××××××。（依据、缘由、背景）

为了×××××××××××××（行文目的），现函商（现函请，现函洽，现函告）如下（文种承启语）：

××××××××××××××××××××。××××××××××××××，××××××××。（事项）

如蒙同意（如蒙慨允，如可行），请函复。（请函批，请函告）（要求、希望、祈盼）。

××××××公司
××××年×月×日

2. 复函

××××（复函方）关于×××××（事由）的复函

××××：

贵公司（贵方）《关于××××××××××的函》（××××〔×××〕20号）收悉（依据、缘由、背景）。经研究，现函复（现函批，现函告）如下（文种承启语）：

××××××××××××××××××××。（事项）

××××××××××××××××××××。×××××××××××。（事项）

专此函复（特此函复，特此函批）。

××××××集团公司
××××年×月×日

（六）函的写作要求

1. 开门见山，直叙其事

这是函的写作的最基本的要求。函是一种比较简便的党政公文，讲究快捷，所以，函的撰写应简明扼要，切忌空话、套话，或者含糊其辞，不知所云。

2. 措辞得体，平等待人

函的语言表达非常讲究，必须礼貌、谦和、态度诚恳。对上要尊重、谦敬，但不恭维逢迎；对下要严肃，但不自傲训人；对平行单位、不相隶属单位，要以礼待人，用商量口吻，不盛气凌人。总之，语言表达要礼貌、得体、尊重对方，一般不用“必须”“应该”“注意”等指示性语言。

第二节　意　见

一、阅读与析评

【例文 13－6】

××市农业委员会
关于发展我市观光旅游农业的意见

××市人民政府：

随着我市农业产业结构调整步伐的加快和人民生活水平的不断提高，发展观光旅游农业已成为农村经济新的增长点。为科学有效地开发利用农业资源，促进农村经济发展，现就发展我市观光旅游农业的有关问题，提出如下意见。

一、指导思想、任务目标与原则

（一）指导思想：贯彻落实科学发展观，以农业资源综合开发利用和保护为基础，以提高经济和社会效益为中心，逐步把观光旅游农业培育成具有一定生机和活力的新兴产业，促进农村经济全面发展。

（二）任务目标：力争经过5～10年的努力，在旅游景区周围、交通干线两侧和主要农副产品生产基地，构筑起点、线、面相结合的全市观光旅游农业新格局；建立起一批不同特色、不同层次和规模，具有观光、休闲、体验和科普等多功能的观光旅游农业基地；通过发展观光旅游农业，进一步优化农村经济结构，增加农民收入，加快农村城镇化发展步伐。

（三）遵循原则：

1. 注重实效、循序渐进的原则。（略）

2. 全面规划、突出特色的原则。（略）

3. 用市场机制开发建设的原则。（略）

4. 开发与保护相结合的原则。发展观光旅游农业要正确处理资源开发和环境保护的关系，防止滥占耕地。加强环境保护，实现观光旅游农业与农村经济的协调发展。

二、区域布局与重点项目

全市发展观光旅游农业，按照由近及远、功能配套、点线面连接、依托农业资源、结合旅游景区建设的构思进行布局。

近期抓好以下重点项目：

（略）

三、几项政策措施

（一）观光旅游农业享受农业税收的有关政策。利用“四荒”资源兴建的项目，执行“四荒”开发的相关政策。

（二）加大对观光旅游农业建设项目的投入。（略）

（三）搞好观光旅游农业的服务设施建设。景区建设是观光旅游农业的基础，必须高起点、高品位规划，高标准、高质量建设，并与农田水利、农村小城镇、旅游景区、农业科技园区以及农业结构调整结合起来。根据项目进展情况，适时开辟观光旅游专线，为市民出游提供方便。加强导游人员的业务培训，搞好餐饮、娱乐和住宿等服务业的配套项目建设，并尽快开发观光农业产品、生态旅游商品，不断丰富观光旅游农业的内涵。

以上意见如无不妥，请批转各县(市)、区及市各部门执行。

××市农业委员会

××××年一月六日

［析评］

这是一篇上送上级机关的建议性意见。文章采用完全式标题。正文开头交代发展观光旅游业已成为农村经济新的增长点，作为行文的背景、原因。目的句之后以文种承启语“提出如下意见”引出主体（事项）。主体部分实质上是行文的下级机关对如何发展本市观光旅游农业的见解，有“指导思想、任务目标与原则”“区域布局与重点项目”，还有“几项政策措施”，考虑合理，内容周全，措施适当。文末以呈转类建议意见的习惯用语作结。此文一旦经市政府同意批转以后，就成为市政府对发展全市观光旅游农业的指导性意见，具有一定的行政约束力。

该文格式规范，语言得体，思路清晰，是一篇值得学习借鉴的好文章。

【例文 13－7】

关于本学年度第一学期教学检查的实施意见

各系：

本学年第一学期教学检查将结合“校风建设活动月”的有关活动进行。为做好本次教学检查工作，特提出以下实施意见：

一、检查的主要内容

1. 各年级各专业理论教学、实践教学和教学管理存在的问题及对策。

2. 各专业教学计划的执行情况、教学进度、前后课程内容衔接的合理性、教学大纲的执行情况及效果。

3. 教师教学情况，包括教学态度、教学方法、教学效果、教案和批改作业等情况。

4. 实操、实验、实习课程的组织管理措施及效果。

5. 学生出勤、课堂纪律、晚自习纪律情况等。

二、检查时间

教学检查时间安排在第 10 周～第 13 周，即 11 月×日至 12 月×日。

三、检查方式

1. 根据新修订的《教学工作质量检查暂行办法》（以下简称《办法》）实施检查，教师教学质量检查继续采用教师(包括系、部、教研室)互相评议以及学生评议相结合的方式进行。学生评议部分采用《教师教学质量调查表》，并用计算机处理结果。希望各系根据《办法》的要求认真做好检查工作。

2. 开展教师互相听课和评教活动。

3. 各系分别召开教师和学生代表座谈会。

4. 学院教学督导对各系进行听课等形式的教学抽查。

5. 对教学质量调查结果不合格的教师（包括外聘专任教师），各系需采用适当的方式进行整改。

四、其他

1. 希望各系领导高度重视教学检查工作，认真做好工作部署。在组织学生进行教师教学质量调查时，应要求学生按调查表中各项指标逐一实事求是地评价。要求全体学生集中参加评估。

2. 请各系注意总结经验，对教学检查过程中发现的有关问题，尤其是学生反映的突出教学问题，须按“便教、利教、为教”的要求，积极、及时地进行整改。

3. 各系须在第 14 周把教学检查工作的有关情况和《系(部)教师教学情况综合评定表》报教务处和人保处。教学质量情况，将作为教师评先、晋级的重要依据之一。

4. 第 10 周～第 13 周旷课 10 节以上的学生名单统计表请各系交教务处。

5. 教学检查过程中如有新情况、新问题，请各系及时报告我处。对系教学检查的进展情况，教务处将进行抽查。

附件：《教学工作质量检查暂行办法》

××××学院教务处

××××年十月三日

[析评]

这是一份为实施教学检查而制发的实施性意见。这类意见与工作通知的写法相似，但执行力度比工作通知有更大的弹性。全文态度明朗，条理清楚，语言明晰。由于教学检查是学校的常规工作，因而前言部分对教学检查的重要性等作了省略。文章对实施教学检查的内容、时间、方式提出了明确的要求，而将其他方面的诸多要求统一归入“其他”一类，这种写法也是可取的。

二、必需知识

（一）意见的适用范围及特点

1. 意见的适用范围

意见适用于对重要问题提出见解和处理办法。

2. 意见的特点

意见是具兼容特性的文种，其特点主要体现在以下几个方面：

(1) 使用广泛性。意见既可以对工作做出指导，提出要求，又可以对工作提出建议，或者对工作做出评估，提出批评。这些功用，决定了它既可用于党政领导机关，也可用于人民团体、企事业单位；上级可用，下级甚至基层组织也可用。

(2) 行文多向性。意见既可以用作下行文，表明主张，做出计划，阐明工作原则、方法和要求；又可以用作上行文，提出工作见解、建议和参考意见；还可以作平行文，对平行的或者不相隶属机关的有关专门工作做出评估、鉴定和咨询。

(3) 作用多样性。有的意见具有指导、规范作用，如《中共中央关于坚持和完善中国共产党的多党合作和政治协商制度的意见》《×县人民政府关于切实减轻农民负担的意见》；有的具有建议、参考作用，如《关于深化机关后勤改革的意见》，就是××省政府机关事务管理局上报省人民政府的一份建议性意见；有的具有评估、鉴定作用，如《关于××市创建国家卫生城市工作的考核鉴定意见》；有的具有批评作用，如人民代表按规定就某项工作对政府职能机关提出的意见和批评；有的具有探索、过渡作用，因为许多意见只是临时处理办法，是针对实践活动中因未有规定可遵循而又亟待解决的问题而提出的，这种解决办法一般并非十分成熟，即具有试验的性质，如需长期实行，则需在条件成熟时，另行制定较为稳定的规章来代替它，如原国家经济体制改革委员会制定的《股份有限公司规范意见》和《有限责任公司规范意见》，便被后来颁布的《中华人民共和国公司法》取代。

意见，作为上行文，应按请示性公文的程序和要求办理；作为下行文，文中对贯彻执行有明确要求的，下级机关应遵照执行，无明确要求的，下级机关可参照执行；作为平行文，提出的意见则一般供对方参考。

(二) 意见的主要类型

按照性质和用途的不同，可将意见分为下述四类。

1. 指导性意见

这是党政领导机关用于布置工作的下行文，它同决定、通知等文种一样，对下级有一定的规范作用和行政约束力，但有别于决定和通知的是它具有较突出的指导性。一般来说，意见注重原则性和灵活性、规定性和变通性的结合，以便为下级办文留有更多的发挥余地。有时部署工作不宜以决定、命令、通知等文种行文，便多用意见行文，以阐明工作的原则、方法，提出要求。

2. 实施性意见

这是对某一时期某方面的工作规定目标和任务，提出措施、方法和步骤一类实施要求的下行文。这种意见指导下级工作，与实施计划的效用相似，如《××市人民政府关于2006年成人教育工作的意见》。

3. 建议性意见

这是向上级提出工作建议、设想的上行文，它又可分为呈报性建议意见和呈转性建议意见。

(1) 呈报性建议意见是向上级机关提出某方面工作的建议，向上级献计献策，以供上级决策参考。对呈报性建议意见领导可以不行文反馈。如《××市林业局飞播站关于××××年飞播造林工作的意见》，提出了进一步做好这项工作的7项意见，“供领导决策参考”，领导不必反馈。

呈报性建议意见的内容，也可由呈报性建议报告行文。

（2）呈转性建议意见是有关单位就开展和推动某方面的工作提出初步的设想和打算，呈送领导审定，要求批转更大范围的有关方面执行的意见。意见一经上级机关批转，则代表了上级机关的意见。例如灭鼠防病工作，需要许多方面的支持、配合和协调，仅仅靠卫生部门是推行不了的，因此，××省爱卫会等三单位撰拟了《关于认真开展灭鼠防病工作的意见》报送省政府，若经省政府审定同意，以《××省人民政府批转省爱卫会等单位关于认真开展灭鼠防病工作意见的通知》行文，就可以要求各地政府及省级各部门“认真贯彻执行”。

呈转性建议意见的内容，也可由呈转性建议报告行文。

4. 评估性意见

这是业务职能部门或专业人员就某项专门工作、业务工作，经过调查、研究后撰写的意见，送交有关方面的鉴定、评估结果。它有时候作上行文，有时候作下行文，但主要还是作不相隶属机关之间的平行文。

此类意见又可分为鉴定性意见和批评性意见。为加强决策的科学性，对某项工作的成果、某项决策的可行性进行调查、论证、评估、鉴定后而写出的意见，即是鉴定性意见，如国家爱卫会国家卫生城市考核鉴定组《关于××市创建国家卫生城市工作的考核鉴定意见》《关于××地区开发××旅游区的可行性论证意见》。批评性意见则是对某项工作做出评价、评议，指出不足和错误，同时提出改进方案的意见。

（三）意见的结构和写法

1. 标题

一般由发文机关、事由和文种组成，也有的省略发文机关，一般采用“关于……的意见”“对……的几点意见”等形式，如“××××学院人文社科系关于加强系团总支和系学生会工作协调的意见”。

2. 主送机关

除一些评估性意见外，绝大多数意见都要写明主送机关。

3. 正文

意见的正文一般分前言、主体和结语三个部分。

（1）前言。一般先概括、分析当前面临的情况、问题和必须采取措施的原因等，继而以“为了……现提出如下意见”的句式引出意见的主体。而评估性意见则一般采用“现对……提出如下鉴定意见”的句式引出意见的主体。

（2）主体。主体部分写具体的意见，即目标、任务、实施要求、措施办法，或者建议事项、意见等。一般以条文形式分述具体意见。而评估性意见则写具体的鉴定结论。

（3）结语。呈报性建议意见一般用“以上意见供领导决策参考”“以上意见供参考”作结。呈转性建议意见一般用“以上意见如无不妥，请批转××执行”之类语句作结。指导性意见、实施性意见常用“以上意见，请结合实际情况贯彻执行”等语作结。而鉴定性意见通常写完主体部分的结论即结束，不另写结语。

4. 落款

写明发文机关和成文时间，位于正文右下方。

相关链接

意见的写作模板

框图模式

依据

↓

目的

↓

文种承启语

↓

事项

↓

要求

注：以上为公文的基本内容模块结构模式，除了“事项”，其余模块可视情况作相应的省略。

文字模板

1. 指导性意见

××××× 关于 ×××××××× 的意见

×××、××××（可多个下级单位）：

××××××××（背景、问题、依据）。为了××××××××（目的），特提出如下意见（文种承启语）：

一、×××××××××。（政策性、倾向性意见，或实施要求）

二、×××××××××。（政策性、倾向性意见，或实施要求）

三、×××××××××。（政策性、倾向性意见，或实施要求）

以上意见，请结合实际情况贯彻执行。（指导性意见结语）

×××××

××××年八月六日

2. 建议性意见

×××××关于××××××××的建议意见

×××××（只一个上级单位或一个兄弟单位）：

××××××××（背景、问题、依据）。为了××××××××（目的），特提出如下意见（文种承启语）：

一、××××××。（对问题或工作的见解、建议或解决办法）

二、××××××。（对问题或工作的见解、建议或解决办法）

三、××××××。（对问题或工作的见解、建议或解决办法）

以上意见供领导决策参考（以上意见供参考）。（呈报类建议意见结语）

以上意见如无不妥，请上级批转××执行。（呈转类建议意见结语）

以上意见供兄弟单位参考。（平行意见结语）

×××××

××××年八月六日

（四）意见的写作要求

（1）指导性意见因机关层次的不同而有不同要求。不同层次的领导机关使用这类意见时，内容的侧重点一般不同。高层领导机关发布的意见原则性强，政治色彩比较浓；下层领导机关的意见则比较具体，可操作性比较强。

（2）实施性意见要写得具体、可行。其写作要求与实施性计划的写作要求类似，要写明具体、可行的任务、措施、步骤和实施监督等要素。

（3）注意建议性意见与建议性报告的异同。呈转性建议意见常经领导机关以通知形式批转各地执行，如前所述，它的写法、用法与呈转性建议报告相似，其内容也可由呈转性建议报告行文，都希望成为“形式上的上行文，实质上的下行文”。正文中提出的建议、意见主要不是针对上级，而是针对下级和有关方面而提出的。而呈报性建议意见的内容，与呈报性建议报告相同。报告与意见两文种在用于向上级提建议时，一般来说，可以互换。

此外，在提建议问题上，报告较注重以叙述客观工作或情况为基础，意见则更偏重于叙述针对重要问题所提出的看法和处理意见。与报告相比，建议性意见较偏重于议论，针对的问题更专一、更突出和非常规一些。

（4）评估性意见要体现科学性、公正性。这类意见做出的评价、鉴定一定要科学、公正。要用事实和数据说明情况，提出的结论要实事求是，恰如其分，既不夸大拔高，也不缩小降低。尤其是批评性意见，一定要有理有据，不但要批评不足与错误，也要尽可能提出改进意见。

（5）无论哪一类意见，语言都要得体、简明。尤其是下行性意见，应少用指令性词语，多用期请性、指导性词语，以适当体现注重商榷、尊重对方的民主作风。

复习与训练

一、名词解释

商洽函　询问答复函　请批、批准函　意见　呈报性建议意见　呈转性建议意见

二、填空题

1. 函的主要特点是________、________和________。
2. 按内容和用途分，函可分成________、________和________三种类型。

三、判断题

1. 某县教育局行文请求县财政局增拨希望工程资金，应该使用的文种是函。（　）
2. ××县信访办答复群众来信，应该使用的文种是通知。（　）
3. ××集团公司拟行文到××大学了解本公司员工进修情况，应该使用函行文。（　）
4. 意见是用于对重要问题提出见解和处理办法，仅起指导或建议作用的一种公文。（　）
5. 下层机关的意见文书一般具体性、可操作性较强。（　）
6. 建议性意见可分为呈报性建议意见和呈转性建议意见两类。（　）
7. 意见的语言少用指令性词语，多用期请性、指导性词语，体现注重商榷、尊重对方的民主作风。（　）
8. 呈转性建议意见的写法、用法都与呈转性建议报告相似，且都希望成为“形式上的上行文，实质上的下行文”。（　）

四、多项选择题

1. 意见是具有兼容性的文种，其特点体现在（　　）。

A. 发文机关的不定性　　B. 使用的广泛性

C. 行文的多向性　　D. 作用的多用性

E. 写作的灵活性

2. 按性质和用途的不同，意见可分为（　　）等类。

A. 领导性意见　　B. 指导性意见

C. 实施性意见　　D. 建议性意见

E. 评估性意见

3. 下列结语中，可用于呈报性建议意见的有（　　）。

A. 以上意见供领导决策参考

B. 以上意见供参考

C. 以上意见如无不妥，请批转各地执行

D. 以上意见请审阅

E. 以上意见，请结合实际情况贯彻执行

五、简答题

1. 试述请批函和请示的区别。
2. 试述主管部门的内涵。
3. 去函与复函正文的写作有何不同？
4. 函有何写作要求？
5. 试述建议性意见与建议性报告的异同。

六、分析讨论题

下面是一份函的两种写法，试分析比较哪一种写法更恰当。恰当和不恰当各表现在哪些地方？

【写法 1】

关于请××商厦准备经保工作经验材料的函

××市商业局：

你局××商厦狠抓安全保卫工作，成绩突出。经市综合治理办公室同意，我局准备于 12 月中旬召开全市经保工作经验交流会，请××商厦在会上介绍加强内部防范工作的经验。请速通知该单位，于 12 月中旬将此材料报送我局×处秘书科（写作要求附后）。

此致

敬礼！

××市公安局

××××年十一月二十日

【写法 2】

关于商请××商厦准备经保工作经验材料的函

××市商业局：

经市综合治理办公室同意，敝局 12 月下旬召开全市经保工作经验交流会。据悉，贵局××商厦狠抓安全保卫工作，取得了突出的成绩，拟请该商厦在会上介绍加强内部防范工作的宝贵经验。如蒙同意，恳请通知该单位，于12月中旬将经验介绍材料送敝局×处秘书科为盼。

××市公安局

××××年十一月二十日

七、病例析改题

试指出下文的毛病，并加以修改。

关于联系教师进修的函

××大学教务处：

首先让我们以××市公关学校的名义，向贵处表示衷心的感谢，过去为我校办学给予了很大的帮助。目前我校又面临一个很难解决的问题。

原来事情是这样的：我校开办不久，师资力量很差，决定派××位年轻教师到贵校旁听进修一年。我校与有关部门多次商量。但××位教师进修住宿问题，至今也没有得到解决。提高教学质量的关键是师资。为提高我校教育质量，恳请贵处设法在贵校给解决住宿问题。但不知贵处是否有什么困难。如果需要我校给贵处办什么事情，请尽管提出，我校会竭力去办。再说一句，贵处如能解决我校进修教师住宿问题，我们以我校领导的名义向贵校领导深深地表示谢意。

致以崇高的敬礼

××市公关学校（印章）

××××年×月×日

八、写作训练

试以××系团总支、学生会的名义，就关于加强考风考纪建设的问题，拟一份意见。要求写作前先列出提纲。

第四部分

法规与规章文书写作

第十四章 法规与规章文书概述

法规和规章具有规范行为、约束行动等作用，以保证工作、生活、学习、生产的正常进行，在社会生活及各项工作中，应用相当广泛。在学习法规和规章的写作之前，本章对法规、规章的含义、特点、类型和区别先作一介绍。

第一节　法规与规章的含义和特点

一、法规、规章的含义

法规是国家或地方立法机关、国家最高权力机关，为实施行政领导和管理，在其权限范围内按照法定程序制定并发布实施的、具有普遍约束力和强制执行性的规范性文书的总称。法规文书，主要包括条例、规定、办法。

规章是各级领导机关及其职能部门、社会团体、企事业单位，为实施管理，规范工作、活动和有关人员行为，在其职权范围内制定并发布实施的、具有行政约束力和道德行为准则的规范性文书的总称。规章文书，主要包括章程、规定、办法、细则、规则、规程、制度、准则和守则等。

二、法规、规章的特点

（一）执行上具有强制性

各类法规、规章对其所确定范围内的所有单位和人员，都具有或者法律的、或者行政的、或者道德的约束力和强制或倡导执行的效用。一旦正式公布，有关单位和人员都必须遵守执行，否则就会分别受到法律的制裁和行政、纪律处分。

（二）内容上具有周密性

法规和规章在内容上有一个很明显的特点，就是面面俱到，具有周密性。它以严肃与严密为出发点，对所涉及对象的各个方面，都要做出相应的规定：应该怎样，不应该怎样，做好了怎么奖励，违反了怎么处理，奖惩由谁办理，什么时间办理，等等，都逐条逐项说清楚、周全，不能有丝毫疏忽与遗漏。为了保证每条规定都有明确的含义，语言必须准确、明晰、无懈可击，不能有不清楚、不周全、不严密的地方。

（三）表达上具有条款性

法规和规章在表达上采用条理分明的章断条连式结构或条文并列式结构。这部分内容在第四章第三节已作介绍。

（四）行文上具有依附性

法规和规章文书可以直接颁发，也可以依附“令”“公告”或“通知”予以发布，具有运行的依附性。“令”“公告”和“通知”是其所依附而赖以运行的载体。

第二节　法规与规章的类型及区别

一、法规和规章的类型

（一）法规的类型

法规包括行政法规和地方性法规两种。

行政法规是国务院为领导和管理国家各项行政工作，根据宪法和法律，由国务院及其各主管部门制定并经国务院批准发布的法规。地方性法规是地方国家权力机关根据本行政区域的具体情况和实际需要，依法制定的本地区的法规。

（二）规章的类型

规章按其性质、内容，可分为行政规章、组织规章、业务规章和一般规章。

1. 行政规章

按作者及其权限，可分为以下两类：

(1) 国务院部门规章。是由国务院所属各部、各委员会制定、发布的规章。

(2) 地方政府规章。是由省(自治区、直辖市)、省和自治区政府所在市和经国务院批准的较大的市的人民政府制定的规章。

行政规章常用规定、办法、细则等文种。

2. 组织规章

组织规章是指对一个组织或团体的性质、宗旨、任务、组织原则、成员及其权利义务、机构及职权、活动及纪律等做出系统规定的规章。组织规章的常用文种是章程。

3. 业务规章

业务规章是指对专项业务的性质、内容、范围及其运作规范等做出系统规定的规章。业务规章的常用文种为章程。

4. 一般规章

一般规章是各级各类机关、团体、企事业单位，为实施管理、规范工作和活动，在其职权内制发的规章。这类规章便是通常所说的规章制度。一般规章的常用文种有规定、办法、准则、细则、制度、规程、守则、规则等。

二、法规与规章的区别

（一）效力大小不同

法规从属于宪法和法律，具有强制执行的法律效力，违反法规就是违法行为，法院可以将之直接作为法律适用的依据。而规章则具有行政约束力，违反规章是违规行为，要受到相应的行政处罚或批评教育。

（二）制作主体不同

法规的作者有严格的限定，不是任何机关都能制定法规的。按照《中华人民共和国宪法》《中华人民共和国国务院组织法》《中华人民共和国地方各级人民代表大会和地方各级人民政府组织法》及《行政法规制定程序暂行条例》的规定，行政法规由国务院制定；地方性法规由省（自治区、直辖市）人民代表大会及其常务委员会、省会所在市和经国务院批准的较大的市（一般为计划单列市）的人民代表大会制定；民族自治地方的人民代表大会则可制定自治条例等单行地方性法规。

规章的制定主体的范围十分广泛，但也有规范性要求。国务院各部门、省（自治区、直辖市）、省会所在市及经国务院批准的较大的市的人民政府可制定行政规章；党的各级领导机关、民主党派、社会团体可制定组织规章；企业可制定业务规章；所有的机关、团体、单位都可制定相应的一般规章。

（三）制发程序不同

此部分内容在第一章中已作介绍，不再赘述。

（四）使用文种有所不同

法规使用的文种有条例、规定、办法等，其中条例只能用作法规（党务文件例外）。规章使用的文种较多，除规定、办法兼用作规章文种外，其他规章文种有章程、细则、制度、规则、规程、守则、准则等。

复习与训练

一、名词解释

法规　行政法规　地方法规　规章

二、填空题

1. 法规包括__________和__________两种。

2. 规章按其性质、内容，可分为__________、__________、__________和__________。

3. 法规文书主要包括________、________和________等文书。

4. 行政规章常用________、________、________等文种。

5. 组织规章和业务规章，常用文种为________________。

6. 一般规章的常用文种有________、________、________、________、________、________、________和________。

三、简答题

1. 法规和规章具有些特点？

2. 规定、办法既可作法规文书，又可作规章文书，什么条件下规定、办法是法规文书？什么条件下是规章文书？

四、阅读题

请寻找、阅读几篇法规和规章文书，并与本章所学的内容相比较。

第十五章 章程 规定 制度

本章结合对章程、规定和制度例文的阅读与析评，介绍章程、规定和制度写作的必需知识，掌握章程、规定和制度的一般写法。

第一节 章 程

一、阅读与析评

【例文 15 - 1】

广东中南公司章程（草案）

第一章 总 则

第一条 为贯彻广东省商业储运公司关于“储运、贸易、维修、稳步增长”的经营方针，活跃市场，方便人民生活，特成立广东中南公司。

第二条 广东中南公司（以下简称公司）是在广东省商业储运公司直接领导下的独立核算全民所有制企业，科级编制。地址在广州市××路××号，法人代表是×××。

第三条 公司是为商品流通服务，方便购销、方便群众生活的经营机构。

第四条 公司的宗旨是：客户至上、信誉第一、优质服务、严格管理，不断提高经济效益和社会效益。

第二章 组织体制

第五条 公司直接对外进行经营业务活动。在经济中具有法人地位，经理是法人代表。

第六条 本公司干部、职工的来源是省商业储运公司，经营的资金由广东省商业储运公司拨款，注册资金为××万元。

第七条 公司实行经理负责制，经理是行政负责人，由省商业储运公司经理聘任，接受委托负责本公司的经营管理。

第八条 公司内部设置饮料部、开发部、家电部、储运部。

第九条 选出代表参加上级公司职工代表大会，树立职工的主人翁责任感，保障职工当家做主的权利。

第三章 经营范围

第十条 本公司经营范围：主营批发、零售五金交电、家用电器、照相器材、饮料制品、工艺品、日用百货、纺织品、日杂用品、农副产品；兼营批发、零售塑料制品、装饰材料、建筑材料。

第十一条 生产经营方式是：批发、零售、服务、代购代销。

第四章 经营管理

第十二条 本公司在上级公司指导下进行经营业务活动并遵守国家政策法令，制定各项规章制度，并严格执行。

第十三条 各项营业收费按国家物价部门规定标准执行，不得乱收费。

第十四条 在业务活动中以与对方单位签订合同的形式来明确各自的责任，如发生违约，按照《中华人民共和国合同法》有关规定处理。

第十五条 公司内部各部门之间坚持团结协作、平等互利、利益均衡的原则。凡涉及某一班组的利益情况，必须及时协商妥善解决，不允许任何一方利益受损害。

第五章 财务结算和收支分配

第十六条 收入、费用、付款结算按人民银行制度规定办理。

第十七条 本公司会计核算按照《会计法》和《成本条例》以及上级规定的财务、会计制度进行账务处理，按国家规定照章纳税，做好审计工作。

第十八条 本公司实行经营承包责任制，由上级公司下达财务承包任务，所创超额利润由省商业储运公司定出留成比例，其余上缴省商业储运公司统一对国家财政。

第十九条 本公司对职工的劳动报酬实行“各尽所能，按劳分配”。

第六章 附 则

第二十条 加强对干部职工思想政治教育和业务培训，提高服务质量和业务水平。

第二十一条 公司领导必须关心职工生活福利，在力所能及范围内解决职工实际困难。

第二十二条 定期对干部、职工进行考核，奖励和惩罚按《企业职工奖惩条例》和上级公司《人事管理制度》执行。

第二十三条 本章程未有规定的事宜及在实践中有不完善之处，其修订、补充权归本公司主管单位。

[析评]

这是一则组建公司的章程。标题由单位名称和文种构成。公司尚在筹建，章程未经全体职工代表大会通过，故标“草案”。经职工代表大会通过后，方能去掉“草案”字样，并在标题下的括号中写上通过日期。

正文依据公司所决定的经营方略，分章列条写出“总则”“分则”“附则”。总则四条，分别说明公司的性质、宗旨、名称、编制、地址和法人代表。分则四章共十五条，分别规定了公司的组织体制、经营范围、经营管理、财务结算和收支分配等事项，使公司在以后的经营活动中有章可循。附则四条，说明未尽事宜。

【例文 15－2】

深圳行政学院××××届同学会章程

（第五次会员大会通过）

第一章 总 则

第一条 本会是由深圳行政学院××届毕业的学员组成的自我管理和自我服务的群众团体。

第二条 本会的宗旨：在习近平新时代中国特色社会主义思想的指引下，适应粤港澳大湾区建设和新形势，组织和团结××届学员，积极开展各种有益的活动，加强学员之间的联系，增进友谊，互相帮助，携手前进，为深圳市的经济建设和精神文明建设多作贡献。

第三条 本会的任务：

（一）发动和组织全体会员开展各种有益的活动；

（二）关心会员，帮助会员解决工作、学习和生活等方面的实际问题；

（三）收集和印制会员的通信资料；

（四）加强同母校的联系，在母校与学员间起桥梁和纽带作用；

（五）激励会员为深圳特区建设多作贡献。

第二章 会 员

第四条 凡是深圳行政学院××届毕业的学员和深圳行政学院的教职员工，承认本会章程，参加本会组织的活动，均可成为本会会员。

第五条 会员的权利：

（一）有参加本会举办的各种活动的权利；

（二）有选举权、被选举权和表决权；

（三）有对本会的工作提出建议和批评的权利。

第六条 会员的义务：

（一）有遵守章程，承担工作任务，履行职责的义务；

（二）有学习、宣传和执行党纪国法的义务；

（三）有联系校友、团结校友和服务校友的义务；

（四）有捐助本会经费，帮助本会开展各项活动的义务。

第三章 组 织

第七条 本会的组织原则是民主集中制。

第八条 会员大会每年七月八日召开一次，遇特殊情况可提前或延期召开。设立理事会，理事会由会员大会推选产生，每届任期三年，理事可连选连任。

第九条 理事会的权利和职责：

（一）定期召开会员大会。

（二）推选会长和秘书长。会长和秘书长负责处理本会活动事务。会长和秘书长可连选连任。

（三）解释和修改本会章程，组织开展本会的各项活动，审查本会经费的收支情况。

第四章　经　费

第十条　本会的经费，主要来自会员捐助，同时，可考虑参与办一些实业，解决活动经费的来源。

第五章　附　则

第十一条　本章程由深圳行政学院××届同学会负责解释。

第十二条　本章程自××××年七月八日起生效。

[析评]

这是一篇章条式组织章程。全文共五章十二条。第一章（前三条）是总则，概述了该同学会的性质、宗旨和任务。第二章至第四章（第四条至第十条）是分则，分别阐述了该同学会的会员、组织和经费。第五章（第十一条、第十二条）是附则，说明了本章程的解释权和生效期。本章程条款清晰，行文简洁明快。

二、必需知识

（一）章程的含义及特点

1. 章程的含义

章程是有条理有程式的规章，是政党、团体、企业等社会组织对本组织的性质、宗旨、任务、组织机构、组织成员、活动规则或企业的权利、义务、经济性质、业务范围和规模、活动制度以及就某项业务所制定的准则和规范。它是一组织（或业务）的纲领性文件，具有行业（或业务）的规范性和组织约束力，该组织全体成员（或从事该项业务的人员）必须遵守，照"章"行事，如果违反章程规定，要受到处理，直至被停职或开除。

2. 章程的特点

章程与条例、规定、办法、细则等文种相比较，有以下两个显著特点：

（1）准则性强。凡成立一个团体、组织，都必须制定一个章程。根据国家有关方面的规定，申报成立团体组织，必须同时上报该组织的章程草案，以便主管部门和社团登记部门全面了解组织的性质和宗旨。团体一旦获准成立，首先应审定通过章程，用以约束全体成员，并作为组织一切活动的准则。

（2）使用广泛。目前章程主要用于制定组织规程，还用于规定机构性质、任务、某项活动的原则，从总体上说，使用还是较为广泛的。章程还可作为涉外法律文书。中外合资企业用其规定本企业的宗旨、组织原则、经营范围、经营管理方法等，此时它是约束本企业投资各方的规范性文件。

（二）章程的主要类型

1. 组织章程

用于制定社会组织的组织准则和成员行为规范的组织章程最为常见。这类章程具体规定社会组织的性质、宗旨、任务、组织原则、机构设置、任务职责、成员资格、权利、义务、纪律、经费来源及使用等。如《中国共产党章程》《中国作家协会章程》等。

2. 规范章程

用于制定某项活动的准则或某些事项的治理依据的规范章程也较多。其内容主要是明确标准做法、具体原则要求，或确定某项活动的宗旨、程序、安排、要求等。如《少年儿童业余体育学校章程》《×××奖学金章程》等。

3. 企业章程

主要用于规范合资企业的经济活动、管理活动的企业章程，随着中外合资企业、内资联营企业的增多，也逐渐较多地被使用。章程功能及使用要求在《中华人民共和国中外合资企业法》和《中华人民共和国中外合资企业法实施条例》的有关条款中有详细表述。章程还可用来制定国内企业的工作规程，如《中国人民保险公司章程》。

（三）章程的结构和写法

章程的结构由标题、总则、分则和附则构成。

1. 标题

由组织、活动、事项、单位或团体的全称加“章程”两字构成。有的还在标题下面注明此章程通过的时间和会议名称。

2. 正文

此为章程的主体。正文的内容包括总则、分则、附则三部分。下面主要介绍组织章程和企业章程正文的总则、分则和附则的写作要点。

(1) 总则。总则是章程的纲领，对全文起统率作用。有些党派团体的章程采用“序条式”写法，将总则部分作为总纲，不分章条而独立于分则各章之前，如《中国共产党章程》《中国共产主义青年团章程》等。组织章程总则部分，一般要阐明组织的名称、性质、宗旨、任务、指导思想和组织本身建设的要求等内容。企业章程的总则部分，一般要写明企业的名称、宗旨、经济性质、隶属关系、业务范围等内容。

(2) 分则。

1) 组织章程分则部分一般需写明以下内容：

组织人员：参加条件、参加手续和程序、承担义务和享受的权利、对成员的纪律规定等。

组织机构：领导机构、常务机构和办事机构的设置、规模、产生方式和程序、任期、职责、相互关系等。

组织经费：来源和管理方式。

组织活动：内容和方式。

其他事宜：视不同组织、团体的需要而确定。

2) 企业章程分则部分一般需写明资本、组织、人事管理、资产管理、业务范畴、运作程序、利润分配等。

(3) 附则。附则是补充说明部分。无论是组织章程还是企业章程，附则一般都要说明解释权、修订权、实施要求、生效日期，本章程与其他法规、规章的关系及其他未尽事项等。对于组织章程，还需说明办事机构地址或对下属组织的要求等内容。而企业章程则一般写公布施行与修改补充等问题。也有的章程不写附则内容，如党章、共青团章程等。

相关链接

章程的写作模板

框图模式

总则（公司性质、宗旨、名称、编制、地址、法人）
↓
组织体制
↓
经营范围
↓
经营管理
↓
财务结算
↓
收支分配
↓
附则（培训、考核、解释权、修订权等）

注：以上为企业章程基本内容模块模式。

文字模板

××××××公司章程（企业章程）

第一章　总　则

第一条　为×××××××××××，特成立××××××公司。（制定章程目的）

第二条　公司是在×××××××领导下的××所有制企业，××编制。地址×××××××，法人代表是×××。（企业名称、隶属关系、机构、地址）

第三条　公司是以×××××××。（服务对象、经济性质）

第四条　公司以××××××××××为宗旨。（宗旨）

第二章　组织体制

第五条　公司开展××××××××××业务活动。在经济中具有法人地位，经理是法人代表。

第六条　本公司×××××××××，注册资金为××万元。

第七条　公司实行××负责制，经理是行政负责人，××××××××。

第八条　公司内部设置××××××××××。

第九条　公司职工代表大会制度××××××××××。

第三章　经营范围

第十条　本公司经营范围：××××××××××。

第十一条　本公司生产经营方式：××××××××××。

第四章　经营管理

第十二条　本公司在×××指导下进行经营业务活动并遵守国家政策法令，制定各项规章制度，并严格执行。

第十三条　各项营业收费按××××××××××。

第十四条　在业务活动按照《中华人民共和国合同法》有关规定处理，××××××××××。

第十五条　公司内部××××××××××。

第五章　财务结算和收支分配

第十六条　收入、费用、付款结算按人民银行制度规定办理。

第十七条　本公司会计核算按照《会计法》和《成本条例》以及上级规定的财务、会计制度进行账务处理，按国家规定照章纳税。

第十八条　本公司经营实行×××××××制。

第十九条　本公司对职工的劳动报酬实行“各尽所能，按劳分配”。

第六章　附　则

第二十条　××××××××××。（政治教育、业务培训等）

第二十一条　××××××××××。（考核）

第二十二条　本章程解释权归×××。修改权归××××。

（四）章程的写作要求

1. 使用要规范

章程使用较为广泛，但具体使用必须规范。就现阶段来说，用于制定组织章程、企业章程及业务性质的章程较多。但也常见一些规范性文件，本该用其他文种如规定、办法、规则来行文的，却往往用了章程，造成滥用、误用章程的情况。一般来说，章程主要用于制定组织准则。要制定单位某方面的规范时，如果其内容比较单一，而时效又比较短，则应该用其他规范性文件行文。即使是用来制定组织规程，也要履行规范的程序，必须先以草案形式发到会员手中征求意见，在此基础上再经本组织最高级会议（如会员大会、会员代表大会）审议通过。在使用过程中，不能只由少数人草拟，匆匆公布施行。如果是合资企业的章程，则必须在充分协商，条款内容经过反复讨论，成熟后才使用；一般先由合资各方以签署“意向书”“会谈纪要”的形式发布，再经各方深入的细致磋商，取得共识，且经有关部门审核后，才在“意向书”或“协议书”的基础上以章程的形式成文。因为章程是合资企业的最高行为准则，未经充分协商或条件不成熟的，都不宜成文。

2. 结构要严谨

章程结构要合乎规范写法。格式规范、结构严谨的章程有助于维护其严肃性。

3. 条款要简短单一

除一些大型团体组织章程内容比较丰富，条款可以相对长些外，一般章程的条款要写得简短些。最常见的毛病是在写作组织宗旨、任务时，一般性的内容多大段列入，显得文字繁冗。若一般性原则写得过多，则指导性、操作性就较差。只有每条内容表述一个完整独立的意思，才便于执行。此外，还要注意对团体组织及其成员意愿的准确把握。

4. 要注意章程与简章的区别

简章，通常是对某项工作、某一事项的办理原则、要求、方式、方法作出规定的文书，内容只是有针对性地说明某一工作或事项的办事程序，在性质上更接近于“规定”和“办法”，如《××市市级机关招收公务人员简章》《××大学招生简章》等，而章程在适用范围和写法上均与之不同。

第二节　规　定

一、阅读与析评

【例文 15-3】

××市小型国有企业租赁经营试行规定

第一章　总　则

第一条　根据国家有关文件精神，为了探索新的经营方式，进一步搞活小型企业，特制定本规定。

第二条　本规定适用于我市实行租赁经营的小型国有企业。

第三条　对小型国有企业实行租赁经营，是在不改变企业所有制性质的前提下，依照所有权与经营权适当分开的原则，实行租赁机制与按劳分配原则、民主管理制度相统一的一种社会主义经营方式。

第四条　企业租赁经营，只是经营方式的改变，其行政隶属关系、党群关系和财政、税收渠道不变。

第二章　租赁程序

第五条　企业的出租权属于国家。企业出租，由主管局（公司）会同财政局审查批准。

第六条　租赁企业的方式，可以集体承租，也可以个人承租，以集体或企业全体职工承租为主要租赁方式。

第七条　出租企业面向社会实行公开招标。

第八条　凡中华人民共和国公民，拥护党的路线、方针、政策；有经营管理能力和相当于中等专业以上的文化水平（集体承租的指代表）；有一定数量的个人财产和两位具有正当职业并有一定财产的保人（集体承租不用保人），均可投标。经出租方资格审查合格的投标者，允许到投标企业调查，编写投标书和经营管理企业方案。

第九条　由出租方和聘请的有关专家、学者及出租企业的职工代表，组成考评委员会，对投标者进行答辩考评，从中选择优秀者，经企业主管部门进行品德、业绩考核后，确定承租人。

第十条　承租人确定后，出租方和承租方须签订租赁合同。其主要内容应包括：租赁双方的权利与义务、租赁期限、租金数额与缴纳方式、利益分配、债权与债务处理等事宜。由企业主管部门负责人、承租人和保人代表在租赁合同上签字。

第十一条　在签订合同的同时，由出租方、承租方及财政局、银行代表对出租企业的资产进行核查注册，作为租赁合同的主要附件。

第十二条　合同签字后，由租赁双方持合同向公证部门申请公证。公证部门确认合同合法，出具公证书后，租赁合同正式生效。合同与公证书的正本交出租企业的主管部门，出租企业、承租人和公证处各一份，副本报工商行政管理部门和有关银行备案。正本与副本具有同样法律效力。

第十三条　承租人（集体承租的指代表）如不是企业租赁前的法人代表，须持变更企业法人代表申请报告、租赁合同及公证书，到工商行政管理部门办理变更法人手续、领取营业执照。

第十四条　租赁手续办理完毕后，由企业主管部门负责人陪同承租人到所承租的企业，召开职工大会，宣读租赁合同，承租人正式就职。

第三章　承租人的权利与义务

第十五条　承租人是企业租赁期间的法人代表，是从事社会主义经营活动的劳动者。

第十六条　承租人对租赁企业的生产经营和行政管理全面负责。有权自主使用、支配企业的财产，使设备不断更新；有权决定企业机构设置、人员配备、分配形式和经营方式；在保证完成国家计划的前提下，有权按工商管理规定从事多种经营。

第十七条　承租人必须认真贯彻执行国家的方针、政策和有关规定，不得违法经营；必须接受国家下达的指令性计划，完成合同规定的各项经济技术指标；必须接受政府有关部门的监督指导，不得随意改变国家规定的经营方向。

第十八条　承租人必须努力提高经济效益，带领职工走共同富裕的道路，在政策允许的范围内，逐步提高职工的收入，改善职工的生活福利待遇。

第十九条　承租人要尊重职工的民主权利，定期向职工代表大会报告工作，听取职工的意见和建议；要维护职工的劳动权利，不得无故裁减人员；要主动向企业党组织报告工作，接受党组织的监督。

第二十条　承租人必须树立职业道德观念，文明生产，文明经商，不断提高产品质量和服务质量，维护消费者利益。

第二十一条　承租人必须对企业的全部财产实行社会保险。

第四章　租　金

第二十二条　实行租赁经营的企业，除了照章纳税外，要向企业的主管部门缴纳租金。工业企业缴纳的租金，主管部门按规定返给企业，作为企业留利，在国家和地方财政部门规定范围内合理使用；商业企业缴纳的租金，主管部门按规定可提取行业发展统筹基金。

第二十三条　核定租金要兼顾国家、企业、职工、承租人四方利益，在保证国家增收、企业多留、职工收入逐步增长的原则下，依据企业固定资产、自有流动资金、经营状况、地理环境和市场动态等因素，参考本规定附后的计算公式，由租赁双方具体商定。

第二十四条　租金可分为基数递增租金和固定租金两种形式。基数递增租金，是指由租赁双方商定各租赁年度的基数利润和基数租金，并在基数租金基础上，按计租年度企业的实际利润与基数利润的比例适度上浮计算出实际租金。当实际利润低于基数利润时，承租人要照缴基数租金。固定租金，是指由租赁双方商定不因利润增减而上下浮动的承租各年度的租金数额。承租人按年度缴纳租金。小型商饮服务企业或亏损工业企业可采用固定租金形式，其他企业一般应采取基数递增租金形式。

第五章　承租人的收入

第二十五条　租赁企业在租赁年度留利中扣除当年租金后，剩余盈利在企业和承租人之间按合同规定的比例分成。承租人分得的红利即为个人劳动所得，受国家法律保护。

第二十六条　鉴于承租的风险性和市场的多变性，承租人分得的红利不宜全部转为消费基金。一般以支取职工年平均收入的5倍左右为宜，剩余部分作为承租保证金存入企业，不计利息，不分红利，租赁终止时一次或分期从企业提取。承租保证金在承租人提取前暂不缴纳个人所得税。

第二十七条　承租人在租赁期内停发工资、奖金，但保留工资级别，享有晋级权；终止租赁合同后，享受其应有的工资待遇。

第二十八条　如租赁年度的企业留利不足以缴纳租金时，承租人必须以个人财产抵补。承租人个人财产不足应补数额时，以保人财产抵补。因承租人过失，造成严重损失，要依法追究其责任。

第六章　合同的变更、终止或解除

第二十九条　租赁双方均不得随意变更、终止或解除合同。如单方变更、终止或解除合同，须按国家经济合同法规定承担经济责任。

第三十条　由于国家政策、法规和客观环境发生预料不到的重大变化，致使租赁经营出现异常状况，确需变更合同时，租赁双方可协商修订合同或作出补充规定，送有关部门备案。修订后的合同或补充规定，经公证机关确认后具有法律效力。

第三十一条　出现下列情况之一者，出租、承租方均可经仲裁部门按法定程序终止或解除合同。提出终止或解除方不承担经济责任。

（一）承租人因经营管理不善，致使企业超过合同规定出现连续亏损，出租方有权提出终止或解除合同。

（二）承租人不执行合同规定，损害了出租方的利益，出租方有权提出终止或解除合同。

（三）出租方违背合同规定，严重干扰承租人经营自主权，使其无法自主经营，承租方有权终止或解除合同。

（四）承租人按合同规定应得红利不能兑现，承租方有权提出终止或解除合同。

（五）由于本规定第三十条原因，租赁双方没有满意的解决办法，任何一方均可提出终止或解除合同。

第三十二条　租赁期满后，由出租方、承租方和财政局、银行代表对租赁企业资产核查无疑义后，按法定程序解除租赁关系，并通知有关各方。延长租赁期，须重新履行租赁程序。

第七章　管　理

第三十三条　实行租赁经营的企业继续享受有关的行业政策、规定待遇。实行租赁的企业，由于经营方式和分配方法已不同于国有企业，可按集体企业进行管理。

第三十四条　承租人的个人纯收入缴纳个人所得税，不计入企业工资总额。承租人用个人所得支付给保人和有特殊贡献人员的报酬，不计入企业奖金总额。

第三十五条　经市有关部门核准后，租赁经营企业可按上年税前计入成本中的工资总额占租赁合同规定的租赁年度基数利润的多少，核定比例上下浮动，工资总额计入成本。

第三十六条　承租人个人投资更新设备，其产权归承租人个人所有。个人投资，允许按银行利率计息、分期收回。个人投资收回后，更新设备的产权归企业所有。

第三十七条　企业租赁前的债权、债务，承租方均须继承。对于债务，租赁双方可在不损害债权人利益的前提下协商具体偿还办法，列入租赁合同条款，作为处理有关债务的依据，并通知债权人和有关部门。

第八章　附　则

第三十八条　集体企业租赁可参照本规定执行。集体企业出租权属于企业职工大会或职工代表大会，由主管局（公司）会同税务局审批。

第三十九条　本规定自发布之日起施行。

附：计算公式（略）

[析评]

这是一篇实施性规章，全文较长，共三十九条。第一章总则写制定本规定的依据、目的、适用范围、实施规定的前提和有关说明等。第二至七章构成分则，内容包括租赁程序，承租人的权利与义务，租金，承租人的收入，合同的变更、终止或解除，管理等，这些都是本规定必不可少的内容，各章的内容区分合理。末章附则为本规定的补充说明条款和有关内容。

本规定规范清楚，语言明晰。但有些条项的内容在写法上仍值得推敲。如第二十四条的写法可以分出两项，使此条内容分成三段，即分别以“基数递增租金”及“固定租金”各另起一段成为项，各项起头分别加上带圆括号的汉字数码“（一）”和“（二）”。其他内容较多的条也可考虑分段列项。此外，附则中应加“解释权”一条。

二、必需知识

（一）规定的含义和特点

规定是国家机关及其部门和企事业单位对有关事项作出政策性限定的法规性公文。企事业单位使用的规定主要用于制定内部的规章。

规定的含义体现在三个方面：一是制作、使用者，主要是行政机关及其部门。企业、事业单位有时也使用规定，主要用于制定单位有关方面管理工作的规章。二是在内容构成上，规定一般用于对某项工作作出部分限定，往往涉及一些政策性、界限性的内容，因而限定性强。三是在文种类属上，规定是常见的一种法规性公文，并以使用灵活、写法多样的面貌出现，是对国家法律的重要补充，也是企业、事业单位作为制定内部规章的主要文种。

规定主要有如下三个特点。

1. 使用广泛

规定是使用比较广泛的文种。国家机关可以使用，企事业单位也广泛使用。可以用于制定较长期的规范，也可以用于对阶段性工作作出限定；可对重大事项作出规定，也可以用于一般性的内容；可以就某些事项作出全面的规定时使用，也可以对某些事项的某一点作出规定时使用，还可以在对某些条文作解释、补充时使用。

2. 制发和处理灵活

规定的制发和处理比较灵活。有时可用文件形式直接发布，也可以像其他法规性公文那样，作为附件，用发文通知发布。而且，由于它的使用呈多样化，规范对象可大可小，时效、篇幅可长可短，使用者层级可高可低，因而制发和处理受限制较少。

3. 限定性

规定的制约和依据作用，主要表现在它用限定行为规范、制定办理准则及规范界限，对活动开展、事项管理、问题处置作出规定，因而其限定性比较强。在法规性公文中，它属于限制性法规文件，即多为解决“应该如何”和“不应该如何”的界限问题，特别是一些禁止性、限制性“规定”，其限定性特点尤为突出。

（二）规定的种类

规定适应面广，各级各类单位都可以使用，按其行文目的及规范内容分，主要有以下四种类型。

1. 政策性规定

这类规定主要用以规定一些政策规范，依照有关法律法规条文，制定有关的准则和政策，作为开展某项活动、某项工作的主要办事依据，其依据性与政策性较强。如《××省国家建设征用土地拆除城镇华侨房屋的规定》，其政策性和约束力都较强。

2. 管理性规定

这类规定主要用于制定某方面工作的管理规则，在一定范围内提出管理要求、禁止事项，达到加强某些工作管理，规范活动和行为及限制某些不规范、不合理、不正常行为的目的。如《关于实行专业技术职务聘任制度的规定》，这类规定都有较强的管理性。

3. 实施性规定

规定也可以作为实施法规的文种而使用，其用法近似“实施办法”。如《关于贯彻〈中华人民共和国药品管理法〉的有关暂行规定》。这类规定是和实施原件配套使用的，其功能和实施办法、实施细则相同。

4. 补充性规定

为实施有关法规文件而制定的规定，如《关于高级专家退休问题的补充规定》是对《高级专家离退休若干问题的暂行规定》某些条款的补充。

（三）规定的结构和写法

规定的结构包括标题和正文，下面分别加以介绍。

1. 标题

规定的标题，常见的有三种写法：

（1）由发文机关、规范内容加“规定”构成。这种标题与党政公文标题写法一样，由发文机关、事由、文种构成，事由用介词结构“关于……的”来表述。这种写法最为普遍。

（2）由规范范围、规范内容加“规定”构成。

（3）在“规定”前加某些修饰语。

2. 正文

规定的正文一般由因由、规范、说明三部分组成。不同类型的规定，其内容构成及具体写法也不尽相同。

（1）政策性规定。政策性规定着重于界限划分、明确范围、提出要求和惩处情况，解决“应当怎样”和“不应怎样”的问题。

（2）管理性规定。它侧重于规定管理原则、管理职责、质量标准、措施、办法、管理范围及要求。

（3）实施性规定。其写法和实施办法、实施细则大体类似。它侧重于对实施文件的有关事项作出规定，对原件条款作出解释，提出具体的实施意见。

（4）补充性规定。主要就原件中某些提法不够明确、不够具体的方面加以明确、补充或解释，以便实施。

以上各类规定，因由和说明部分写法相似：因由部分一般说明制定依据，说明部分附带说明制定权、解释权和施行日期。

相关链接

规定的写作模板

框图模式
（管理性规定）

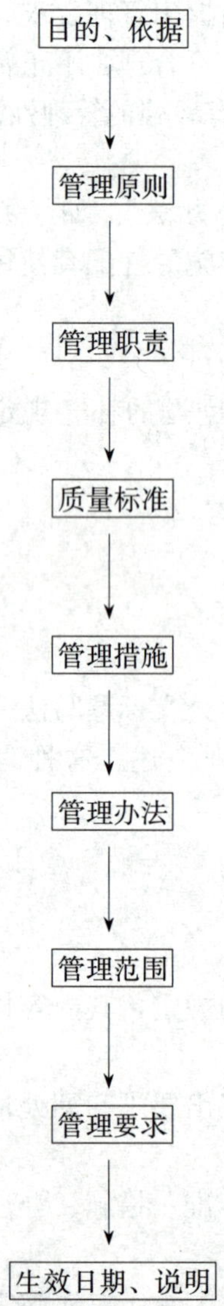

注：以上为规定基本内容模块结构模式。

文字模板
（管理性规定）

××××××××××规定（管理性规定）

第一条　为××××××××××，特制定本规定。（目的、依据）

××××××××××。（规定的管理原则）

×××××××××××××。（规定的管理职责）

第×条　…………。

第×条　…………。（规定的质量标准）

第×条　×××××××××××××。（规定的具体措施）

第××条　×××××××××。（规定的具体管理范围和要求）

第××条　本规定自××××年12月1日起施行。

××××年4月15日发布的《××××规定》同时废止。（规定生效日期、废止原规定的说明）

（四）规定的写作要求

1. 正确使用规定，避免滥用、错用

规定的使用比较广泛，但在具体使用中还是有一定的限制的。按照国家行政法规制定的有关规定，凡对某一行政工作作出部分的规定，可以用“规定”。也就是说，对某一行政工作作比较全面、系统的规定，不宜用“规定”行文，对某一行政工作作出具体详细的规定，也不宜用“规定”行文，这在选用文种时应加以注意。一般来说，凡用来制定一些单方面的规定性、政策性强的有关条款，都可以用“规定”，但必须注意它是侧重于规定性、制止性及政策性方面的。此外，对具体工作来说，有些临时的、阶段性的工作则应用“通知”行文，有些局部性的、业务性强的则应用“规则”“制度”一类文种行文。

2. 写法灵活规范

规定的写作，在结构安排上，篇幅较长的将整篇分若干章，再分条表述；篇幅不长的只分条表述，依次排列制定因由、规范条项和说明事项。这类写法最常用。而“补充规定”则一般无须分章、分条列出，也不求完整系统，只根据需要，有多少项就说多少项。有的规定还加前言，略摆情况，简述理由，申明意义。规定的写作切忌反复论证及具体陈述。

第三节 制 度

一、阅读与析评

【例文 15-4】

门卫管理制度

一、门卫是本厂精神文明的窗口。门卫工作人员在值班时间务须衣饰整洁，对来访者以礼相待，态度和蔼。

二、门卫工作人员必须坚守工作岗位，做好安全保卫工作。

三、传达室是工作场所，外来人员不准在室内谈天闲坐。外来联系工作的人员必须出示身份证和健康二维码，并进行来访登记，方可进厂。

四、上班时间谢绝会客。除急事外，私人电话一般不传呼。集体参观必须持上级主管部门介绍信，并事先与本厂有关部门联系，经同意后才能入厂。

五、本厂职工一律不准带小孩上班，不准带零食，不准穿拖鞋，进厂必须衣冠端正，佩戴厂徽（佩在胸左上方），未佩戴者需登记上报。外包工、临时工、外来学习培训人员进厂应出示凭证。

六、凡本厂职工迟到者必须登记。上班期间因公外出，应持出厂证。凡经批准的病假、事假、调休等人员出厂应持有准假证。所有持证人员必须在门卫登记后才能出厂。对无证出厂者，门卫有权登记并及时上报人保科。

七、凡厂内的原辅材料、生产设备、工具零件、成品、半成品等一切物资一律凭成品物资出厂单或实物现金发票出厂联出厂。凡拎包等物出厂要主动向门卫打招呼。对不符合手续出厂的物品，门卫有权询问、检查或滞留。

八、各种车辆按指定地点停放，未经批准不准入厂。

××市××化工

××××年1月3日

［析评］

这一份企业的《门卫管理制度》，是一种岗位性制度。内容以人为中心，涉及出入厂人员、物品和车辆管理。一方面，规范对外来人员（来联系工作的人员和集体参观人员）的管理；另一方面，规范对内部人员及物品、车辆的管理（上班期间进出厂的注意事项和有关考勤事宜）。条理清晰，规定明确，针对性强，便于执行。值得提出的是，文中个别词句还有待推敲，如“门卫是本厂精神文明的窗口”应略去。

二、必需知识

（一）制度的含义和用途

制度是国家机关、团体、企事业单位为了加强对某项工作的管理而制定的要求有关人员共同遵守的管理操作规程和行为准则。

常见的制度有会议制度、公费医疗制度、保密制度、门卫制度等。

建立制度，是为了明确职责、规范行为、提高工作质量，达到优化管理的目的。

（二）制度的特点

（1）规程具体性。即制度所体现的工作规范和工作程序，都是针对某项具体的工作或具体的岗位而制定的。规程具体，有利于促使该项工作顺利展开，提高工作质量。

（2）准则性。制度对人们的制约比不上规定，制度主要是作为一种行为准则。

（3）发布形式多样性。制度除作为文件发布外，还可以张贴或悬挂在某一岗位和工作现场。

（三）制度的主要类型

（1）岗位性制度。即对做好某一个岗位的工作而制定的管理操作规程和行为要求。如《××公司保安工作制度》《××厂门卫制度》等。

（2）法规性制度。即根据有关政策法规而制定的某一项工作的工作程序和管理规范。如《××银行资金营运管理制度》《××公司用电管理制度》等。

（四）制度的结构和写法

1. 标题

标题有两种写法：一种由制发机关、制度内容和文种构成，如“××公司财产管理制度”；另一种由制度内容和文种构成，如“××岗位责任制度”“行政事业单位定期审计制度”等。

2. 正文

内容较多、涉及面较广的制度，正文的内容分总则、分则、附则三部分。总则说明制文的目的、根据和指导思想。附则说明执行要求及生效日期等事项。分则是除总则和附则之外的中间部分，是对某项工作的实质性规范。

内容较单一的基层单位的制度，其正文一般第一条写制定制度的目的、要求、适用范围等，中间各条写制度的各项具体规范，最后一条写施行制度的要求及生效日期。

也有的制度各条均写具体规范，略去制定制度的目的、适用范围和生效日期等。

3. 签署

写在正文右下方，由制发机关名称、制发时间构成。如果标题已注明制发单位，则此处可省略。

相关链接

制度的写作模板

框图模式
（基层单位或岗位制度）

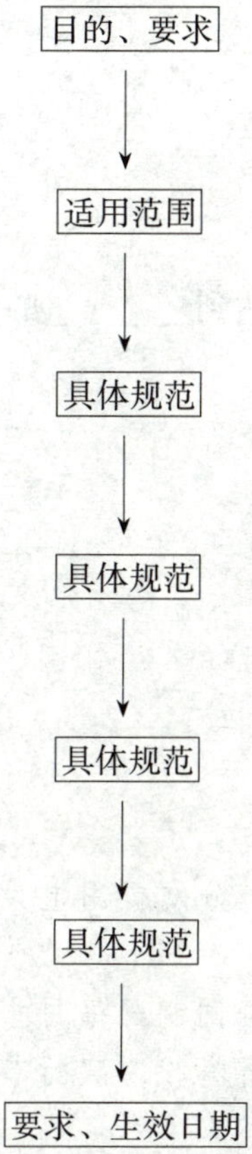

注：以上为制度基本内容模块结构模式。

文字模板
（基层单位或岗位制度）

××××××××制度（基层单位或岗位制度）

一、为了×××××，特制定本制度。（制定制度的目的、要求）

二、本制度适用于××××××××××××××××。（制度的适用范围）

三、××××××××××××××××。（制度的具体规范）

四、××××××××××××××××。（制度的具体规范）

…………

十五、本制度从××××年×月×日起生效。（施行制度的要求、生效日期）

××××××公司
××××年×月×日

（五）制度的写作要求

（1）内容必须符合党和国家的方针、政策及法律。

（2）条文必须具体、实在，针对性强，具有可行性。

（3）语言准确、明晰、简练，不含糊笼统，以免产生歧义。

复习与训练

一、名词解释

章程　规定　制度

二、填空题

1. 章程的显著特点是________和________。

2. 章程的主要类别有________、________和________。

3. 经济规章文书的条文，每________条表达一个完整的规范（内容），不能一条规定写几种规范（内容），以条代章。

4. 规定的特点主要有________、________和________。

5. 规定的主要类型有________、________、________和________。

6. 规定的正文由________、________和________三部分组成。

7. 制度具有________、________和________三个特点。

8. 制度的主要类型有________和________。

9. 建立制度，是为了明确职责、规范行为、提高工作质量，达到________的目的。

三、简答题

1. 试述组织章程、企业章程的总则、分则和附则的写作内容。

2. 章程的写作有哪些要求？

3. 实施性规定的正文内容侧重写哪些方面？

4. 管理性规定的正文内容侧重写哪些方面？

四、病例析改题

请认真阅读下文，指出其存在的毛病，并写出修改稿。

用电管理制度

（××厂××××年×月×日发布）

第一条　制定本制度，是为了合理利用国家电力资源，充分发挥用电设备潜力，达到安全、经济、合理、节约用电的目的。

第二条　加强用电管理、严格用电制度。实行内部经济合同制，每月根据生产、工作任务把用电指标下达到车间、部门，做到日清、旬结、月考核，实行节奖超罚，充分调动各用电部门的积极性。

第三条　所有用电部门应切实做到“五有”：

1. 用电有计划。

各用电部门不得随意更换生产设备、照明设备，以搞好计划用电；特殊情况需要更换时，需经动力科批准，否则动力科有权停止供电。

2. 消耗有定额。

工艺科根据产品数量、加工性质、工艺流程，制定当日用电定额，下达到车间和所有用电部门，同时交能源办公室一份备考。

3. 考核有计量。

所有用电部门的电度表不许任意更动，以免损坏，影响考核；不属于同一电度表的线路不准自行接线使用，违者罚款10～15元。

4. 使用有制度。

各用电部门要认真执行动力部门许可的用电时间，否则动力部门有权停止供电。如劝阻不改者，每千瓦用电罚款8元。

5. 节约有措施。

所有用电部门的生产、照明设备均应有专人负责，做到人走灯灭、机床停。

第四条　变电所（室）人员要严格按规定做好用电记录，发现问题立即报管电人员，并按规定时间将用电记录呈报有关部门，登记考核。

第五条　所有办公室、集体宿舍、家属点的照明设施不得超过60W（有特殊需要者经厂长批准），违者罚款10元。如不经批准擅自接线使用电熨斗、电炉者，根据不同情节，处以20～100元罚款。由此造成损失者，要负经济责任。

第六条　对常年坚持节约用电有贡献的集体或个人，根据贡献大小，分别在不同范围内予以表扬，或作为评先条件之一；对提出用电合理化建议和双革措施，并且有节电经济效果的集体或个人，要给予物质奖励。

第七条　各部门要经常开展用电安全和合理节约用电教育，普及用电常识，使有限的电力资源在我厂发挥应有的作用。

五、写作训练

1. 以某社会组织成员的身份为该组织起草一份章程。有关内容允许合理想象、扩充。
2. 试拟一份班费管理规定。有关内容可作合理补充。

第五部分

日常事务文书写作

第十六章 信息文书

本章结合对简报、启事例文的阅读与析评，介绍简报、启事写作的必需知识。通过学习，应掌握它们的一般写法。

第一节　简　报

一、阅读与析评

【例文 16－1】

来自招商一线的报道

——××市××区级机关招商引资工作成绩斐然

今年以来，区级机关各部门从整治软环境和服务经济中心入手，着力改善工作面貌，努力提高服务效率、服务质量和服务水平，各项工作都取得了显著进展，招商引资工作成绩斐然。

区农业局围绕特水养殖、江滩开发、银杏产业等区域资源和传统产业积极开展特色招商，该局派驻广东、福建招商小分队的人员在经费极其紧张的情况下，克服诸多困难，终日骑着租来的摩托车四处奔波，逐家逐户敲门招商。目前，已为区农业科技创业园引进了投资额达 4 000 万元人民币的冷冻食品深加工项目。

区建设局通过多方努力邀请到台湾城投资者——南通广信公司前来我区做客，以局长为首的建设局工作人员不分早晚，全程陪同投资者实地参观考察，他们的诚意打动了对方，广信公司先后放弃了两份意向性协议，使台湾城终于落户高港。

区外经贸局为营造良好的投资环境，提出了“保姆式”服务的口号，局领导身体力行，全局工作人员对外商的要求从不说“不能办”，总是千方百计地“尽快办”。他们工作不分白天晚上，出差不分节日假日，该局的“一站式”服务受到了众多投资者的一致好评。

区科技创业园主要负责同志为了招商引资工作，在爱人手术住院的情况下也没有时间陪护，一心扑在工作上。创业园派往各地招商的工作人员中也涌现出了不少感人事迹：负责东莞办事处的邵剑峰同志，撇下新婚燕尔的妻子外出招商，一别就是七八个月；负责温州办事处的陈胜同志为了工作，母亲生病住院也未能回家探望；上海办事处的一班年轻人大胆探索，通过网络招商、电话招商、上门招商、以商引商等形式积极开展活动，在短短两个月的时间内就签下了6个项目。

在各部门、单位的协同努力下，我区的招商引资工作取得了丰硕的成果。到目前为止共引进企业32家，已投产的企业有5家，累计引进外资总额达7 890万美元，利用民资近3.3亿元人民币，形势十分喜人。

[析评]

这篇工作简报反映的是“今年以来”××市××区级机关招商引资工作取得的成绩。简报标题为双题式，正文的主体部分采用并列式展开，分别对数个部门的工作情况加以介绍，语言简洁明了。很显然，正文的主体部分是对导言中“区级机关各部门……招商引资工作成绩斐然”主题的展开。

须指出的是，“成绩斐然”宜改为“成绩突出”。

【例文16-2】

××简报

第二期（总第××期）

××××厂主办　　××××年3月20日

《××简报》编辑部编印

提高素质　优化结构　我厂调整一批中层领导干部

为适应企业转换经营机制和工厂承包经营形势，推动工厂民品发展再上新台阶，春节前后，我厂对中层领导干部进行了调整。共免去7名中层干部的领导职务，8名党政中层领导由副职提为正职；2名中层干部被任命为厂长助理；还选拔了7名年轻干部担任中层领导职务，他们平均年龄37.7岁，文化程度平均在中专以上。这次中层以上干部调整的特点是：

1. 一批老干部退居二线，但不“一刀切”（略）。

2. 重实绩，一批年轻干部被大胆起用，有的走上了重要领导岗位。各单位被工厂推上了市场，要想在市场竞争中夺得显著效益，就需要那些精力充沛、头脑清醒、思想解放、敢闯敢干有能力的同志做带头人。这次新提拔和副职提正职的干部，就具有这些特点，他们在过去一年的工作中作出了突出的成绩，受到厂领导和职工群众的公认，工厂注意发现并给这些同志提供发挥才干的机会，给他们表演的舞台，放手让他们在创业中为工厂作出贡献。

3. 大胆尝试，逐步增加党政担子一肩挑的干部（略）。

经过这次干部调整，我厂中层领导干部的结构渐趋合理，整体素质得到进一步提高，从而为我厂的经济发展提供了有力的组织保证。

（人事部供稿）

上报：（略）

抄送：（略）

［析评］

这是一篇企业人事动态简报。正文前言表述目的，概括叙说“春节前后，我厂对中层领导干部进行了调整”，简述了中层干部的任免情况，接着用“这次中层以上干部调整的特点是：……”，导出主体内容。主体内容为“特点”的展开。

这篇简报文字简洁，表述也清楚，已算是一篇不错的简报了，但细究起来，结构还不太合理，还可作这样的调整：将前言第二句话独立成段，冠上小标题“一、中层干部任免数量较大”；以“二、中层干部调整的特点”为原文第二、三、四段的小标题。

二、必需知识

（一）简报的含义、作用及特点

1. 简报的含义

简报是党政机关、群众团体、企事业单位编发的反映情况、传播信息、交流经验、指导工作的一种摘要性的内部文件，也叫“情况反映”“情况交流”“简讯”“动态”“内部参考”等。

2. 简报的作用

简报在日常工作中起着十分重要的作用。行政机关内部下级向上级反映情况，除了口头汇报和报送综合报告及专题报告外，还通过简报反映日常的工作情况和所辖范围内出现的一些值得注意的动向。简报还可用来向下属单位转达某些领导意图或带指导性、倾向性的意见，沟通所属单位之间的情况，以推动工作。一些大型会议也利用简报来交流情况，并向上级领导机关反映会议的进程和结果。各级信息部门都需要经常使用简报这个简便、灵活的工具。

3. 简报的特点

（1）时效性。简报在机关文书中以讲究时效著称。尤其是那些反映突发性事件的动态简报，类似新闻报道中的“快讯”。简报能否发生作用或所发生作用之大小，关键是看它能否及时报送。如果在问题刚刚发生的时候，简报便及时加以反映，有关部门得悉就能采取措施防止事态扩大；当新生事物还在萌芽状态的时候，简报就敏锐地将之反映出来，有关领导便能积极引导、及时扶持、总结经验，推动事物朝正确的方向更快地发展。若错过了报送时机，简报的作用就会大大减弱。

（2）简明性。简明扼要，是简报的显著标志。简，不仅是指文字少，篇幅短，更主要的是它追求用少量的文字概括出事实的精髓和意义，做到简短而没有疏漏。简报的主要阅读者是各级领导同志，他们工作很忙，如果简报篇幅太长，领导分身无术，必然影响对情况的掌握。

（3）新颖性。新颖是简报写作的价值所在。简报只有努力反映新情况、新动向、新问题、新经验，才能发挥它应有的作用。也只有内容新鲜，观点新颖，才能引起领导人的关注。

（4）机密性。简报只在机关、单位内部传阅，不公开发行，这是它与大众传播媒介的主要区别。不同内容的简报，传阅的范围和机密程度也不相同。一般来说，简报发行范围越广，机密程度越低；发行范围越窄，机密程度越高。越是级别高的机关编写的简报，机密程度越高。

（二）简报的种类

简报的种类，不同的教科书按不同的角度、标准，有不同的分类。有的将简报分成综合情况类简报、专项工作类简报、会议类简报、经验类简报、社会动态类简报、思想动态类简报；有的将简报分成工作简报、会议简报、信息简报。

本书按编写方式，将简报分为专题式、综合式、信息报送式、经验总结式、转发式五类，并将具体介绍各类简报的编写方法和写作注意事项。

（三）简报的格式

简报式样像小报，由报头、报核（体）、报尾三部分组成，如图 13－1 所示。

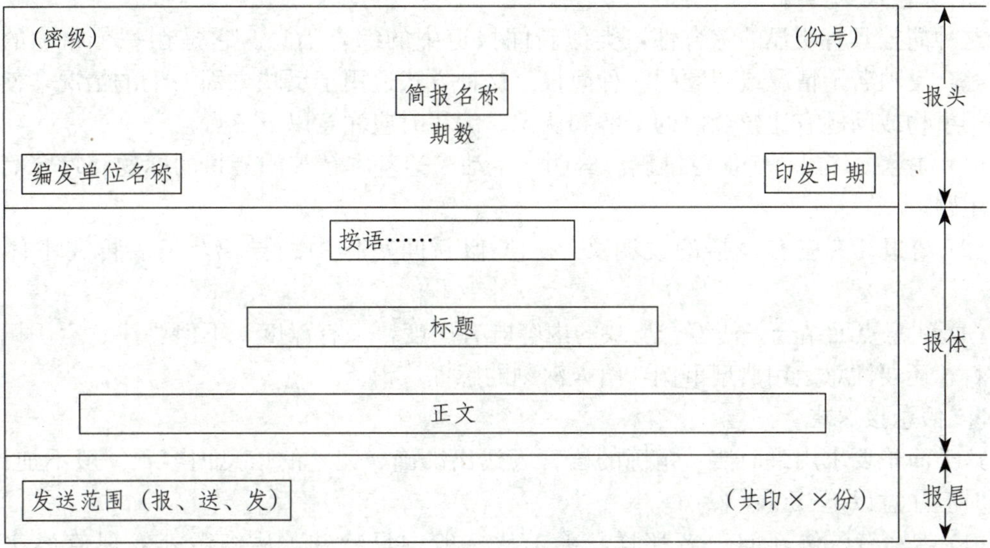

图 13－1 简报式样

1. 报头部分

报头部分，又称版头。一般占首页 1/3 的上方版面，用间隔红线与报核（体）部分分隔开。报头的内容包括：

（1）简报名称：如“商业工作简报”，在居中位置，用套红大号字体，要求醒目大方。

（2）期数：排在简报名称的正下方，按期序编上，有的还注明总期数。

（3）编发单位名称：位于横隔线的左上方。

（4）印发日期：位于横隔线的右上方。

（5）密级：位于报头左侧上方位置，标志密级并加标志“★”，如“机密★”“秘密★”或“内部刊物”；保密时限在标志后写上，如“1 年”或“4 个月”之类。

（6）份号：印在报头右侧上方位置。

2. 报核（体）部分

刊登简报文稿的部分称为“报核（体）”，是简报的核心部分。一般由按语、标题、正文、作者四项组成。

3. 报尾部分

报尾在简报的最后一页的末尾，与报核（体）部分用横线隔开，写上发送单位名称和印制份数。

（四）简报的编写方式及写作注意问题

以下介绍五种常见简报的编写方式和写作注意问题。

1. 专题式

这种简报要求抓住工作、生活中的某个典型突出地介绍。这种方式主要适用于反映“点”的情况，即一人一事或某个问题。编写时应注意以下两点：

（1）对象应具有典型性。

（2）表达应简明扼要。

2. 综合式

这种简报具有明显的综合性，类似新闻报道中的综合消息。它是在一个明确的主题下，综合反映若干情况或问题的一种简报。这种方式适用于反映“面”上的情况，使人对某一类事物或问题有比较全面的了解和认识。编写时应注意以下三点：

（1）注意提炼出一个能够准确、鲜明、生动表达基本精神的醒目的标题和贯穿简报始终的主题。

（2）简报开头应有概括的说明文字，类似新闻写作中的导语，然后再在主体部分展开。

（3）注意点面结合，使综合反映的内容既有广度，又有深度。不但要注意运用概括性的材料，还要注意运用典型事例，给人深刻的感性认识。

3. 信息报送式

这类简报要求用最简洁、精练的语言表达出准确、完整的信息内容，一般不加评论。编写时应注意以下三点：

（1）编写者应像新闻记者那样，善于从一般中见特殊，从细微处发现值得注意的动向。

（2）要求据实直书，注重用事实和数据说话。

（3）强调简明扼要，同时注重信息内容的完整。

4. 经验总结式

这种简报主要介绍某项工作的成功经验。简报的内容常常就是某一典型的经验总结。它的写法常采用“先果后因”的逻辑顺序，即开头先概括工作的成绩，然后再分述取得成绩的做法、经验。编写时应注意以下三点：

（1）侧重于从做法上总结经验，突出对经验的介绍，对一般的工作过程的介绍可从略。

（2）注意观点和材料的结合，努力从理论同实践的结合上说清问题，引出事物的规律性。

（3）力求系统化，把经验归纳成相互联系的几条，逐条加以介绍。

5. 转发式

这种简报是领导机关为推动某项工作的开展，或是为了让某个问题引起有关单位注意，把有参考价值的材料用简报的形式转发下去。简报的内容常常是基层单位的典型材料。编写时应注意以下三点：

（1）转发材料前面要加编者按语。按语应根据简报的内容和实际需要发表见解。按语一般有三种写法：

1）说明性按语。介绍稿件的来源、编发原因和发至范围。

2）提示性按语。提示稿件内容，帮助读者理解稿件的精神，一般加在内容重要、篇幅较长的文稿前面。

3）批示性按语。也叫要求性按语，主要写在具有典型意义或指导作用的稿件前面。一般要声明意义，表明态度，并对下级提出要求或提供办法。

（2）反映的问题应有代表性。一期简报一般只转发一份材料，也可转发一组围绕同一中心的短小材料。它们反映某地区、某系统具有共同性的问题。

（3）编者可以根据需要对转发材料作必要的技术处理。重要的一般全文转发；内容较多、篇幅较长的可以摘要转发，或作适当的删节，但要注意保持原材料主题的完整性。

应当指出，实际工作中的简报有各种各样的写法。总的来说，简报的编写不像其他公务文书的编写那样程式化，文字、语言、标题的制作都要求清新活泼，具有较强的可读性。简报的编写者完全可以根据内容和行文的需要，在编写上不断创新。

相关链接

简报的写作模板

框图模式

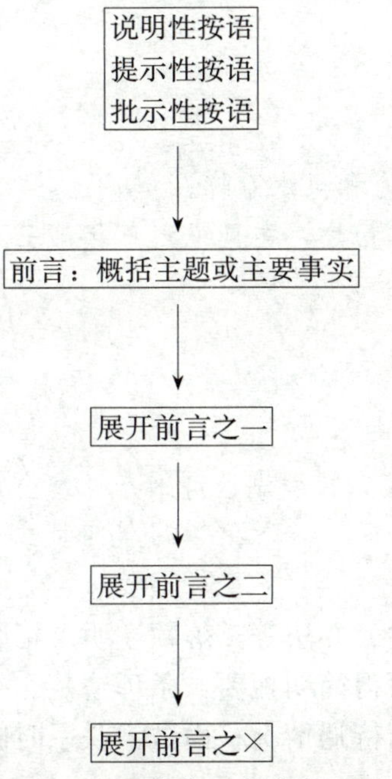

注：以上为实习报告基本内容模块结构模式。

文字模板

【按语】

××××××××××××，××××××××××××××××××××××××。（说明性按语，或提示性按语，或批示性按语）（是否写按语，视需要而定）

××××××××成绩显著

××××××××××××××××××××××××××××××××××××。（前言：概括全文主题或主要事实）

1. ××。（展开前言之一）

2. ××××××××××××××××××××××××××××××××××××××。（展开前言之二）

…………

3. ××××××××××××××××××××××××××××××××。（展开前言之×）

（说明：正文如篇幅较长，可采用小标题、序数法等方式展开。）

第二节 启 事

一、阅读与析评

【例文 16－3】

《飞碟探索》新书邮购启事

《人类面临不明现象》汇集世界公认的不明现象并分类介绍，如不明运动、重力、水域、人体超能、特异气功等，5 元。《国内 UFO 报告集萃》精选国内目击 UFO 的 230 个案例，具有强烈的现场感和研究价值，4.70 元。《世界最大之谜——UFO》依据世界全方位目击 UFO 的特点，介绍了不同文化背景下的 UFO 研究，4.20 元。《UFO 远观察案例分析》对遍及全球的远观察 UFO 事件有独到、精辟分析，4.20 元……以上书价均含邮挂费，请写清姓名、地址、邮购书名和册数。款寄：兰州第一新村 81 号《飞碟探索》编辑部何晓东，邮政编码：530030。

[析评]

这则启事把每种新书的特点作了简要介绍，并对有关邮购事宜、联系方式作了交代，以便读者选择购买。文字简明，表述准确周全。

【例文 16－4】

诚 聘

为适应本公司业务发展需要，经市人才服务中心批准，诚聘电工 3 名。

要求：

1. 男性，三十五岁以下；
2. 持有电工证和上岗证，有深圳户口者优先；
3. 责任心强，有两年以上相应工作经验，熟悉制冷和供水系统。

有意者请备简历、电工证复印件、身份证复印件、相片，在见报之日起第三天到华强北路市人才智力市场面试，或到本公司工程部联系。

公司地址：××市立新路罗湖商业大厦六楼

联系电话：2185216

联系人：周先生

××市罗湖区房地产开发公司

××××年四月二十日

[析评]

这是一则招聘启事。正文写了招聘的目的、对象、条件、办法等。落款注明了招聘单位名称、成文日期、单位地址、联系电话和联系人。全文写得简明扼要，条理清楚。须指出的是：标题改成“诚聘电工”较好；正文最好能简单介绍待遇情况；面试、联系时间宜定下具体日期。

二、必需知识

（一）启事的含义及类型

1. 启事的含义

“启”字含有“陈述”的意思，“事”即“事情”。启事，就是公开陈述事情。启事是单位或个人将需要向大众说明并请求予以支持的事情简要写出，通过传媒公开的文书。

2. 启事的类型

启事可分为三大类：第一类是征招类启事，包括招生、招聘、招标、招工、招领、征稿、征婚、换房等启事；第二类是声明类启事，包括遗失、作废、解聘、辨伪、迁移、更名、更期、开业、停业、竞赛、讲座等启事；第三类是寻找类启事，包括寻人、寻物启事等。这三大类启事大都与经济活动相关。

（二）启事的结构及写法

尽管启事种类繁多，但其结构大体相同，通常由标题、正文、落款三部分组成。

1. 标题

启事标题有多种写法：一是以文种作标题，如“启事”“紧急启事”；二是以事由作标题，如“招聘”；三是以启事单位和文种作标题，如“××公司启事”；四是以事由和文种作标题，如“招标启事”；五是由启事单位、事由、文种构成标题，如“××商城开业启事”等。

2. 正文

正文具体说明启事的内容，必须将有关事项一一交代清楚。正文一般包含启事目的、原因、具体事项、要求等。如果内容较多，可分条列项，逐一交代明白。正文部分是体现各种启事不同性质和特点的关键部分，应依据不同启事的内容和要求，变通处置，注意突出启事的有关事项，不可强求一律。如寻物启事应着重交代丢失物品的名称、特征、时间、地点，失主姓名、住址或单位名称、地址，以及发现后交还的办法和酬谢方式等；开业启事则应写明开业单位的名称、概况、性质、地点、经营项目和开业时间等内容；招聘启事一般包括招聘基本情况、招聘对象、应聘条件、招聘待遇、招聘方法等内容。文末可写上“此启”或“特此启事”，亦可略而不写。

3. 落款

落款应写明启事单位名称或个人姓名和启事日期。如果标题或正文中已写明单位名称，此处可以省略。有的启事还需要写明单位地址、电话、电子邮箱、联系人等。凡以机关、团体、单位的名义张贴的启事，应加盖公章，以示负责。

相关链接

启事的写作模板

框图模式	文字模板
目的、原因、背景 ↓	×××××启事 ××××××××××（目的，或原因，或背景），本公司（本单位）×××××××××××××，×××××××××××××××××××××××（具体事项）。

具体事项 ↓ 期望、要求 ↓ 通联方式 注：以上为启事基本内容模块结构模式。	××××××××××××××，××××××××××××××，××××××××××。（期望、要求） 联系电话：×××××××，×××（通联方式、联系人视需要而写） ××××厂 ××××年十月八日

（三）启事的写作要求

1. 标题要简短、醒目

启事标题应力求简短、醒目，主旨鲜明突出，高度概括，能抓住公众的阅读心理。尤其是广告性、宣传性的启事，标题更要注重艺术性。

2. 内容要严密、完整

启事的事项一定要严密、完整，不遗漏应启之事，且表述清楚。要求内容单一，最好一事一启，便于公众迅速理解和记忆。联系方式等都要一一交代清楚。

3. 用语要热情、恳切、文明

启事的文字要通俗、浅显、简洁、集中，态度要庄重、平易，而又不失热情、恳切，以使公众产生信任感，达到预期的效果。

复习与训练

一、名词解释

简报　启事

二、填空题

1. 简报的特点有________、________、________和________。
2. 本书将简报分为________、________、________、________和________五种类型。
3. 简报的________________有一定的限制。
4. 启事大致可分为________、________和________三类。
5. 启事的正文内容，一般包括________、________、________和________四个方面。

三、简答题

1. 简报有何作用？
2. 简报的格式包括哪些内容？
3. 试述综合式和转发式简报的编写方式及写作注意事项。
4. 试述简报与报告的区别。
5. 启事的标题主要有哪些写法？

6. 启事写作要注意什么问题?

7. 启事与通知、通告、广告有何异同?

四、病例析改题

下面一则招聘启事，细读可发现毛病，请分析修改之。

《医药时报》社

招聘（商调）记者、编辑启事

《医药时报》是全国公开发行的医药专业报，属全民事业单位。现因报纸发展需要，经省人才交流中心批准向社会招聘（商调）记者、编辑3名。

应聘条件：品行优良，身体健康，热爱新闻事业的杭州市常住户口、年龄在35周岁以下，有两年以上实际文字工作经验的新闻、中文、医药专业大专以上学历者。

报名时随带本人身份证、学历证明、在报刊上发表过的作品及一（寸）近照两张。

报名时间：××××年6月7—14日，每天8:30～16:30。

报名地点：杭州市××路222号，浙江医药大楼九楼《医药时报》社。

联系电话：556009、556003

联系人：×××

五、阅读与析评题

简报也可以采用报道式、述评式写法。下面是一篇述评式简报，请仔细阅读并分析其写法和存在的问题。

对幼儿园学生实行接送制度好

县城镇各幼儿园实行比过去较为严格的孩子接送制度。家长送孩子到园时，园方发给一个接送卡，接孩子时家长再把接送卡交回园方。这个制度好，可以使学生准时、安全到园，避免上学、放学途中玩耍，不出现不安全现象，甚至被冒领、劫持勒索等。对学前班、小学低年级学生也可以借鉴这种接送制度，使学校老师、家长都放心。

六、写作训练

试根据近期班级开展活动的情况编写一篇简报。

第十七章 礼仪文书

本章结合对欢迎词、欢送词、祝词、答谢词、贺信、请柬和邀请书例文的阅读与析评，介绍这些文书写作的必需知识。通过学习，应掌握它们的一般写法。

第一节 欢迎词 欢送词

一、阅读与析评

【例文 17-1】

欢迎词

女士们、先生们：

值此本公司成立30周年大庆之的美好日子，请允许我代表本公司，并以我个人的名义，向远道而来的贵宾们表示热烈的欢迎！

朋友们不顾路途遥远，专程前来贺喜并洽谈贸易合作事宜，为本公司30周年庆典更增添了一份热烈和祥和，我和公司全体员工由衷地感到高兴，并对朋友们表示诚挚的谢意！

今天在座的各位来宾中，有许多是我们的老朋友，我们之间有着良好的合作关系。我公司成立30年来能取得今天的成绩，离不开老朋友们的真诚合作和大力支持。对此，我们表示由衷的钦佩和感谢。同时，我们也为能有幸结识来自全国各地的新朋友感到十分高兴。在此，我谨再次向新朋友们表示热烈欢迎，并希望能与新朋友们密切协作，发展相互间的友好合作关系。

“有朋自远方来，不亦乐乎。”在此新朋老友相会之际，我提议：为今后我们之间的进一步合作，为我们之间日益增进的友谊，为朋友们的健康幸福，干杯！

谢谢各位！

总经理：×××

20××年三月六日

[析评]

这是一篇酒会上的欢迎词，内容分三部分。其一写欢迎的原因以及以何身份对客人表示热烈欢迎；其二写回顾双方交往的历史、合作和友情，以及良好的预期；其三抒写客人到来的喜悦之情，以及美好的祝颂。言辞情真意切，友善礼貌，营造出一种友好欢快的气氛。

【例文 17－2】

欢送词

同志们、朋友们：

刚好在两个星期以前，我们愉快地在这里欢聚一堂，热烈欢迎×××博士。今天，在×××博士访问了我国的许多地方之后，我们再次欢聚一起，感到特别亲切、高兴！

×××博士将于明天回国。

×××博士的访问虽然短暂，然而是极其成功的。在北京期间，他会晤了有关方面的领导同志，参观了工厂、农村、学校，与各界人士进行了谈话，并认真研究了我国的政治、经济、文化和教育。

在向×××博士告别之际，我们真诚地希望×××博士给我们提出批评、指导的宝贵意见，以便我们改进工作。同时，我们想借此机会请他转达我们对×国人民的深厚友谊，请他转达我们对他们的亲切问候和敬意。

祝×××博士回国途中一路平安，身体健康！

[析评]

这篇欢送词先写与客人的两次欢聚。“两个星期以前”曾欢聚一堂欢迎客人一句，点明客人的访问时间长度。客人“将于明天回国”一句，又点明欢送的缘由。接着写客人访问我国的行程情况以及收获。最后写主人的希望、要求和祝愿。全文感情诚恳，用语巧妙，分寸适当，语言精练，是一篇不错的欢送词。

二、必需知识

（一）欢迎词和欢送词的含义

欢迎词是在迎接宾客的仪式、集会、宴会上主人对宾客的光临表示热烈欢迎的一种礼仪文书。

欢送词是在欢送宾客的仪式、集会、宴会上主人对宾客即将离去表示热烈欢送的一种礼仪文书。

欢迎词、欢送词都属于礼节性社交活动的讲话稿。

（二）欢迎词和欢送词的结构及写法

欢迎词、欢送词的写法基本一样。欢迎词和欢送词的格式一样，只是内容有迎和送的区别。在欢迎的宴会上所致的祝词实际上就是欢迎词，在欢送的宴会上所致的祝词实际上就是欢送词。

1. 标题

可直接以文种“欢迎词”和“欢送词”为题，也可以以场合和文种为题，如“在开学典礼上××的欢迎词”等，还可以以主人的名称、被欢迎或欢送的宾客和文种为题。

2. 称谓

对被欢迎、欢送的对象的称呼，称呼前可加修饰语“尊敬的”“敬爱的”之类，称呼后可加头衔，也可加“先生”“女士”“夫人”等。

3. 正文

欢迎词的正文，一般先写表示欢迎的话；接着写宾客来访的目的、意义、作用；继而回顾双方交往的历史与友情，赞扬宾客在某些方面的贡献及双方友好合作的成果，表示继续加强合作的意愿、希望；结尾写祝颂语，对宾客的光临再次表示热情的欢迎和良好的祝愿。

欢送词的基本格式及写法与欢迎词大致相同。它的正文一般应包括以下内容：对宾客的离去表示热烈欢送的话；有关欢送的具体内容，如宾客逗留的时间及离别的日程，叙述访问的行程及收获，对宾客的希望及要求，表示继续加强交往的意愿；结语常需再次对宾客的即将离去表示热烈的欢送。

4. 落款

即在正文右下方写明致欢迎词、欢送词的机关、人物的名称和日期。如果在标题中已经写明，则此处不必再落款。

相关链接

欢迎词、欢送词的写作模板

框图模式

以特定身份欢迎宾客

↓

宾客来访的目的及意义

↓

回顾历史、友情

↓

双方合作成果及意义

↓

赞扬宾客贡献

↓

致谢

↓

表达继续合作意愿

↓

再次欢迎

文字模板

欢迎词

女士们、先生们：

值此××××的美好日子，我代表××××××，向远道而来的贵宾们表示热烈的欢迎！（以特定身份欢迎宾客）

作为合作伙伴，朋友们不顾路途遥远，专程前来洽谈合作事宜，对我们今后的事业发展，必将产生×××××××，我们感到非常高兴！（宾客来访目的、意义）

今天在座的各位来宾中，有许多是老朋友。在过去的日子里，我们曾经×××××××××××，我们能取得今天的成绩，离不开朋友们的真诚合作和大力支持。在此，我代表××××××再次向来宾们表示热烈谢意！（双方合作历史、友情、合作成果及意义，赞扬宾客的贡献，致谢）

“有朋自远方来，不亦乐乎。”我真诚地希望各位贵宾多逗留些日子，多给我们传经送宝，指导我们的工作！（表达继续合作的意愿）

再次对诸位的光临表示热烈的欢迎！（再次表达欢迎之情）

×××

××××年×月×日

有关欢送背景
↓
宾客离别日期
↓
宾客访问的行程、内容、成果
↓
表达继续合作意愿
↓
离别祝福

欢送词

尊敬的×××先生、代表团全体成员、女士们、先生们：

××××××××××××××××××。（欢送背景）

×××先生率领的代表团将于今天回国。（宾客离别日期）

×××先生率团来访的时间虽然短暂，然而非常成功。代表团在访问本公司期间，会晤了×××××××××，参观了××××，与×××××××作了深入交流，表现出×××××××的优良作风，对本公司今后的工作将起到很好的××××××××××。（宾客访问行程、活动内容、成果）

在与×××先生率领的代表团告别之际，我们真诚地希望×××先生能够率团再次来访，为了我们共同的事业多作交流。（表达继续合作的意愿）

祝×××先生一路顺风！身体健康！（离别祝福）

×××

××××年×月×日

（三）欢迎词、欢送词的写作要求

（1）适应场景氛围，引导出席者情绪，以创造一种友好的气氛，密切关系，推动双边合作。

（2）感情真挚，礼貌而又有分寸，既尊重对方，又不卑不亢。

（3）有分歧的问题不表露于言辞。

（4）使用便于交际场合朗读、演说的语言，既上口、好读，又切合实际、有的放矢、言之有物。

（5）动笔前要了解对象的基本情况，比如取得的成就、大会的宗旨等。

第二节　贺　信

一、阅读与析评

【例文 17－3】

致××省对外经济贸易学校
三十周年校庆的贺电

××省对外经济贸易学校：

值此××省对外经济贸易学校三十周年校庆之际，谨向全校师生员工致以热烈的祝贺！

三十年来，你们走过了创建、发展、壮大、直到成为省部级重点中专的自强之路，三十年来你们为我省外经贸战线输送了数千名各种类型的专业人才，为发展和繁荣××省的外贸事业作出了很大的贡献。愿你们在今后的办学过程中，适应市场竞争、灵活多变，把学校越办越好。祝校庆圆满成功！

××省对外经贸厅

二〇××年十一月十八日

[析评]

这封贺电具有很强的概括性。祝贺者以凝练的语言，全面概括了被祝贺单位 30 年来所走过的“历程”及所做的贡献。从落款可知，祝贺者虽为被祝贺者的主管厅局，但就贺辞本身而言，用语平易，评价中肯，再加上良好的祝愿，就更加增添了热烈气氛。

【例文 17－4】

贺　信

××建筑设计公司：

欣闻贵公司在第 16 届国际别墅建筑设计博览会上摘取设计金奖，新绿茶集团公司谨向你们表示热烈的祝贺并致以崇高的敬意！

你们今天取得的辉煌成就是你们多年来所倡导的“求精、拼搏、创新”精神的体现。希望你们继续发扬这种精神，在建筑领域勇攀高峰，为中华建筑事业的发展作出新的贡献！

新绿茶集团公司

××××年二月二十六日

[析评]

这封贺信首先祝贺对方取得辉煌成就，这是发出贺信（电）的缘由，继而褒扬对方的优良传统和作风，评述了对方取得成绩的原因，最后提出殷切希望。全文层次清楚，感情真挚，文字简练。

二、必需知识

（一）贺信的含义

贺信是机关、团体、单位向取得重大成就、有突出成绩或喜庆之事的有关单位或人员表示祝贺或庆贺的一种礼仪文书。

现在，贺信已成为表彰、赞扬、庆贺对方在某个方面所作贡献的一种形式，有时还用来表示慰问。在当前的经济建设中，如某个单位或某个人作出了巨大贡献，某单位召开了重要会议，某工程竣工，某科研项目成功，某项重大任务保质保量地提前完成，某重要人物的寿辰等，都可以使用贺信的形式表示祝贺。重要的贺信往往对人们有很大的激励和教育作用。

（二）贺信的结构和写法

贺信的基本结构包括标题、称谓、正文和落款四项，现将各项的写法简介如下。

1. 标题

在第一行正中写上“贺信”二字。也可以在“贺信”前写上谁给谁的贺信以及被祝贺的事由。

2. 称谓

顶格写接受贺信的单位或个人及称谓，后面加冒号。

3. 正文

另起一行，空两格写贺信正文的内容。正文内容一般包括：对方取得的成绩和重大意义；表示热烈的祝贺和殷切的希望。

如祝贺会议召开，要指出它的重要性和预祝会议圆满成功；如对方为同级单位，除表示祝贺外，还应提出向对方学习的内容；如系下级单位给领导机关的贺信，除表示祝贺外，还应表明自己的决心和态度；如系给个人的贺信，应着重写明其有哪些可供群众学习的品德和意义。

以祝愿词结尾，如“谨祝取得新的、更大的胜利”。如正文中“希望”部分的内容写得详细具体，也可不用祝愿词结尾。

4. 落款

按信函格式写发信单位或个人名称及年、月、日。

相关链接

贺信（电）的写作模板

框图模式

称谓
↓
祝贺之由
↓
表示祝贺
↓
褒扬与评价
↓
祝愿、鼓励、希望
↓
落款

注：以上为贺信（电）基本内容模块结构模式。

文字模板

贺　电

×××公司（称谓）：

欣闻贵公司荣获××××××××金奖，绿地公司谨向贵公司表示热烈的祝贺并致以崇高的敬意。（开头：简写祝贺之由，并表示祝贺）

你们今天取得的辉煌成就是××××××××××××××××××××××的体现。（主体：根据对象的不同，内容与措词有所区别。或褒扬对方的作风，或评述成就的意义，或祝贺，或祝愿等）

期望你们××××××××××××××××××，为××××××××事业的发展作出新贡献！（结尾：可再次祝愿、鼓励和希望）

绿地公司

××××年×月×日

（三）贺信的写作要求

撰写贺信时应注意以下三点：

（1）感情真挚、浓烈，给人以鼓舞。

（2）评价要适当而有新意，避免陈词滥调。

（3）文字简练，语言朴素，不堆砌华丽辞藻，不言过其实，不空喊口号。

第三节 请柬 邀请书（信）

一、阅读与析评

【例文17－5】

（封面）

请　柬

（内页）

××先生：

谨定于××××年八月十六日（星期三）上午九时整，在四川省运动技术学院（成都市一环路南三段十六号）俱乐部一楼大厅，举行“可口可乐，临门一脚”足球教练员培训班及“可口可乐杯”全国奥林匹克青年足球赛新闻发布会，恭请拨冗光临！

成都可口可乐饮料有限公司（盖章）

××××年八月七日

【例文17－6】

关于邀请出席专业建设指导委员会
法律事务专业岗位能力与课程体系改革研讨会的函

尊敬的张秋风律师：

经我系推荐，学院批准，拟聘请您担任人文社会科学系专业建设指导委员会专家委员，并请您拨冗出席法律事务专业岗位能力与课程体系改革研讨会。

一、会议目的

“以就业为导向，培养社会急需的应用型人才”，是高职高专院校的主要任务。为使我系的专业定位更加准确，课程设置、教学计划更加符合职业岗位的要求，突出高职特色，提高教学质量，特举办本次研讨会。现随函附上我系法律事务专业的教学设计文件，烦请您对我系法律事务专业的培养目标、专业定位、岗位能力的分解及课程设置提前准备好指导意见。

二、会议主要内容

（一）成立人文社会科学专业建设指导委员会，并由学院领导为专家委员颁发聘书。

（二）专业岗位能力与课程体系改革研讨。研讨的主要内容如下：

1. 依据社会需要，高职法律事务专业的培养目标、专业定位，岗位能力和课程建构应作哪些调整。

2. 请专家对法律事务专业的教学计划提出指导意见。

3. 请专家对法律事务专业实习基地建设及学生实习指导等问题提出指导意见。

二、会议时间、地点

时间：20××年 6 月 30 日（周四）上午 8：30—11：30。

地点：××职业技术学院行政办公楼 213 会议室。

三、联系人

夏雨田，电话：12345678900

敬请莅临！

××职业技术学院

人文社会科学系

二〇××年六月二十七日

[析评]

这是一份邀请函。称谓采用敬称。正文导言写拟聘对方为专家委员和邀请对方赴会。主体部分写会议的目的、内容、时间、地点和联系人。文章条理清楚，语言谦敬，颇能体现礼仪信函的特点。

二、必需知识

（一）请柬、邀请书（信）的含义

请柬、邀请书（信）也叫请帖，是单位或个人为邀请有关单位或人士前来参加重要的纪念活动或庆典活动，为表示庄重而使用的礼仪文书。

请柬、邀请书（信）的使用范围很广。召开庆祝会、纪念会、联欢会、洽谈会、订货会、研究会、交流会以及举行招待会、宴会、茶话会等都可发请柬或邀请书（信）。

请柬按用途可分为以下三类：一是会议类请柬，专为庆祝会、纪念会、座谈会等发出；二是活动类请柬，专为仪式、宴请、执行等发出；三是工作类请柬，专为成果的评审、鉴定以及决策的论证而发出。

（二）请柬、邀请书（信）的结构和写法

请柬、邀请书（信）有横式、直式两种，一般由以下几部分组成。

1. 封面（正面）

居中写“请柬”或“邀请书（信）”，字体要略大，要醒目和美观。

2. 称谓

首行顶格写被邀请的单位名称或个人的姓名。

3. 正文

主体写清邀请的目的、活动内容、时间、地点及应注意的一些问题。结尾通常写“敬请光临”“敬请莅临”或“敬请光临指导”。

4. 落款

写清发请柬或邀请书（信）的单位名称或个人姓名，下一行注明年、月、日。有的请柬、邀请书（信）是印刷出售的，如果其格式完整、合用，也可以购回填写。

相关链接

邀请书、请柬的写作模板

框图模式

称谓

↓

导言、背景

↓

会议或活动介绍

↓

邀请谦敬语

↓

落款

注：以上为邀请书、请柬基本内容模块结构模式。

文字模板

关于××××××××的邀请书（或请柬）

尊敬的×××先生/女士（称谓）：

经×××××推荐，诚邀您拨冗出席×××××庆祝酒会。（导言、背景）

一、庆祝酒会内容

×××××××××××××××××，××××××。

…………

三、庆祝酒会时间、地点

时间：××××年6月30日（周四）9:30—11:30。

地点：×××大酒店巴黎厅。

（正文：写明会议或活动的目的、内容、性质、时间、地点等）

敬请莅临！（文末用“恭候光临”类邀请谦敬语）

联系人：张三，电话：123456789

×××集团公司

××××年×月××日

（三）请柬、邀请书（信）的写作要求

（1）有关信息的交代要清楚。邀请的内容、时间、地点、被邀请者的姓名及头衔必须准确无误。

（2）措辞讲究。用语要简短、热情、文雅，宜用期盼性语言表达。突出“请”意，避免使用“务必”“必须”之类带强制性词语，不能有半点强求之意。当然，对特殊的邀请书（信），措辞必须与所邀请参与的活动性质相适应。

（3）制作宜精美。装帧尽可能美观、大方，以示对被邀请者的尊重。

（4）文种选择需根据使用的场合和情况而定。隆重的礼仪场合多用请柬；参加学术研讨会、纪念会、订货会多用邀请书（信）；一般的会议发通知即可。邀请的事项单一，用请柬；邀请的事项较复杂或需要向被邀请者说明有关问题，则用邀请书（信）。

（5）如有需要注意的事项，要在“请柬”或“邀请书（信）”上适当的位置注明，如联系人、联系电话、食宿或携带物品、交通路线等。如有签到卡，可随请柬附上。

复习与训练

一、名词解释

欢迎词　欢送词　贺信　请帖

二、简答题

1. 试述欢迎词、欢送词正文的结构和写法。

2. 欢迎词、欢送词的写作有何注意事项?

3. 欢迎词、欢送词的使用场合是否相同?

4. 试述贺信正文的结构和写法。

5. 贺信写作有何注意事项?

6. 试述请柬、邀请书(信)的结构和写法。

7. 请柬、邀请书(信)的写作有何注意事项?

8. 本章内容未编写礼仪文书的特点。通过本章的学习，试概括礼仪文书的主要特点。

三、写作训练

1. 下文是济南××研究所领导欢送日本专家的欢送词，请阅读全文后，遮住正文第一、二段，自己另写两段文字代之，写好后对比质量优劣。

欢送词

松木先生：

当您即将启程回国的前夕，我代表××研究所全体工作人员，向您表示热烈的欢送。一个月来，您与我们朝夕相处，不但在技术指导方面给予我们很大帮助，而且使我们的产品质量也有了提高，对此，我代表全体人员向您表示诚挚的谢意。

在向松木先生告别之时，借此机会，我请您转达我们对您一家的问候与敬意，并请他们在适当的时候来济南参观、游览。

祝松木先生一路平安，身体健康。

2. 恒达科教有限公司拟于今年8月8日8:00—18:00在白天鹅大酒店举办科教仪器商品洽谈会，拟邀请有关商家参加。请据此信息以该公司的名义制作一个请柬，要求格式、措辞符合请柬的要求，有关内容可以合理虚构扩充。

第六部分

专用文书写作

第十八章 筹划总结性文书

本章结合对计划、总结和可行性研究报告例文的阅读与析评，介绍计划、总结和可行性研究报告写作的必需知识。通过学习，应掌握这三种文书的一般写法。

第一节 计 划

一、阅读与析评

【例文 18－1】

××××学院教研部××××年工作计划

为了加强我部建设，圆满完成“教学、科研、管理一体化”的任务，做好公务员培训工作，根据学校在新形势下深化改革方案的精神，借鉴有关兄弟学院的成功经验，结合我部的实际情况，经与市人事局录用培训处多次协商，对××××年的教学、科研工作提出如下计划：

一、目标

（一）教学工作计划

拟举办下列班次：

1. 公务员专业知识课“行政决策”培训班。（略）

2. 公务员任职资格培训班。对象为市、区办公厅（室）在职工作人员。人数260人左右。时间4天。拟办两期。第1期：4月4日至8日；第2期：4月11日至14日。采用面授与自学相结合的形式进行培训，开卷考试，由省统一命题，统一评卷。

3. 公务员电脑培训班。（略）

（二）科研工作计划

1. 在本年内完成已立项并拨款的深圳市社科“八五”规划中的课题“深港两种特区政府行政管理比较研究”（负责人×××）。

2. 编写教材方面，我部今年需完成为公务员培训班使用的4本教材的编写工作。（略）

二、措施

为了保证公务员培训工作能顺利进行，特提出如下措施：

1. 校委的重视和支持是做好公务员培训工作的根本保证。希望派出一名校委主管到我部工作，以减少请示汇报工作的环节，提高工作效率。

2. 理顺关系、优化服务是做好公务员培训工作的必备条件。（略）

3. 充实人员、建立队伍是做好公务员培训工作的决定因素。（略）

4. 改善办学条件是做好公务员培训工作的物质保证。（略）

[析评]

这份教学、科研工作计划是一个教学部门的年度工作综合计划。从表面上看，文中只写了“目标”和“措施”两个部分，实际上，讲“目标”时，已把“步骤”也讲清楚了。可见，计划的写法可以灵活多样。本计划写得明确具体，可行性较强，可供参考。

【例文 18-2】

××公司新职工培训指导计划

第一章　教育目的与内容

1. 教育目的

对本企业新录用的职工介绍企业的经营方针，传授本企业职工所必备的基本知识和业务技能，提高其基本素质，使之在较短时间内成为符合要求的职工。

2. 教育内容

(1) 明确本企业的生产目的和社会使命。

(2) 明确本企业的历史沿革、现状、在产业中的地位和经营状况。

(3) 了解本企业的机构设置和企业组织。

(4) 掌握本企业的规章制度和厂规厂法。

(5) 掌握本企业各部门的业务范围和经营生产项目。

(6) 了解本企业的经营风格和职工精神风貌。

(7) 了解本企业对职工道德、情操和礼仪的要求。

(8) 通过教育培训考察学员的个人能力和专业特长。

第二章　教育实施要领

1. 教育指导者

(1) 企业主要领导全面负责教育指导工作，其他领导应参与。

(2) 计划的编制和组织实施由总务部或人事部负责。

(3) 企业全体职工都应协助教育培训工作。

2. 培训时间

一般为3个月，根据实际情况可适当延长或缩短。

3. 编班

为便于组织培训，根据学员学历，可分成不同的班组，并指定一名班组长。外出参观或实习时，可根据实际需要，重新编班。

4. 时间安排

集中培训的时间安排为“上午：×时×分到×时×分；下午：×时×分到×时×分”。实习时间同企业工作时间一致。参观时间视情况而定。

5. 教育方法

（1）专业知识传授采取集中授课的方式。

（2）实习则采取到实习工厂或企业车间部门实际操作的方式。

（3）参观。根据教员的布置，实地考察，并由学员提交参观报告。

（4）培训日记。培训期间，要求学员对培训感想和认识做出记录，以提高学员的观察和记录能力。

（5）在培训过程中，尽量让学员接触生产实践，尽量提供更多的参考资料和视听教材。

第三章　模拟安置

1. 目的

在新职工教育培训期间，根据企业的组织设置，将学员模拟安排到不同部门，以考察其能力和适合的部门，为正式安排提供依据；同时也使新职工尽快地了解企业情况。

2. 时间

模拟安置时间从培训正式开始起，到正式安排止。以 15 天为一周期，全体学员轮流更换工作。

第四章　教育培训实施要领

1. 基础理论教育（见附表一）

（略）

2. 实习教育（见附表二）

（略）

3. 注意事项

（1）对企业的机构设置、规章制度、生产经营管理系统要作重点介绍。

（2）对各部门的职权范围、工作内容等要作详尽介绍。

（3）要让学员清楚地掌握工作性质和责任。

（4）要使学员真正掌握业务知识。

（5）要重点培养学员的责任心和效率意识。

（6）培养学员的礼仪修养，使其养成礼貌待人的习惯。

（7）使学员意识到校园生活与企业生产的差别，感知到自己新的责任与地位。

（8）培养学员尊重知识、严肃认真的工作态度。

（9）注意培养学员的集体精神和企业意识。

（10）不应把新职工的教育培训任务仅局限于企业领导，要使全体企业职工参与教育培训工作。

××××年×月×日

[析评]

这是一篇写得较好的职工上岗培训计划，属专项计划。文章采用分章结构，表述了培训的目的、内容、指导者、时间安排、教法、模拟安置、注意事项等内容，计划的“三要素”，即目标、措施、要求，已体现其中。该计划考虑较周密，上岗针对性强，可操作性也较强。

二、必需知识

（一）计划的含义及特点

1. 计划的含义

计划是为完成一定时期的任务而事前拟订目标、措施和要求的事务文书。目标、措施、要求，称为计划的“三要素”。

常见的安排、打算、规划、设想、要点、方案等都属于计划，只是由于内容和成熟程度不同而选用了不同的名称。

计划，是使用频率很高的一种事务文书。

计划的实质是对理想、目标的具体化。它对整个工作有着重要的指导、推动和保证作用。制订计划是一种科学的领导艺术。

2. 计划的特点

（1）预想性。计划的预想性是其他应用文体所不具有的。制订计划需要进行调查研究，如上一阶段的工作情况怎样、实施计划的内部条件和外部环境如何等，并以此为依据确定工作目标、具体做法及实施步骤。但由于计划毕竟是对未来工作的设想，对可能遇到的新情况，以及实施步骤、完成时间，都难以完全预想得到，因此，计划不能定得过死，必须留有余地，在实施过程中一旦发现与实际有不符的地方，或出现新情况，便须做出切合实际的修改。

（2）指导性。计划一旦成文，就对实践起一种控制和约束作用。制订计划，是为了克服工作中的盲目性。从应用上说，计划有上级下发的计划和单位自行制订的计划。上级下发的计划，勾勒发展蓝图，明确工作目标，提出步骤措施，目的是指导所属单位，使其不至于盲目冒进或偏离工作方向，能始终朝着既定目标去做。而本单位制订的计划，目的也在于控制方向、规模、速度，使任务能保质、保量地按时完成。

（3）可操作性。再好的计划也只有能付诸实施才有价值。因此，计划必须定得具体明确，切实可行，符合实际。目标定得过高，无法实现和完成；定得过低，计划又无法起指导、激励作用。计划的步骤、措施、要求、时限不但要写得具体、细致，还要便于检查督促，对照落实。离开实践或操作性差的计划，将是毫无价值的一纸空文。

（二）计划的类型

（1）按内容分，有综合计划、专项计划等。

（2）按性质分，有生产计划、学习计划等。

（3）按范围分，有国家计划、部门计划、单位计划、科室计划、班组计划、个人计划等。

（4）按时间分，有年度计划、季度计划、月度计划等。

（5）按形式分，有文件式计划、表格式计划和文件表格结合式计划等。

（三）计划的结构和写法

一份计划由标题、正文两部分组成。

1. 标题

计划的标题一般由单位名称、时限、内容和文种构成，如“万达公司 2016 年工作计划”，即是一个“完整式”标题。也有省略时限（时限不明显或临时的单项工作）的标题。有时还可写成“公文式”标题。所制订的计划如还需要讨论定稿或经上级批准，就应在标题的后面或下面用圆括号加注“草案”或“初稿”或“讨论稿”等字样。

2. 正文

通常包括前言和计划事项两部分内容。

（1）前言。前言又叫导语。通常内容包括对基本情况的分析，或对计划的概括说明，或说明依据什么方针、政策以及上级的什么指示精神，在什么条件下，制订这个计划、完成这个计划的必要性、可能性以及要达到什么主要目的等。这是制订计划的基础，要写得简明扼要，灵活多样。

（2）计划事项。计划事项是计划的主体。不论是哪一种计划，计划事项都包括目标、措施、要求“三要素”内容。

1）目标，即回答“做什么”的问题，可以是总体目标，也可以是具体任务或指标。总体目标往往是要实现的最终目的，是多方面综合指标的最终体现。具体任务或指标，则是具体说明要完成的任务，或要达到什么样的指标等，务必写得具体明确。目标制定对计划的撰写乃至计划的实施至关重要，目标过高或过低都不合适。这就需要深入调查研究，广泛征求意见和充分论证，慎重确定目标。

2）措施，即回答“如何做”的问题，包括组织分工、进程安排、物质保证、方式方法等。组织分工可说明领导机构。进程安排，主要是对目标实现分步走的问题，一般要安排若干阶段。如果是年度计划，每一季度（甚至月份）要完成哪些工作、要达到什么指标，都要加以明确。如果是专项计划，则要划分阶段，明确每一阶段的大致任务及具体安排，如做好某项工作，可以分为准备阶段（包括传达、动员、学习、成立组织、物质准备等）、实施阶段（具体工作的展开、落实）、总结阶段（扫尾、小结）。进程安排是计划事项的重要内容，也是一项重要措施之一。物质保证，包括实施计划的人力、财力、物力，配备多少、如何配备等。方式方法是完成任务的具体手段，一般要写得比较简要。

3）要求，即回答“做得怎样”“如何做完”之类的问题，主要是质量、数量、时间上的要求。质量上，要达到什么标准、什么水平、什么程度；数量上，要达到什么指标；时间上，什么时候完成该项工作；等等。这是计划效益指标的具体设想，能否多快好省，就要在“要求”这一项里加以具体设计。

计划三要素是互相联系的，没有目标，或者目标不明确，就谈不上措施要求；没有具体的措施，目标就难以实现；而没有具体要求，实现目标的效率、质量就没保证。它们之间是互相依存、缺一不可的。

相关链接

计划的写作模板

框图模式	文字模板
前言 ↓	××公司××××年×××工作计划 ××××××××××××××，××××××××××××××××××××××××××。为此，特制订本计划。（前言：或依据，或总任务和要求，或完成任务的意义，或制订计划的目的）

工作目标

↓

工作措施

↓

步骤程序

注：以上为计划基本内容模块结构模式。

一、工作目标

1. ××××××××××××××××。（工作目标之一）

2. ××××××××××××××××。（工作目标之二）

3. ××××××××××××××××。（工作目标之三）

二、工作措施

1. ××××××××××××××××××××××××××××××。（办法、条件、负责人，即“怎么做”之一）

2. ××××××××××××××××××××××××××××××。（办法、条件、负责人，即“怎么做”之二）

3. ×××××××××××××××××××××××××××××××。（办法、条件、负责人，即“怎么做”之三）

三、步骤程序

1. ×××××××××××××××××××××××××××××××。（步骤或阶段，即“何时完成”之一）

2. ××××××××××××××××××××××××××××××××××。（步骤或阶段，即“何时完成”之二）

3. ××××××××××××××××××××××××××××××××××。（步骤或阶段，即“何时完成”之三）

××公司

××××年×月×日

（说明：工作目标、工作措施、步骤程序，可分开写，也可将工作措施和步骤程序一起写。或条文式，或图表式，或条文图表结合式。）

（四）计划的写作要求

撰写计划时要注意以下几点：

（1）指导思想要正确。要以党和国家的方针政策为指导，能够体现本单位领导的意图，确保计划指导思想的正确性。

（2）要充分考虑计划的可行性，并适当留有余地。

（3）要服从长远的规划，坚持整体的原则，处理好多种关系，同时又能体现出本单位的工作特点。

（4）走群众路线。集思广益，把计划变成群体的共同意志，以更好地发挥群众的积极性，减少阻力，保证计划的可行性。

第二节 总 结

一、阅读与析评

【例文 18-3】

××××年上半年经济工作总结

××××年是××区的“社区建设年”，在区委、区政府的正确领导下，我办按照市、区经济发展的新思路，树立“大服务”“大城管”“大发展”观念，以经济建设为中心，大力推进城市社区建设，通过整合社区资源，发挥“三个主体”作用，促进属地经济与社会的协调发展。半年来，经过全办干部职工的共同努力，狮山经济工作取得了一定的成绩。

一、今年上半年的主要经济指标完成情况及分析

今年1—6月份，实现国内生产总值4 018万元，同比增长25.83%，完成年度预期目标任务的52.7%；实现工业总产值11 889万元，同比增长81.6%；实现第三产业收入14 592万元，同比增长87.5%；实现出口创汇234万美元，完成年度预期目标任务的26.35%；直接利用外资355.9万美元，完成年度预期目标任务的79.08%。

从上述各项经济指标的完成情况看，我办上半年的经济运行继续保持较快增长的态势，工业企业的经济整体效益上升，第三产业出现蓬勃发展生机，带动狮山经济的持续增长，实现了时间过半经济指标也完成过半的良好局面，为今后的经济发展奠定了良好的基础。

二、主要做法

取得以上的成绩，我们的主要做法如下：

（一）领导重视，认识到位。

（略）

（二）狠抓招商引资。

我办站在谋全局的高度，积极响应“园镇互动”和“做实区、做强镇”的战略，将招商引资工作纳入重要议事日程，及时调整招商工作机构，充实招商引资工作人员，返聘已退休的原分管招商引资、具有丰富工作经验的张悦忠副主任，专抓招商引资工作，从而在组织、人员上确保了招商引资工作的正常开展。街道党政一把手主动拜会外商，大力宣传全市的发展规划、投资环境、引资政策、资源产业等情况，务必使外商投资项目在我区落户。在领导的带动下，我街招商办人员发扬顽强拼搏精神，积极参与粤台经贸会和粤港经贸会等省、市、区招商引资活动，采用走出去、请进来的方法，广泛与港、澳和“一带一路”客商接洽，力争外商投资，对项目全力跟踪落实，全程服务办理，充分做好“留商培商”工作。1—6月，成功引进了三家外资企业，投资总额为355.9万美元。

（三）以小区物业市场化运作为契机，发展城市经济。

狮山辖区地处老城区，属地多为行政事业单位，经济资源相当匮乏，尤其是没有大型工业企业，但是狮山作为政治、文化中心所在地，也有它的优势，如环境、科

教、文化等方面，第三产业的发展空间还很大。近期，狮山街道南香社区物业管理通过招投标，已成功推向了市场。

三、存在问题

从1—6月份的各项指标构成，以及对具体企业的调查分析看，我办对经济形势不能盲目乐观。存在的问题主要如下：

（一）上规模的企业发展不理想。（略）

（二）新引进的项目没有达到预期的产出目标，新的经济增长点不足。

（三）由于各种因素的影响，企业多数工人不愿参保，并牵涉到劳资纠纷，使我办完成其他相关任务指标的难度增加。

四、当前要突出抓好的几项工作

（一）目标指标有人落实，工作绩效与考核挂钩。（略）

（二）发挥资源优势，拓宽第三产业的发展。我办辖区地处城市中心地带，优势资源在于城市商业功能的发挥。因此，我们要抓住各种有利时机，利用城市资源发展各类第三产业。如结合城中旧村改造，引导其向商业街区发展，壮大属地经济。

（三）扶持重点企业，促其加快发展。（略）

（四）利用市、区功能区的条件，以今年下半年航展为契机，加大招商引资的力度，尤其注重对区外资金的引进跟踪。

（五）当前，区正在酝酿对街道的财税分配管理办法，我办要在配合辖区税源调查研究的基础上，提出我们的合理要求，力争做到经济资源的合理配置，充分发挥街道发展经济的积极性，推动辖区经济快速发展。

××区狮山办

××××年八月十一日

[析评]

这是一份经济工作总结，正文由经济工作开展的背景、完成情况、取得的成绩、主要做法、存在的问题以及当前的工作重点等部分组成。文章写明了做法、经验，找出了存在的问题，明确了努力方向，思路清晰，有一定的思想深度。该文善用数字说明，语言准确，层次分明，是一篇写得较好的经济工作总结。

【例文18-4】

售后服务是企业的命根子

万宝技术服务中心1993年工作总结

1993年，万宝集团技术服务中心全体员工和分布在全国各地维修网点的员工一起，根据何总经理关于“售后服务是企业的命根子”的指示精神，坚持“拥有万宝电器，享受一流服务”的宗旨和“一切为了使用户满意”的标准，发扬“同心多奉献，合力创一流”的企业精神，大力开展优质服务活动，扎扎实实地做好各项工作，实现了1993年的总体目标。全年维修合格率达99.8%，比去年上升了30.3%；维修返修率0.2%，比去年下降30.13%；用户来信处理率100%，全年未出现重大的维修质量投诉，赢得了用户和社会各界的好评，促进了万宝系列产品的销售，促进了万宝售后服务工作向服务质量标准化、服务网络体系化、服务管理规范化、服务方式多样化、服务经营一体化的方向发展。1993年被评为全国优质服务企业。

回顾一年来，我们主要做了以下几项工作：

一、优化网点建设，加强网点管理

1. 开展网点升级达标活动。（略）

2. 开展网点调研考察。（略）

3. 合理调整网点布局，扩大维修服务的覆盖面。（略）

4. 开展用户抽查，优化网点结构。（略）

二、调整售后服务策略，适应市场和用户需要

1. 增加服务项目，扩展服务范围。（略）

2. 转换服务形式，提高服务水平。（略）

3. 开拓服务经营一体化道路，增强自身实力。（略）

三、提高员工素质，深化优质服务

（略）

四、开展“万宝电器百日维修服务质量无投诉”活动

（略）

1994年是万宝事业发展的关键一年，也是实现集团中期发展规划的决定性一年。我中心必须进一步贯彻落实何总关于“售后服务是企业的命根子”和汤总关于“服务先于销售”的指示精神，坚持“一切为了使用户满意”的最高标准，把售后服务工作作为首要任务，为维护万宝信誉作出更大贡献。

[析评]

这篇企业售后服务的综合性总结，虽然是一篇“老文”，却可让我们得到新的写作启示。

标题采用正副题式，正题揭示文章的中心内容，副题标示出单位、时间、事由和文种。正文由前言、主体、结尾三部分组成。前言部分概述了基本情况，交代了总结所涉及的时限、单位、背景、工作任务、完成情况，并引用数据概述了成就，用语精练，字里行间洋溢着信心和决心。然后，用“回顾……”一句过渡转入主体部分。主体部分分四大项列举了一年来的主要工作，内容按逻辑顺序排列，围绕着“命根子”这个中心，充分证明了总结中所提出的各个观点。结尾以展望作结，充满了信心，反映了企业的精神面貌。全文层次分明，观点与材料统一。需指出的是副标题前应加破折号。

【例文18-5】

实行“三化”　提高工作质量

景卫国

办公室工作的被动性、从属性、事务性和服务性特点，常常导致办公室在忙、乱、杂中运转。如何从被动中求得主动，提高办事效率、办公质量？现将我们岳阳石化总厂储运公司的一些做法介绍出来，以期抛砖引玉。

我们采取“抓住重点，带动一般”的办法，在重点项目上建立健全工作程序、标准和制度，实现工作程序化、标准化和制度化，从被动中求主动。具体来说就是：抓住文件、会议、小车管理和接待协调四大项目，带动其他日常工作，对各项工作都要求绘出程序图，制定出制度和标准，在规定目标的同时，也规定达到目标

的方法。

首先，我们根据三个重点项目各自的特点，绘制了《经理办公程序》《行政会议组织程序》《公文审稿工作程序》《客人接待工作程序》《小车安排工作程序》等二十四个工作程序图，制定和完善了《草拟公文工作标准》《秘书日常工作标准》《文稿修改工作标准》《复印文件工作标准》等十二个工作标准和《关于复印文件暂行规定》《关于保密工作的暂行规定》《关于印信使用的暂行规定》等八项工作制度，使各项工作有程序、标准和制度可依。

其次，在严格执行上下工夫。例如，我们要求在办文中严把“四关”，即：一把拟办单位关，要求拟办单位草拟文件时不草率；二把文字关，即看是否要行文和以什么形式行文，是否符合党和国家的政策法规，文字表达是否准确、简练、通顺，涉及几个部门时是否协商一致，和本单位前后文件是否有矛盾，体例格式是否规范；三把打字、校对、印刷、装订、分发关；四把文件发出后的催办关。通过严把“四关”，使文件的草拟、审核、审批、打印、校对、印刷、装订、分发与催办形成一条龙，从而保证了文件整体质量的提高。再如，在提高会议质量时，我们根据所规定的工作程序、标准和制度，主要抓了会前的准备工作、会中的记录和提醒、会后的记录整理以及有关事项的催办和反馈四个环节。会前填写会议议题单，会后下发会议决定通知单或会议纪要，严格控制会议，认真整顿会风，提高了会议质量。

经过几年的实践，我们体会到，实行工作程序化、标准化和制度化，可以使复杂的工作条理化、规范化和责任化，使每个人都明确自己的责任和权限，达到了用时少、效率高的目的。

[析评]

这是一篇工作专题性总结。文章总结了该办公室实行工作程序化、标准化、制度化这“三化”的经验，针对性强，偏重于介绍做法、总结经验，内容集中，叙述具体、细致，条理清楚，是推广经验文章的可取写法。

二、必需知识

（一）总结的含义、作用及特点

1. 总结的含义

总结是单位、部门或个人对前一段的实践活动进行回顾、检查、分析和研究，从中找出经验教训和规律性的认识，以指导今后实践而写成的应用文书。

总结是对实践的认识，总结的过程是由感性认识上升到理性认识的过程。总结应对实践进行全面、深刻的概括。

常用的小结、体会实际上也是总结，只是它所反映的内容较简单、经验不够成熟、时间较短、范围较小而已。

2. 总结的作用

总结的作用是多方面的，其主要作用是：

(1) 总结经验，肯定成绩。

(2) 反思过去，展望未来。

(3) 互通信息，共同提高。

3. 总结的特点

总结的特点主要表现在以下四个方面：

（1）实践性。总结首先要回顾实践或工作的全过程。自身实践的事实，尤其是典型事例和确凿数据，是一篇总结得出正确结论的基础。

（2）经验性。总结旨在把实践中的成功经验归纳出来，把教训总结出来。

（3）说理性。总结不仅要陈述工作情况，更要揭示理性认识。能否进行理性分析，能否找出带有规律性的东西，是衡量一篇总结写得好坏的重要标准。找出带有规律性的东西，用以指导今后的工作，这就是总结的实质。

（4）简明性。总结通常只作概括叙述、简要说明、直接议论，而不必多方论证。

（二）总结的类型

总结的分类方法很多，如可按性质、内容、时间、范围等来划分。本书按写法和内容，把总结划分为综合性总结和专题性总结两大类。

1. 综合性总结

这是对一单位、部门工作进行的全面性总结，它要展现该单位、该部门一定时期工作的全貌。综合性总结包括的内容比较广泛，既要反映工作的概况和取得的成绩，存在的问题、缺点，也要写经验教训和今后如何改进的意见等。但写作时也不能面面俱到，而要有所选择，突出主要工作和重要经验。

2. 专题性总结

这是对一定时期的某项工作或某一方面的问题进行的专门性总结。这类总结往往偏重于总结某一方面的成绩、经验，其他方面则可少写或不写。

（三）总结的结构和写法

总结的结构一般包括标题、正文和落款。

1. 标题

一般包含单位名称、时限、事由和文种，如“××单位××××年度工作总结”。这是“完整式”标题。综合性总结一般都采用这种形式的标题。专题性总结的标题有：

（1）主题式，如“建设企业文化是加强和改进企业思想政治工作的必由之路”。

（2）问题式，如“我们是怎样在市场经济条件下坚持党管干部的”。

（3）正副题结合式，如“加速技术改造，完善宏观调控——正确处理技术改造中的七个关系”。

2. 正文

总结正文的结构形式主要有以下五种：

（1）“三段式”结构。即由工作概况、经验体会、存在问题和今后打算构成。这是综合性总结的基本形式。

1）工作概况。这是总结的开头部分。通常要简明扼要地说明总结所涉及的时间、背景、任务、效果等，目的在于给人以总体印象，领起下文。

2）经验体会。这是总结的主体部分，是总结的重点。其中做法与成绩的说明是基础，经验体会的总结是重心。因为抓住了基本经验，总结就有了主题，而从做法和成绩取得的过程中找到规律性的东西则是写好总结的关键。要写好这部分的内容，一定要注意点面结合，详略结合，叙议结合，而且叙议得当。

3）存在问题和今后打算。这是总结的结尾部分。这部分要说明工作中存在的问题，针对这些问题，结合前面所总结的经验教训，提出对今后工作的新设想及改进意见。如要发扬什么、克服什么，要采取哪些新的措施和方法，要向什么方向努力、达到什么目标，等等。这一部分内容要力求避免空洞、一般化及八股调。

（2）“两段式”结构。即情况加体会。先集中摆情况，包括基本情况、主要做法、成绩与缺点等；后集中谈体会，包括经验的总结、教训的归纳以及对存在问题的认识等。问题比较集中的专题性总结大多采用这种写法。

（3）“阶段式”结构。即根据工作开展过程中的几个阶段，按时间先后分成几个部分来写。每一部分对每个阶段的工作，都要既讲情况、做法，又讲经验教训及存在问题。这样写便于看出整个工作的开展进程和各个阶段的特点、经验。周期比较长而又有明显阶段性的工作，不管是专题性总结还是综合性总结，都宜采用这种结构。写时要注意抓特点，保证各部分之间的连贯性。

（4）“总分式”结构。即首先概述总的情况，然后分若干项主要工作一一进行总结。综合性总结一般采用这种写法。在每一部分对每一项工作进行总结时，同样要求把做法、成绩、经验、教训等有机地结合在一起写。这种写法要注意抓重点，切忌面面俱到。

（5）“体会式”结构。即以体会（而不是以工作本身）为中心来安排结构。根据体会，把有关情况或有关具体问题，从几个不同的角度进行总结，而寓情况于体会之中，夹叙夹议，讲清问题。各部分之间则体现出某种逻辑关系，或以主次为序，或以轻重为序，或以因果为序。这种结构适用于各种类型的总结，特别是学习总结。这种写法最灵活，但也最难掌握。

3. 落款

以主要负责人的名义所做的总结，署名在标题下；以单位或党政机关名义总结或发表的，署名可在标题下也可在文末；若标题上出现了单位名称或负责人姓名，则可不另署名。总结日期可加括号放在标题下，也可不加括号放在文末。

（四）总结与计划的区别

计划是在工作之前制订的；总结则是在工作进行到一定阶段或计划完成后进行的。计

相关链接

总结的写作模板

框图模式	文字模板
前言 ↓	××公司××××年工作总结 ××××年是我公司××××××等各项工作取得明显进步的一年。一年来，公司全体员工坚持×××××××，×××××，围绕××××××××××，抓住机遇，大胆改革，锐意创新，开拓进取，无论经济效益还是社会效益都取得了显著的成效。（前言：概述工作任务，指导思想，主要成绩）

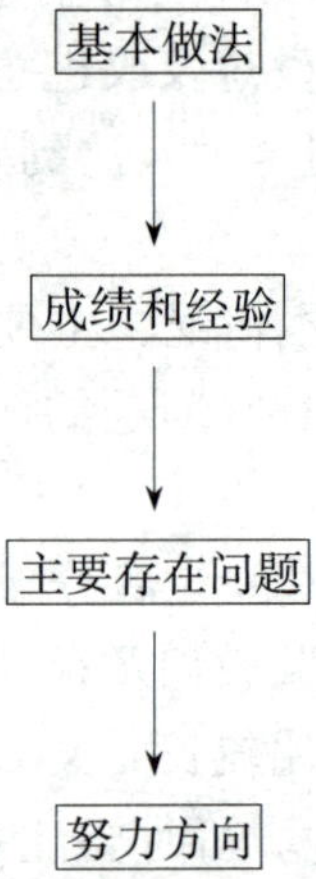

注：以上为总结基本内容模块结构模式。

一、××××××××××××××（基本做法、成绩和经验）

1. ×××××××××××××××。

2. ×××××××××××××××。

3. ×××××××××××××××。

二、×××××××××××××××（基本做法、成绩和经验）

1. ×××××××××××××××。

2. ×××××××××××××××。

三、×××××××××××××××（基本做法、成绩和经验）

1. ×××××××××××××××。

2. ×××××××××××××××。

3. ×××××××××××××××。

四、××××××××××××××（主要存在问题）

1. ×××××××××××××××。

2. ×××××××××××××××。

3. ×××××××××××××××。

五、××××××××××××××（今后的工作和努力的方向）

××××年一月十五日

（说明：总结的常见结构有三种：

1. 分部式结构。即按“情况—成绩—经验体会—问题—今后设想”或者“做法—效果—体会”分成几个大部分写。

2. 阶段式结构。把工作的整个过程，按时间顺序划分为几个阶段来写。

3. 观点式结构。根据内容归纳出观点分大层次，以“一、二、三……”序号排列，条文之间逻辑比较严密。）

划的内容是为完成一定任务所设想的具体步骤、方法和措施，重在叙述说明；总结则是对一定阶段的工作或计划执行情况做出的总的分析和评价，重在抽出有规律性的东西，做出理论概括。计划所要回答的问题是做什么，怎样做，做到什么程度；总结要回答的问题则是做了什么，做得怎样，有何规律性的东西。

（五）总结的写作要求

1. 要有新发现

实事求是，并且注重以计划为依据，对大量的材料认真分析、研究，从而归纳出过去没有或与过去不同的东西来，不能老生常谈。千万不要漏掉好的经验体会和好的材料。

2. 要找出带有规律性的东西

不能有了一些新发现就匆忙落笔，而应当经过反复研究和证实，找出其中能够揭示事物本质的带有规律性的东西，以指导今后的工作。

3. 要突出重点

不仅要全篇重点写经验，而且还要写好重点经验，不能眉毛胡子一把抓，更不能写成“流水账”。

4. 要叙议得当

叙议得当，是总结在表述上的特别要求。应以叙述为主，叙议结合。一般而言，在交代工作的过程、列举典型事例时，以叙述为主；在分析经验教训、指明努力方向时，则多发议论。

第三节　可行性研究报告

一、阅读与析评

【例文 18－6】

××建立钛白粉厂的可行性研究报告

钛白粉（TiO_2）是精细化工产品，占世界无机颜料总消费量的50%以上，占世界白色颜料总消费量的80%以上，主要用于涂料，其次是塑料、橡胶、化纤等。

钛白粉有金红石型和锐钛型两大类，有硫酸法和氯化法两种生产工艺。

钛白粉历来是世界性的热销商品。我国钛白粉历来短缺，特别是占涂料用量50%以上的金红石型钛白粉，几乎全靠进口，花费了大量外汇。为了满足国民经济发展的需要，要大力发展钛白颜料，重点是发展高档次钛白颜料。

一、××建立钛白粉厂的基本条件

（略）

二、钛白粉市场概况

我国钛白粉工业落后，仅占世界总产量的13%，发展缓慢。（略）

钛白粉工业的落后严重地拖了我国涂料工业的后腿。（略）

按预测，××××年以后，世界钛白粉生产能力将持续下降，而需要量反将大增，将进一步使世界钛白粉供应短缺。（略）

三、生产工艺的选择和技术设备的来源

生产工艺的选择。（略）

技术设备的来源。（略）

主要设备名称。（略）

四、建设规模、物料及动力供应规划

建设规模的选定。（略）

物料及动力供应规划。（略）

五、厂址选择

（略）

六、环境污染的防治

（略）

七、生产组织形式和劳动力定员

投资概算。（略）

资金来源设想。（略）

八、经济分析

工厂产品成本的估算。（略）

利润估算。（略）

净现值分析。（略）

基准投资收益率。（略）

盈亏平衡分析。（略）

敏感性分析。（略）

九、结论

以上分析研究表明：为开发利用××丰富、易采、质优的钛砂矿，引进国外先进设备，以××化工二厂为基地建设年产×吨（第一期）氯化法金红石型钛白粉厂是可行的，若不能引进国外先进技术设备，利用国内现有的技术设备在××化工二厂的基地上建设年产×吨（第一期）氯化法金红石型钛白粉厂也是可行的。

××××年×月×日

[析评]

这篇可行性研究报告写作格式规范。总论部分（即开头部分）文字简短，高度概括地说明了钛白粉的用处，指出我国钛白粉历来短缺，需要大力发展。分论部分即主体部分，分别从“建厂的基本条件”“市场概况”“生产工艺的选择和技术设备的来源”“建设规模、物料及动力供应规划”“厂址选择”“环境污染的防治”“生产组织形式和劳动力定员”“经济分析”八个方面加以论证。

文章运用科学的方法，进行客观、全面、深入的分析论证，做到了把经济效益和社会效益很好地结合起来，并以此为基础得出科学的结论，即建立钛白粉厂是必要的和可行的。此外，结论中包含的两点建议也比较具体、明确，为决策者提供了可靠、有用的参考依据。

【例文 18－7】

缝纫设备补偿贸易可行性研究报告

一、总论

我厂是初具规模的专业服装生产厂。在改革开放的总方针指导下，1986 年开始外贸生产，1987 年领取了外贸生产许可证，××××年落实外贸生产任务 200 多万元。随着外向型经济的发展，现在生产规模和设备已不适应外贸生产高质量、高速度的需要，进行技术与设备改革已势在必行。为此，厂长×××在香港考察期间与香港××行×××先生就补偿引进关键设备事宜进行了友好的洽谈。双方初步达成了一致的协议，并因此进行可行性研究。

二、项目名称：缝纫设备补偿贸易

主办单位　××青春服装厂

法人代表　×××

企业地址　××市××路××号

项目负责人　×××　×××

三、合作双方简况

甲方　××青春服装厂是初具规模的专业化服装厂，现有职工 670 人，专业技术人员25人，服装设计师2人；年产衬衫160万件，毛呢服装8万件，产值24 000多万元。

乙方　香港××行是一个既有生产厂又有商店的综合性经济组织，有一定的资金和实力，信誉良好。

四、补偿金额

19.2万美元。

五、补偿方式

利用本厂生产的衬衫直接补偿。

六、补偿期限

××××年9月开始分期进行至××××年12月全部补偿完成。

七、项目申请理由

1. 本项目引进的关键缝纫设备均为日本制造，具有性能好、生产效率高、操作简便等优点，是适合外贸生产的先进设备。

2. 引进项目后，每年可多为国家创汇100万美元。

3. 因该项目主要是利用本厂的衬衫作直接补偿，因此，可以扩大我厂产品在国际市场的销路，有利于我厂发展外贸生产。

八、市场需求分析

随着企业改革的不断深化，我厂产品质量越来越高。“北仑港”牌男女衬衫和拷花呢长大衣相继被评为省优、部优产品，畅销上海、南京、西安等200多个大中城市，现有销售网点300多个。今年已落实销售计划200多万件。产品供不应求。今年1—6月份，生产衬衫90多万件，销售130多万件。预计明年可销售衬衫250万件。外贸产品销售趋势良好。今年预计可完成外贸收购额200万元。

九、原辅材料及水、电供应安排

我厂在上海、常州、无锡、宁波等地已有固定的原辅材料供应网点，因此，原辅材料供应能保证满足生产。

水、电可利用本厂现有设备及水塔，能满足生产需要。

十、项目内容

本项目共引进缝纫设备160台，新增衬衫流水线一条，改造老衬衫流水线四条。(见附表二，略)

十一、项目实施进度安排

8月份进行立项审批与签订购货合同；10月份设备厂进行验收；11月份进行设备安装与调试；12月份进入正常生产。

十二、经济效益分析

该项目建成后，预计每年可增产衬衫50万件，产值425万元，创汇100万美元，创利税102万元，一年内可收回全部设备投资总额。经济效益显著。(见附表一、二，略)

××青春服装厂

××××年×月×日

[析评]

这是一份写得较简明、优缺点都较明显的可行性研究报告。其优点主要有三：

其一，内容涉及面较广。一项补偿贸易活动能否顺利进行，所涉及的因素很多。报告从补偿贸易双方的情况，补偿贸易的规范、期限，到经济效益、发展前景都做了分析说明。

其二，数字具体明确。这份报告有效地采用确切的数据来说明问题，既使报告要言不烦，简明有力，又使报告具有较强的说服力。

其三，结构规范，条理分明，先总后分，可读性强。

这份报告的不足之处主要有二：

其一，对于合作方香港××行的资信凭证、规模、业务、地址、联系方式等情况没有具体说明，这是一个相当严重的不足，会影响上级对项目的最后审批。

其二，对市场需求分析缺乏全面性。报告对市场销售的乐观估计，主要是根据该厂产品质量较好，目前比较畅销而做出的。但对市场的预测，还应考虑到产品款式的更新、顾客需求的变化以及同行业的竞争状况等诸多因素。报告忽略了这些方面的情况，是严重的不足。

二、必需知识

（一）可行性研究报告的含义及特点

1. 可行性研究报告的含义

可行性研究报告，又称可行性论证报告，是有关企业、部门或专家组对拟出台的决策、拟上马的项目，经过全面调查、分析、论证，写出的实施该决策或项目的可行性、有效性的文书。

2. 可行性研究报告的特点

（1）严格的论证性。可行性研究报告是在做出决定前，从经济、技术、资金、市场销售等方面，对决策或项目进行综合分析论证，并就法律、政策、环保以及对整个社会的影响，做出科学的论证与评价的书面表达形式。可行性研究必须通过全面、系统的分析方法而进行，常常需用介绍、分类、比较、图表、数字说明等方法。大的可行性研究报告，还必须就人们对立项可能提出的质疑进行论辩。如《关于三峡工程必要与可行的论证》，就对水库泥沙淤积、诱发地震、大坝的战争防护、生态环境、移民等人们易产生疑虑的问题进行了深入的论辩，以使人们消除疑虑，接受可行的观点。

（2）预见性与前瞻性。任何可行性论证都是在决策及项目实施之前进行的，自然需对项目的可行性及可能遇到的种种问题，进行科学的预测和估量。

（二）可行性研究报告的类型

可行性研究报告根据不同的划分方法可得出不同的种类。

1. 按内容划分

按内容划分，可行性研究报告可分为政策、改革方案可行性研究报告，建设项目可行性研究报告，引进或开发性项目可行性研究报告，中外合资经营可行性研究报告。

政策、改革方案可行性研究报告，主要是对拟议中的经济、技术政策或改革方案的必要性和实施的可行性进行分析论证，为制定政策、深化改革提供依据和建议。

建设项目可行性研究报告，主要是根据国家发改委制定的有关管理办法中的规定，对那些生产建设和基础设施建设项目，以及利用外资、技术改造等项目所作的可行性研究报告。这类可行性研究报告最为常见。

引进或开发性项目可行性研究报告，是对引进新技术、新设备，以及开辟和拓展新市场、开发新产品和新技术、采用新工艺和新管理方法之类的项目作的可行性研究报告，主要从发展前景、技术或设备的先进性、生产需要、市场需求、效益、效率等方面论证其可行性。

中外合资经营可行性研究报告，是对中外合资经营项目可行与否进行研究论证的报告。其研究论证的重点是外国合营者的资信度及产品销路。

2. 按性质划分

按性质划分，可行性研究报告可分为肯定性可行性研究报告、否定性可行性研究报告、选择性可行性研究报告。

肯定性可行性研究报告，即肯定、认可拟议项目实施的必要性和可行性的报告。大多数可行性研究报告属于这一类。

否定性可行性研究报告，即通过分析论证，发现拟议中的项目不具备实施的条件，从而予以部分否定或彻底推翻的报告。

选择性可行性研究报告，即对拟议项目提出两种以上实施方案，通过分析论证，肯定其中一种方案可行，否定其他方案的报告；或者在肯定拟议项目的前提下否定其具体实施方案，再提供两个以上可行方案供决策者选用的报告。

（三）可行性研究报告的结构和写法

可行性研究报告通常都是单独成册上报的。它的一般格式包括：(1) 封面；(2) 摘要；(3) 目录；(4) 图表目录；(5) 术语表；(6) 前言；(7) 正文；(8) 结论和建议；(9) 参考文献；(10) 附件。可行性研究报告的封面没有固定的要求，但是项目名称、报告单位、报告时间等内容不可缺少。第 (2)、(3)、(4)、(5)、(9)、(10) 等项要根据报告的需要进行选择，下面介绍第 (6)、(7)、(8)、(10) 项的写作要领。

1. 前言

可行性研究报告的前言，主要是使读者了解本报告的来龙去脉和主要内容，因此，前言部分一般需包括项目的来由、目的、范围，以及本项目的承担者和报告人、可行性研究的简况等。

2. 正文

可行性研究报告的正文，是结论和建议赖以产生的基础。要求以系统分析为主要方法，以经济效益为核心，围绕影响项目的各种因素，运用大量的数据资料，以论证拟建项目是否可行，或对各种预选项目的方案进行分析、比较、论证和预测，以得出拟建项目的必要性、可行性以及作用等信息。

企业对拟建项目进行可行性论证的目的，无非是为决策提供科学依据。一般来说，论证要从 9 个方面进行：需要预测和拟建的规模；资源、原材料、燃料及公用设施情况；建厂条件和厂址方案；设计方案；环境保护、劳动保护与安全防护；企业组织、劳动定员和人员培训；工程实施进度；投资估算和资金筹措；经济效益与社会效益。对于不同项目的可行性研究报告，以上各项内容应有所侧重或增减。

3. 结论和建议

当项目的可行性研究完成了所有方面的分析之后，应对整个项目提出综合性的评价、结论，指出优、缺点，提出建议。

4. 附件

为了说明结论，往往还需提供一些附件，如试验数据、论证材料、计算图表、附图等，以增强可行性报告的说明力度。

相关链接

可行性研究报告的写作模板

框图模式

（企业立项可行性研究报告）

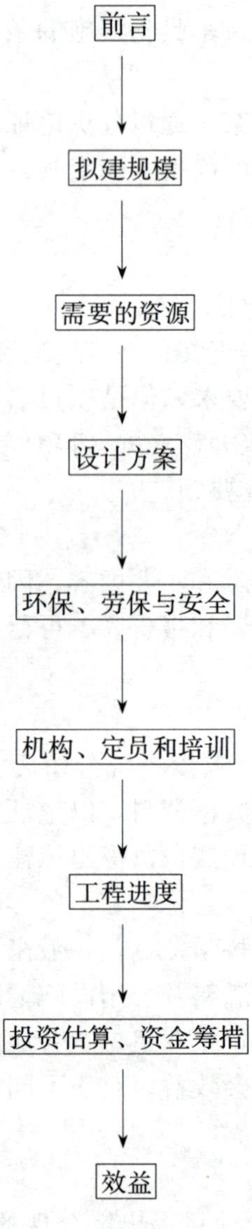

文字模板

（企业立项可行性研究报告）

×××××可行性研究报告

××。（前言：介绍立项原因、目的、依据、范围、实施单位、承担者，研究工作依据和范围等）

一、××××××××××××××（论证：使用系统分析方法，围绕影响项目的各因素，运用数据资料，全面论证拟建项目是否可行）

1. ××××××××××××。（拟建规模）

2. ×××××××××××××××。（需要的资源、原材料、燃料及设施）

3. ××××××××××××。（建厂条件和厂址方案）

4. ××××××××××××××××。（设计方案）

5. ×××××××××××。（环保、劳保与安全防护）

6. ××××××××××××××××××。（企业组织机构、劳动定员和人员培训）

7. ××××××××××××××××。（工程进度）

8. ××××××××××××。（投资估算、资金筹措）

9. ×××××××××××。（经济效益与社会效益）

二、×××××××××××××××（结论：对拟立项的项目提出综合性的评价或结论，指出其优缺点，提出可行或不可行的建议）

附件（即必须附上的有关资料或证明文件）

××××年×月×日

↓

结论和建议

↓

附件

注：以上为可行性研究报告基本内容模块结构模式。

（四）可行性研究报告的写作要求

（1）对决策或立项的必要性、可能性、效益性，需作科学的、全面的论证，以得出可靠的结论。

（2）论点要鲜明，论证要有比较，要实事求是，评价要公正。要用具体数据和有力的事实说话，切忌空话、大话、套话。

（3）语言表述要准确精练，切忌含糊其辞、模棱两可，结构要严谨。

复习与训练

一、名词解释

计划　总结　可行性研究报告

二、填空题

1. 计划的主要特点是________、________和________。

2. 计划“三要素”是________、________和________。

3. 总结的主要特点是________、________、________和________。

4. 可行性研究报告的主要特点是________和________。

5. 计划与总结既有联系，也有区别。________是在计划执行一个时期或完成以后写的，它要检查________的执行情况，又要反过来作为今后修订或制订________的依据。

三、判断题

1. 计划的目标不能留有余地，制订了就要坚决执行。（　　）

2. 计划的实质是对理想、目标的具体化。（　　）

3. 计划虽不是正式公文，但一经机关会议通过和批准，就具有正式文件的效能，在它所管辖的范围内，就具有权威性和约束力。（　　）

4. 撰写总结的目的，主要是为了探寻规律性的认识，以指导今后的工作。（　　）

四、简答题

1. 计划有哪些类型？

2. 计划写作有何注意事项？

3. 什么是综合性总结和专题性总结？它们在写作内容上有何体现？
4. 总结的正文结构主要有哪几种？各种结构和写法是怎样的？
5. 总结与计划的区别主要表现在哪些地方？
6. 总结写作需注意什么问题？
7. 总结与一般论文在观点的产生和材料的运用上有何异同？
8. 试述可行性研究报告的作用。
9. 试述可行性研究报告的结构和写法。
10. 试结合例子说明为何可行性研究报告要体现严格的论证性和预见性与前瞻性。

五、病例析改题

试析改下列计划的开头部分。

××汽车队八月份行政工作计划

认真贯彻省交通厅党委扩大会议和安全电话会议精神，以及省汽车公司第三季度重点工作安排，在本月内，除认真贯彻外，还必须以提高质量，保证安全为中心，进行比、学、赶、帮等形式的竞赛活动；掀起一个大搞标准化作业，大练基本功的高潮。把人员培训工作在现有基础上提高一步，要求达到生产技术过硬职工总人数的70%，在技术上出现一个新水平，以此实际行动为迎接冬季运输业务做准备。为完成上述任务，要注意以下几点工作。

六、阅读与析评题

阅读下面这篇总结，按文后要求回答问题。

放手发展多种经营　努力增加农民收入

近年来，××县委、县政府在稳定发展粮棉油生产的同时，把突出发展多种经营作为增加农民收入的突破口，充分利用现有土地资源，依托近城优势，建设具有地方特色的城郊经济，显示出“服务城市，富裕农村”的战略效应。××××年，全县人均纯收入达到××××元，比上年增加310元，增长38.9%，成为全省农村人均纯收入增幅最高的县。我县的主要做法是：

（一）积极引导，鼓励发展。（略）

（二）因地制宜，发扬优势。（略）

（三）综合利用，立体种养。全县广泛运用食物链、生物链和产业链的理论，在种、养、加工方面创造出多种立体开发模式。根据植物相生、伴生、互生与序生规律，在林果基地间作套种粮、油、药、茶、瓜等，实行以短养长，取得最佳效果。全县××××年多种经营间作套种13万亩，亩平均收入500元，有的高达1 000元。全县推广用农副产品加工的下脚料喂猪养禽，用畜禽粪便养鱼，最后用塘泥肥田，综合利用，极大地促进了畜牧业的发展。××××年全县生猪出栏达到35.5万头，家禽出笼741万只，鲜蛋产量1.93万吨，分别比上年增长11%、40.3%和14.8%。

（四）大力发展乡镇企业和个体、私营经济。（略）

××县人民政府

××××年元月

问题：

（1）本文标题属________式标题，其作用是________。

（2）开头采用了（　　）等方式。

A. 概述情况　　　　B. 提出结论

C. 提出内容　　　　D. 做出设问

E. 运用比较

（3）全文采用了（　　）结构形式。

A. 分部式　　　　B. 阶段式

C. 总分条文式　　　　D. 贯通式

（4）主体部分主要写了（　　）。

A. 做法、成绩与经验　　　　B. 问题与教训

C. 设想与努力方向　　　　D. 以上三个方面

（5）本文显示主旨采用了（　　）的方法。

A. 呼应显旨　　　　B. 开宗托旨

C. 篇末点旨　　　　D. 转换揭旨

（6）本文主旨是____。

（7）本文安排材料主要采用了（　　）的方法。

A. 先亮观点、后举材料　　　　B. 先举材料、后亮观点

C. 边举材料、边亮观点　　　　D. 既摆事实、又讲道理

（8）本文主体部分各条文都有________句，其作用是________。

（9）本文采用了________等表达方式。

（10）本文大量采用了________等说明方法。

七、写作训练

××学院团委拟举办“五四”青年节庆祝活动，届时将举行多种纪念活动，包括举行篮球比赛、读书报告会、文艺联欢会、电影专场、青年书画展等。请拟一个表格式活动安排表，计划名称、计划表及说明均要求具体明确，有关内容如时间、地点、负责人等可以虚拟。

第十九章 经济文书

本章结合对合同、意向书、市场调查报告、招标书和投标书例文的阅读与析评，介绍这些经济文书写作的必需知识。通过学习，应掌握它们的一般写法。

第一节　合　同

一、阅读与析评

【例文 19-1】

购销合同

立合同者：××市肉类联合加工厂（以下简称甲方）

　　　　　××市食品公司（以下简称乙方）

为了繁荣市场，保证食用猪油供应，经双方协商，签订本合同，以资共同遵守。

一、由甲方向乙方订购食用猪油贰佰吨，按每吨叁仟伍佰元计算，甲方付给乙方货款共柒拾万元。

二、乙方于××××年 4—5 月份 4 次在××火车站向甲方交付完所订购的食用猪油。

三、付款办法采取银行托收承付。甲方在验收第一批货物后 5 日内先付款 50%，在验收全部货物后的 5 日内付清余下货款。

四、采用铁桶包装，铁桶回空，由甲方运至××站，运杂费由乙方负担。货物发运后的铁路运费及卸车费由甲方负担。

五、质量标准。按食用油规格水分不超过 1%为合格，不符合质量标准甲方拒收。

六、双方按规定日期交付货物或货款，逾期不履行合同的，违约方按每天 1%的尾款或货物折价款付对方违约金。

七、本合同一式4份，双方各执正副本各1份保存备查。

××市肉类联合加工厂（盖章）
代表人：×××（签名）
地址：
电话号码：
电子邮箱：
开户银行账号：

××市食品公司（盖章）
代表人：×××（签名）
地址：
电话号码：
电子邮箱：
开户银行账号：

××××年×月×日

[析评]

这是一份条文式合同，写得简明、具体、完备。第一条明确了购销的标的物、单价及总货款；第二条说明了货物支付的时间、方式和地点；第三条注明了结算付款方式和有关要求；第四条规定了包装方式和包装物处理的要求；第五条规定了质量标准；第六条明确了双方的违约责任和处罚方法；第七条注明了合同的执存方式。该合同做到了平等互利、合理合法，执行起来可以避免不必要的纠纷和损失；不足之处在于未写明监证机关。

【例文19-2】

经营租赁合同

出租单位：××五金公司（以下简称甲方）

承租人：×××（以下简称乙方）

一、甲方同意乙方的要求，将原有“××路五金零部件门市部”租赁给乙方经营使用，经双方协商签订本合同，共同遵守。

二、原“××路五金零部件门市部”共有固定资产×.×万元，其中房屋建筑面积100平方米，经营面积65平方米，货架11个，柜台20节，保险柜1个，办公用具若干。乙方每月按固定资产总额4%的比例向甲方缴纳固定资产占用费。乙方每月向甲方缴纳占用国家流动资金使用费2 000元。

三、原“××路五金零部件门市部”属微利企业，近5年来平均月盈利额×万元左右，经乙方充分考虑，同意每月向甲方上缴实现利润的10%作为统筹基金，每月一般不低于××××元。

四、本租赁合同有效期为两年，自××××年6月1日起至××××年6月1日止。

五、合同履行期间，甲方对乙方的经营方向进行监督，负责对乙方的业务进行指导，组织乙方参加各种政治活动，保障乙方在不违反国家政策和规定的前提下自主经营，盈利除足数缴纳租金外自主使用。乙方要及时向甲方汇报业务经营情况，未能按月缴纳时，按应缴金额每日罚3%的滞纳金。

六、乙方在租赁经营期间，各种政治待遇不变，拥有自主经营的权利。

七、乙方向甲方缴纳的租金总额为××××元，每月月初前5天内向公司财务科缴纳，一般缴纳转账支票，如没有在银行另立账户，也可以缴纳现金。

八、本合同正本3份，甲、乙方及监证机关各1份，副本5份，甲方3份，乙方2份，分别交有关部门备查。

九、其他未尽事宜，由甲、乙双方协商解决。

甲方：××路五金公司负责人签章　　　　　　乙方：×××（章）
监证机关：（签章）　　　　　　　　　　　负责人：（签章）
××市工商行政管理局监制合字第10号

××××年五月二十八日

［析评］

这是一则条文式租赁合同。标题标出了合同的性质。“立合同者”项写明了出租单位（甲方）、承租人（乙方）。主体部分分条列款分别标出合同内容。最后为签订合同负责人签字并盖章，同时注明监证机关及编号和日期。

二、必需知识

（一）合同的含义、作用及特点

1. 合同的含义

《中华人民共和国民法典》（以下简称《民法典》）规定，合同是民事主体之间设立、变更、终止民事法律关系的协议。本书只介绍合同的书面形式即合同书的写作知识。

合同的当事人，可以是自然人，也可以是法人或者其他组织。

2. 合同的作用

签订合同是一种法律行为，其主要作用是有利于维护合同当事人的合法权益和明确当事人的权利、义务。随着《民法典》的实施及合同的普遍采用，合同在发展社会主义市场经济中发挥重大的作用。

3. 合同的特点

（1）合法性。合同的内容要符合《民法典》的规定。

（2）平等互利性。签订合同的双方或多方的法律地位是平等的，合同是自愿协商的产物。合同条款中，权利、义务也是相互的、对等的，不能将其建立在损害对方或他方的利益之上。合同内容也应是等价有偿的。

（3）协商一致性。合同的签订是一个协商一致的过程。合同的内容只有表达当事人彼此一致的意愿，其条款才能成立。只有当事人经过充分的协商，将应承担的义务和应享有的权利充分表达出来并形成文字，合同关系才算真正建立。因此，没有充分表达意愿、草率成文的合同，是难以保证实施从而最终实现经济目的的。同时，在履行合同过程中，如需要变更合同条款，也要重新协商补签，任何不经双方或多方协商一致而改变合同者，要承担违约责任。

（4）规范性。规范性具有两层含义：其一，依法成立的合同对当事人具有法律约束力；其二，合同的写法和格式需要规范。

（二）合同的类型

合同的种类有多种分法。按时间分，有长期、中期、短期合同。按形式分，有书面合同、口头合同和其他形式合同。按写法分，有条款式合同和表格式合同。按内容分，有买卖合同，建设工程合同，承揽合同，运输合同，供用电、水、气、热力合同，融资租赁合同，仓储合同，保管合同，租赁合同，借款合同，行纪合同，中介合同，技术合同，赠与合同，委托合同物业服务公司、中介公司等。

（三）合同的结构和写法

尽管合同的种类各异，但一般均包括首部、主部、尾部三部分。

1. 首部

首部主要包括以下各项：

（1）标题。标题写在合同首页上方正中位置。要明确写出合同的性质，如“买卖合同”“建设工程合同”。有的合同还在标题下方书写合同的编号。

（2）合同当事人名称或者姓名。合同当事人名称或者姓名是指签订合同的双方或多方的名称或者姓名。要准确写出签约单位或个人的全称、全名，并在其后注明双方约定的固定指代：“甲方”“乙方”。如有第三方，可将其称为“丙方”。在对外贸易合同中，有时可指代为“卖方”“买方”。不论在什么情况下，合同中都不能用不定指代“你方”“我方”来指当事人。

（3）引言。引言即合同的开头部分，主要写签订合同的目的或签订合同的依据。常用的表述句式为“为了……”或“根据……”。

若选用“表格式合同”，则依据国家工商总局或有关部门制定的合同规范文本要求，填写有关内容。

2. 主部

主部是合同的主要部分，其写作一般多采用条文法。按双方当事人的约定，详细写明主要条款和其他条款的内容。

（1）主要条款。主要条款的内容包括：

1）标的。标的是合同当事人权利义务所共同指向的对象，没有标的的合同是无效合同。标的可以是物、货币、劳务、智力成果等。签订合同的双方对标的要协商一致，标的要写得具体、明确。

2）数量和质量要求。这是指从数量和质量的角度对标的进行精确度量，它决定双方当事人承担的权利义务的大小、范围。

数量是标的具体的计量，如借款金额、工作量等。要明确标的的计量单位，如吨、米、件等。

质量要求是对标的质的要求，如产品、工程的优劣程度。应明确标的质量的技术标准（如国家标准、行业标准）、等级、检测依据等。

3）价款或报酬。这是指合同标的的价格，是合同双方当事人根据国家法律、法规、政策和有关规定，对标的议定的价格，是合同一方以货币形式取得对方商品或接受对方劳务所应支付的货币数量。要明确标的的总价、单价、计算标准，以及付款方式、程序，结算方式，若与外国方面合作，要写明支付币种。

4）合同履行的期限、地点和方式。履约期限就是合同的有效期限，是合同法律效力的时限和责任界限，过时则属违约。日期用公元纪年，年、月、日书写齐全。地点是指当事人履行合同义务、完成标的任务的地点。履行方式是当事人履约的具体办法，如借贷合同的出资方要以提供一定的货币来履约；劳务合同的某一方要以提供某种具体的劳动服务来履约，如照看小孩、打扫卫生等。

5）违约责任。这是指合同的当事人不能履约或不能完全履约时，所要承担的经济责任和法律后果。具体包括支付违约金、赔偿金和其他承担责任的法律形式等。

“违约责任”是履行合同的重要保证，也是出现矛盾分歧时解决合同纠纷的可靠依据。

（2）其他条款。是指除主要条款外，经双方当事人协商确定的其他条款。具体包括：

1）不可抗力条款。该项条款的作用是，如果发生了当事人不能预见、不能避免且不能克服的客观事故（如洪水、地震、台风等），而导致履行合同困难时，当事人便可根据这一条款，依据法律规定，部分或全部免予承担责任。此条款的内容应包括不可抗力事故的范围、后果等。

2）解决争议的方法。此条款要约定在履行合同发生争议时解决问题的方式和程序，要明确注明是通过仲裁解决、协商解决还是诉讼解决。

3. 尾部

尾部是指合同的结尾和落款部分。主要包括：

（1）合同的有效期限和文本保存。有效期限是指合同执行生效、终止的时间。文本保存是注明合同文本的保管方式，即合同一式几份及当事人保管的份数。

（2）落款。这部分是合同特定的内容和格式。即在合同的有效期限和保管条款下方，依次写上当事人的名称、签章、法定通信地址、电子邮箱、电话号码、法人代表、银行账号、签约日期及地点等。

有些合同有特殊要求，或有附件，也要在尾部注出。通常是在合同正文“其他条款”之后注明：“合同附件、附表均为本合同的组成部分，且有同等的法律效力。”如工程承包合同要在“附件”中列出工程项目表、工程进度表、工程图纸等。这些附件、附表均标写在合同落款的最下方，即“年、月、日”以后的部位。

由于社会活动多种多样，合同也就有各自的特点和侧重点，拟订一份合同，在遵守国家法律、法规的前提下，还要视实际情况而定。

相关链接

合同的写作模板

框图模式

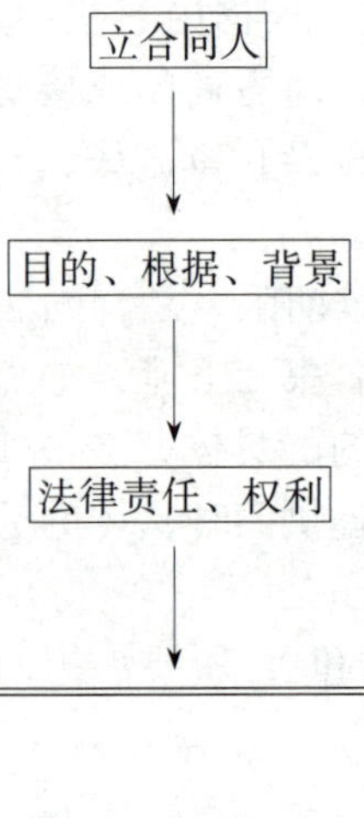

文字模板

××××× 合同

××××××（以下简称甲方）与××××××（以下简称乙方）根据××××××××××，经协商一致，特签订本合同。（目的、根据、背景）

第一条　×××××× ××××××××××××××××××××××××××××。

第二条　××××××××××××××××××××××××××××××××××××。

…………

第×条　×××××××××××××××××××××××××××××××××××××。（各方承担的法律责任、享有权利。

履行期限、地点、方式

↓

违约责任

↓

解决争议

↓

未尽事宜方法

↓

相关说明

↓

落款

注：以上为经济合同基本内容模块结构模式。

包括：标的、数量、质量要求、价款或报酬）

第×条　××××××××××××××××××××××××××××××××××。（合同履行期限、地点和方式）

第×条　××××××××××××××××××××××××××××××××××。（违约责任）

第×条　××××××××××××××××××××××××××××××××××。（解决争议、未尽事宜方法）

第×条　××××××××××××××××××××××××××××××××××。（合同份数、保管及有效期；附件）

甲方：______（盖章）　　　　乙方：______（盖章）
甲方代表：______（签名）　　乙方代表：______（签名）
通联地址：______　　　　　　通联地址：______

______年______月______日

（四）合同的写作要求

1. 合法

订立合同，必须依法办事。当前存在的较突出的问题是有的合同内容违反国家的法律和政策。这类合同，不仅不受法律保护，而且还有可能依法追究合同订立人的法律责任。

2. 合理

合同必须贯彻平等互利、协商一致、等价有偿的原则。任何一方都不得把自己的意愿强加给对方。

3. 合格

即合乎合同的一般写作格式和必备的主要条款。

4. 完善、明确

合同每一条款的内容要尽量周密严谨，避免发生漏洞。如标的物不仅要写明数量和质量，而且要写明计量单位、质量的技术要求和标准等。有的合同就是因为质量标准和检验手段不明确而发生纠纷。

5. 做好调查研究

一份合同能否成立、有效，能否全面履行，必须满足基本的有效条件。这些条件包括当事人要有合法资格，订立合同必须遵守国家法律，贯彻平等互利、协商一致、等价有偿的原则，履行法定的手续。而要做到这些，必须在写作前做好充分的调查研究。首先要调查对方属于何种身份；其次要调查对方履行合同的能力，可以通过检阅证明文件、当面洽谈、现场考察、从旁调查等多种途径了解，避免不法分子利用合同买空卖空，或由于条件、设备等原因无法履行合同造成损失；再次要核查本单位履约的能力，签订合同还必须从己方实际出发，才能保证全面履行合同，否则就会招致违约而负违约责任；最后，签订合同前还要对社会、市场进行调查，多掌握一些情况，尽可能使合同订得切合实际，以确保质量。

第二节　意向书

一、阅读与析评

【例文 19－3】

开展多方技术经济合作意向书

广西×××对外开放办公室（甲方）与深圳××××有限公司工贸发展部（乙方），经双方协商同意，确定如下技术经济合作关系：

一、双方就以下范围进行长期的技术经济合作

1. 高科技产品开发；

2. 农副产品深加工与综合利用；

3. 外贸出口；

4. 合办第三产业；

5. “三高农业”项目开发；

6. 技术咨询；

7. 高新技术以及资金等方面的引进合作。

二、合作方式

双方本着互惠互利、利益共享、风险共担的原则，根据具体项目协商采用具体的多种合作方式。

三、合作程序

由双方商定在适当时间，组团考察，根据考察结果共同拟订合作项目、方式、内容、步骤。

四、甲乙双方义务

1. 甲方负责提供其资源、项目及资料和项目的落实。

2. 乙方负责提供合作开发项目的技术资料，组织有关技术力量，以及协调开发项目的有关关系。协助或代理甲方的产品出口，合作项目产品的出口，甲方所需或双方合作项目所需的设备、技术的引进。

3. 双方确定具体的联络人员，进行经常的联络工作。

五、此意向书一式四份，各执两份

甲方：广西×××对外开放办公室

代表：××
时间：××××年十一月一日
甲方联系人：黄××
电话：(0771) 603480
邮编：530022
联系地址：广西南宁市××路135号
乙方：深圳××××有限公司工贸发展部
代表：李××
时间：××××年十一月一日
乙方联系人：李××
电话：(0755) 823226
邮编：618031
联系地址：深圳市××路××大厦206室

［析评］

这是一则写得较好的技术经济合作意向书。标题由事由（项目）和文种构成。导言写明签订意向书的单位，并用承上启下惯用语导出技术经济合作的各项意向。正文写合作的范围、方式、程序和双方义务等方面的意向性意见。各条款以数字顺序标出。各条款内容只确定了原则意向，不涉及具体细则。文尾写意向书份数、双方代表的签字及联系方式等通联信息。全文目标具有导向性，条款只表现出原则性，为下一步进行实质性、具体性的项目洽谈奠定了基础。

【例文19-4】

意向书

甲方：中国石化总公司××石化总厂
乙方：香港××国际有限公司
日期：××××年×月×日
地点：××石化总厂宾馆北楼

双方为合资兴建建筑陶瓷产品事宜，签订本意向书。

第一章 基本构想

1. 适用法律及合资原则

双方按照《中华人民共和国中外合资经营企业法》及中国政府的有关规定，在平等互利、友好协商的原则指导下，进行合资经营活动。

2. 合资形式及项目名称

双方合资组建有限责任公司。公司名称为“×××陶瓷有限公司”（以下简称“公司”）。

3. 经营范围和生产规模

建筑陶瓷的生产和经营。规模为墙地砖（品种待双方再定）200×104平方米/年。

4. 合资公司地址

中国××省××市××区。

5. 合资期限

从领取营业执照之日起计15年。

6. 资金及筹措

投资总额约1 250万美元；注册资本按《国家工商行政管理局关于中外合资经营企业注册资本与投资比例暂行规定》，初定为600万美元。

注册资本甲方投入约60%，乙方投入约40%，双方皆以现汇或现金投入，以美元计算（甲方固定资产投入或租赁双方再定）。

注册资本之外的资金，公司向中国境内外贷款解决，双方各以投资比例承担债务。

7. 设备来源及资产

保证质量、降低消耗、安全和长周期生产的必需设备由中国境外引进，配套及国内可满足要求的设备由国内供应。

公司界区所有的设备、设施、建筑及界区外的排洪设施为公司所有；界区之外与之配套的工程和设施，包括职工生活服务由甲方提供有偿服务。

8. 技术

生产设备采用国际上已工业化的先进技术；产品按CEN标准生产。

9. 生产用原材料供应

中国国内能满足技术要求的原材料及辅料在国内采购；国内无法保证的材料向国外购买。

公司生产所需的水、电由甲方按甲方平均价供应，燃料由甲方按国际市场价当天汇率提供。

10. 产品销售方针

公司产品一级品70%以上外销。

11. 优惠待遇

公司享有国家法律规定之中外合资的优惠待遇，甲方为之承担办理的责任，费用由合资公司支付。

第二章　合资工作实施

该意向书签字生效后，双方即开始下列实质性工作：

1. 可行性研究报告、环境影响报告

环境影响报告甲方已经完成评估，乙方认可。可行性研究报告甲方已委托××建筑设计院完成草拟工作，双方进一步协商后，作为正式报告出版并组织评估。

如项目可行，以上工作的费用，由合资企业支付。

2. 筹建工作

待可行性研究报告评估之后，若双方同意合资，即签订合资协议，协商成立董事会，具体安排合资公司的筹建工作。

第三章　其　　他

1. 有效期

从签字生效起两年内有效。

2. 终止本意向书须符合以下条件之一：

(1) 双方缔结了进一步的条约。

(2) 超过有效期。

(3) 双方表示不再探讨合资办厂。

3. 份数

中文文本 4 份，双方各执 2 份。

甲方：	乙方：
中国石化总公司××石化总厂	香港××国际有限公司
代表：×××	代表：×××
××××年×月×日	××××年×月×日

[析评]

该意向书采用文种式标题，导语部分标明了签订意向书的单位全称、日期、地点。正文部分分为基本构想、合资工作实施和其他三大项。尾部为各方谈判代表签字、签订时间和抄印份数。该例文条理清楚，结构严谨，文字表述简洁明了，条款中对具体问题不涉及具体细节，即只做原则性规定，从而为实际处理问题留有余地。

二、必需知识

(一) 意向书的含义、作用及特点

1. 意向书的含义

意向书，是双方或多方就合作项目在进入实质性谈判之前，根据初步接触所形成的带有原则性、意愿性和趋向性意见的文书。在对对方的资信能力、技术、经营作风未充分了解前，对合作项目先签订一个意向书是较为合适的。意向书和契约、合同的性质很相似，都是用以表达双方通过谈判而获得共同意向或共同决定的一种形式。

2. 意向书的作用

意向书不具有强制性的法律效力，其作用主要表现在两个方面：一是有利于双方进行下一步的实质性接触和谈判；二是作为下一步实质性谈判的客观的、基本的依据。

3. 意向书的特点

(1) 目标的导向性。意向书是双方为了表示某项合作意愿而签订的文书，可为下一步磋商奠定良好的基础。因此，它只是一种导向性文书，合作目标只求总体轮廓清楚，不求描述具体；合作意向只求大体方向一致，不求进程具体和步骤明确。

(2) 条款的原则性。意向书的各项条款必须是就一些重大问题做出原则性的确定，而不是就一些具体问题分项列款表述，更不涉及具体细则。这样才可能求同存异，取得较为满意的结果，为下一步研讨留有余地。

(3) 行文的灵活性。意向书的行文措辞一般比较灵活，以便反映出友好的合作气氛。

(二) 意向书的类型

意向书的具体类型较多，但就合作各方所享有的权益和承担的义务来看，可分为两大类：一是具有“双方契约”和“有偿合同”性质的意向书，这种意向书使签约双方或各方既享有一定的权利，也承担一定的义务；二是具有“单方契约”和“无偿合同”性质的意向书，这种意向书只有一方单独承担某种义务。

（三）意向书的格式和写法

意向书的写作格式，一般分为标题、导语、正文和尾部四大块。

1. 标题

常用标题有三种形式：一是文种式标题，即写明“意向书”三字，这种写法较少；二是简明式标题，由事由和文种两项组成，如“关于合作办学的意向书”；三是完全式标题，一般由合作双方名称、合作项目和文种三项组成，如“×××和×××合作经营××度假村意向书”。

2. 导语

导语通常要说明以下几层意思：一是签订意向书的单位；二是明确该意向书的指导思想和政策依据；三是规定本意向书要实现的总体目标。最好用承上启下的惯用语结束导语，引出正文。

3. 正文

正文是意向书所要实现的总体目标的具体化，一般都以分项排列条款的形式来表述，各项条款之间的界限要清楚，内容要相对完整，既不要交叉叠叙，也不要过于琐碎，更不能有所疏漏。

正文后部一般以“未尽事宜，在正式签订合同或协议书时予以补充”作结语，以便留有余地。

4. 尾部

尾部写各方谈判代表签字、签订时间和执存份数、地址、电子邮箱、电话号码、报送单位等。

相关链接

意向书的写作模板

框图模式

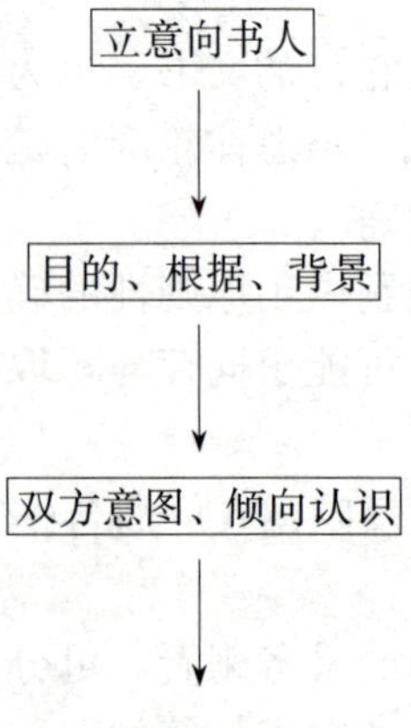

文字模板

×××××意向书

××××××（以下简称甲方）与××××××（以下简称乙方）于××××年×月×日在×地就×××××××××××进行了初步协商，就有关事宜，达成如下合作意向。（目的、根据、背景）

一、××××××××××××××××××××××××××××××××××。

二、××××××××××××××××××××××××××××××××××。

…………

×、×××××××××××××××××××××××××××××××××。（双方意图、倾向认识、较认同的事项）

×、未尽事宜，在签订正式合同时予以补充、确立。

较认同的事项 ↓ 相关说明 ↓ 落款 注：以上为意向书基本内容模块结构模式。	×、本意向书一式×份，双方各执×份。 甲方（盖章）：　　　　　　乙方（盖章）： 甲方代表：______（签字）　　乙方代表：______（签字） 甲方通联地址：______　　　乙方通联地址：______ ××××年×月×日

（四）意向书的写作要求

撰写意向书时应注意以下几点：

（1）不要表现出己方对关键问题的要求。如前所述，意向书仅仅是表明双方对某个项目的意愿和趋向，而不是对该项目的完全确认，加之各自对对方资信情况的了解也有待继续深化，因此，在撰写项目意向书时，不宜写入己方对项目中的关键问题的要求，以便在下一步洽谈时能进退自如，取得主动。

（2）凡己方需要上级或其他部门才能解决的问题，不能写入意向书。兴办一个项目，必然涉及许多有关部门，很多问题绝不是项目承办单位能单独解决的。因此，在拟订项目意向书时必须谨慎从事，不可将不适当的承诺写入意向书。

（3）不要写入超越己方工作范围的意向条款，也不要写入与我国现行政策和法规相抵触的内容。

（4）思考要周密，用词要准确，特别是不要随便使用肯定性的词句，尤其是关系到双方权益的问题，务必慎用肯定性词句，以便留有余地。

第三节　市场调查报告

一、阅读与析评

【例文 19－5】

湖北淡水鱼加工业的调查报告

××工业大学　　吴××

××省××厅　　戴××

淡水鱼是湖北的优势资源。湖北淡水水产品产量连续 8 年在全国夺魁，去年湖北省淡水产品总产量高达 300 万吨，其中青、草、鲢、鳙等低值鱼占 80%以上。水产业已成为湖北省农业的一个重要支柱，水产产值已占到大农业的 17.5%，去年，湖北省农民收入新增部分的 27%来自水产。但是，湖北省水产业的经济效益很低，湖北省的渔业产值只占全国淡水渔业总产值的 9%，居全国第三；渔民的人均纯收入在全国只排13位。长期以来，淡水鱼行业一直维持以“活产活销”为主的传统产销格局，加工转化率极低，深加工和产业化加工更是空白，“鱼贱伤农”和“卖鱼难”问题已十分突出，极大地制约了湖北省农业产业化结构调整的步伐，成为限制湖北省发展农业经济的“瓶颈”问题之一。

1. 湖北省淡水鱼加工业的现状与存在的问题

近年来，湖北省淡水鱼加工业发展比较快，一些淡水鱼加工企业纷纷成立，主要生产诸如风干、清蒸、烟熏、红烧、调味和油炸等鱼块或全鱼制品，以及垂鱼、鱼面、鱼糕和鱼丸等鱼糜制品。但是，湖北省的淡水鱼加工业存在加工粗糙、技术含量低、产品跟风趋同、卫生安全性不高和缺乏知名品牌与龙头企业等突出问题。

(1) 产品以粗加工为主，跟风趋同现象严重

湖北的淡水鱼加工品，基本是风干、清蒸、烟熏、红烧、油炸、盐腌类的鱼块或全鱼制品，约占全部水产加工品的90%。这类产品只是对淡水鱼进行简单的整理、分割等处理，属典型的物理型粗加工，因而技术含量不高，产品附加值低。由于鱼块或全鱼类制品具有形态美观、实惠、食用方便和价格较低等特点，社会需求量很大，因而又具有广阔的市场前景。近年来，加工这类水产制品的企业增加很快，产量大幅度提高，产品跟风趋同现象严重，市场竞争激烈。

(2) 生产不规范，卫生安全性不高

在湖北淡水鱼加工快速发展的同时，也暴露出不少的技术问题和卫生安全问题，由于企业规模偏小，不少企业无技术人员，无检验设施，无产品质量标准，生产随意性大，各批次产品质量只是凭感觉，无法控制，无定数，差异极大，长此以往，极不利于湖北省水产品加工事业正常、有序和健康发展。同时，淡水鱼绿色食品、无公害食品和有机食品的申报工作严重滞后，认证的产品数落后于其他淡水鱼大省。主要表现有：1) 缺乏严格规范的人员、工器具、场地的清洗、消毒程序；2) 缺乏必要的原料鱼保鲜、防腐设施和设备，如冷库、冷藏车，原料鱼在进厂之后加工之前，已经不新鲜，甚至不同程度地存在腐烂、变质现象；3) 滥用食品添加剂，如一些企业由于自身条件限制，为了防腐而超剂量、超范围地滥用亚硝酸钠、苯甲酸钠等毒性较大和违规的食品添加剂；4) 生产过程卫生管理不规范，一些规模较小的企业不同程度地存在生、熟不分开，半成品、成品不分开，腌制与烟熏过程不规范（存在产生有毒有害物质如亚硝胺、苯丙芘的潜在可能性），杀菌不彻底及非流水作业等生产过程的卫生问题。

(3) 企业规模偏小，缺乏知名品牌和龙头企业

进行淡水鱼粗加工，设备简单，技术要求低，投入不大，因而大量的民间资本迅速进入这一行业。近两年来，武汉、鄂州和荆州等地的淡水鱼加工私人企业迅猛增加，不少企业是作坊式经营，产值多在100万元以下。淡水鱼加工企业规模偏小，小而散，不能形成合力，是湖北淡水鱼加工业的顽症和通病。据统计，湖北产值过1 000万元的水产品加工企业寥寥无几，几乎没有真正意义上的淡水鱼加工龙头企业和知名品牌。多年培育和沉淀的鄂州“武昌鱼”和洪湖“德炎”等湖北水产加工业的知名品牌，由于小企业的恶性竞争和仿冒，正日益受到侵蚀，有退色、退光之虞。

(4) 鱼糜制品发展缓慢，市场举步维艰

湖北省民间有利用低值淡水鱼制作鱼糜制品的习惯和传统，鱼糜制品技术成熟，历史悠久，并形成了一批著名的地方特产，如新洲的垂鱼、云梦的鱼面、荆州的鱼糕和阳新的鱼丸等。然而，没有一种鱼糜制品能像其他地方特产，如金华的火腿、山西的陈醋、孝感的麻糖等一样走向全国市场，成为全国知名的地方特产。阳新鱼丸曾在全国红极一时，但最终销声匿迹；鄂州武昌鱼股份公司利用现代食品加工设备和技术生产的鱼糜制品——鱼香肠，也难以被市场接受。作为淡水鱼资源大省，湖北的淡水鱼鱼糜制品多年来一直没有突破出口零纪录，与沿海地区的海水鱼糜制品出口的强劲势头形成强烈反差。湖北省的鱼糜制品，市场举步艰难，产量很低，不足淡水鱼加工量的10%，淡水鱼加工的产品结构严重失衡，极不合理。鱼糜制品是大量加工、转化低值淡水鱼的重要手段，具有机械化和自动化程度高的特点，是淡水鱼加工发展的根本方向之一，然而湖北省的鱼糜制品发展十分缓慢，其中的原因，值得深思。

(5) 产品研发能力差，科技含量不高

除少数知名企业外，大多数的淡水鱼加工企业几乎没有开发新产品的能力，水产品加工工艺与技术基本维持在比较原始、简陋或者作坊式水平，如就盐腌制品而言，依然采用30%食盐的原始高盐腌制工艺。新产品开发能力差，也使湖北省的淡水鱼加工行业产品跟风、趋同及“一窝蜂”现象严重，风干武昌鱼制品就是最明显的例子。缺乏专业技术人员，产品科技含量不高已成为制约湖北省水产品加工事业进一步发展的关键因素之一，如新洲的垂鱼，尽管历史悠久、营养价值高，在当地久负盛名，但依然沿用和迷信十分传统的加工工艺，没有融入现代食品科技的新内容、新成果，没有与时俱进，致使这一著名的地方特产难以被社会广泛接受。

(6) 综合利用尚未起步，整体效益不佳

水产品加工过程会产生大量的诸如鱼头、骨刺、鱼皮、鱼内脏、鱼鳞及漂洗水等下脚料，这些下脚料占全鱼质量的35%～50%，目前，这些加工下脚料基本没有被综合利用，而是被直接废弃，这样既浪费资源，又污染环境。湖北省有关院所与企业已对下脚料的利用进行过比较深入的研究，如鄂州武昌鱼股份公司将下脚料加工成下脚料粉，用于饲料；湖北水产研究所利用下脚料研制了风味鱼骨酱；湖北工业大学利用现代生物技术和超微粉碎技术将淡水鱼下脚料综合利用，开发了下脚料多肽营养液、超微鱼骨粉和保健鱼油三种产品。

2. 做大做强湖北省淡水鱼加工业的建议与措施

(1) 提高准入门槛，扶持龙头企业，培养知名品牌

淡水鱼加工业设备简单，技术含量不高，投资少，门槛低，在资本自由流动的今天，大量民间资本已进入或准备进入这一行业，致使这一行业已是鱼目混杂、良莠不齐。因此，应提高进入这一行业的硬件和软件门槛，如设备厂房条件、检测仪器、技术人员数量等硬件门槛，以及QS、食品GMP、HAC-CP、ISO系列认证等软件门槛，鼓励大投资、大资本、先进技术与产品进驻湖北省的淡水鱼加工业，引导这一行业向规模化、集约化、规范化、产业化方向发展，以加速这一行业的优胜劣汰过程，

营造扶持龙头企业、培育行业知名品牌的大环境。

（2）提升科技含量，提高研发能力

湖北省水产加工企业普遍存在新产品开发能力差和产品科技含量不高的问题，新产品开发基本是模仿、跟进外省的产品，水产加工业在低水平上盲目发展、徘徊、重复。外省的大型水产加工企业一般拥有自己的专门研发机构，具有很强的新产品研发能力，普遍建立了校企合作的水产食品工程中心。一方面，生产企业能利用大专院校的人才和仪器设备优势，及时解决生产中出现的各种技术难题，有针对性地开发企业所需的新产品，获得人才培训等科技服务；另一方面，大专院校也能利用生产企业的硬件设施，及时将有关行业发展的前沿性、前瞻性的科研成果应用于生产实践，加速科技成果转化。

（3）加强基础理论研究，注重新技术的应用研究

缺乏水产食品专业技术人员和水产加工技术的省际、国际交流，是湖北省水产加工业的突出问题。湖北虽然大专院校众多，但到目前为止，几乎没有一所院校开设有专门的水产食品加工工艺课程，人才培养与实际需求脱节；湖北虽是水产资源大省，但很少有加工企业和相关院校参与省际和国际水产加工学术交流活动，存在自我封闭和闭门造车现象。开展加工学术交流活动，可以及时吸收先进技术和经验，把握行业发展方向。作为资源大省，湖北省应积极开展青、草、鲢、鳙等主要低值鱼种和黄鳝、甲鱼、黄颡鱼等高值鱼的可加工性能，以及下脚料综合利用方面的基础理论研究；同时应注重诸如高压杀菌技术、微波技术、挤压技术、酶技术、超微粉碎技术、现代纳米技术、栅栏技术和新型食品添加剂技术等现代高新技术在水产食品方面的应用研究。

（4）加强行业引导，在资金政策上给予扶持

政府和相关主管部门应从资金、政策等方面引导湖北省的淡水鱼加工业逐步向鱼糜制品加工和精深加工方向发展。如新洲的垂鱼，是全国最古老的鱼糜制品之一，但时至今日，这一产品依然在新洲以最古老、最原始的方法生产，没有采用任何现代技术，致使这一产品欲大不能、欲死不甘。应利用现代技术与设备对这一古老产品进行技术改造，使之产业化并走向全国，但这急需政策与资金扶持。利用税收政策、贷款力度、技术改造资金、专项科技资金等方式，对湖北省淡水鱼加工业予以倾斜和扶持，以做强湖北省的水产品事业，形成新的农业经济增长点，已显得十分必要和紧迫。

[析评]

这是一份市场调查报告。标题点明调查对象是湖北省的淡水鱼加工业。正文导言部分介绍了调查对象的基本情况，提出了淡水鱼加工的产业化问题，以使读者对所调查的对象能形成一个总体印象。

正文主体分两大部分。第一部分从六个方面阐述了湖北省淡水鱼加工业的现状与存在的问题，材料充分，且能注重用数字说明，得出的结论即对存在问题的定性看法，建立在有理有据的分析归纳之上，较令人信服。第二部分为“做大做强”湖北省淡水鱼加工业的“建议与措施”，针对性强，顺理成章，合情合理，具有现实性和可操作性。

文章语言简练、准确，层次分明，内容翔实，针对性强，且具有时效性，是一篇对企业和政府皆有价值的高质量的市场调查报告。

【例文 19-6】

厦门市老年旅游市场调研报告

中国的老龄人口不论是绝对数还是相对数，都堪称世界之最。从市场规模的基础性要素来看，中国的老年市场具有不可限量的开发潜力。推动“老年经济”的发展，提高老年人生活质量，已经成为当代社会必须面对的一项重要议题。

一、厦门市老年旅游市场呈现新亮点

（一）出境成为厦门老人出游主流

近一年，厦门市老年人的旅游地出国出境比例达 42.7%，成为老年人出游的主流，厦门老年旅游者的消费潜力略高于全国平均水平。

随着生活水平的不断提高、生活理念和生活方式的改变，很多赋闲在家的老年人追求生活品质，向往并愿意探寻外面的世界。

老年产业已经成为朝阳产业，老年旅游作为老年文化和休闲产业的一部分，越来越凸显出重要性。

（二）来厦“老候鸟”越来越多

厦门被赞誉为“温馨之城”，温暖的气候、清新的空气、整洁的市容、友好的居民、便捷的交通……被众多北方老年人视为能与海南媲美的“候鸟城市”，他们成群结伴来厦门长期或短期居住。

调查发现，来厦门过冬的“老候鸟”增多，这些老人多来自北京、上海、南京、河北等地，接待南飞“候鸟”成为厦门一些养老社区的主营业务。

近几年新兴的“候鸟养老”不同于传统的养老模式，更像是“旅游式养老”，养老机构更像是家庭旅馆。这些老人生活上完全可以自理，而且基本是离退休干部或教授。目前，厦门的“候鸟养老”市场属于起步阶段，一位老人单月“过冬”成本在 3 000 元左右，部分老人的退休金就足够支付。这些候鸟一族，也成为厦门的潜力旅游消费者。

集美某老年公寓是“候鸟老人”比较集中的居住地。每年 10 月开始，“候鸟老人”就会来到这里，3 月至 6 月陆续“飞回”。该老年公寓给‘候鸟老人”提供良好的服务，将适合观海的五楼六楼腾出来给他们居住，老年人也可以自由自在地出入。同集美人一样享受学习、休闲、娱乐的待遇。据了解，大多数“候鸟老人”均是夫妻同来同住，每间两张床，包吃包住一个月 5 000 元。

二、缺少为老年人定制的特色旅游产品仍是厦门老年旅游市场首要的问题

如何选择合适的旅游产品并付诸行动，成为大多数老年人出行的制约因素。而如何设计符合老年游客的旅游特色产品，也是旅行社等相关旅游服务部门迫切需要解决的问题。

从旅行社提供的问卷分析来看，12 家被调查的旅行社中，有 9 家具有专门为老年人服务的部门，但实际上，除了“夕阳红”专列外，老人家旅行都是混杂在常规的旅行团中运行的，产品线路并没有根据老年游客的特殊性进行设计。

本次问卷调查中，也有不少老年人反映，希望旅行社能够设计适合老年游客的线

路，更加重视人性化的服务，包括老年人牙口不好、健康指标有别于年轻人、饮食要适宜老年人等。

三、在调查基础上，专家建议厦门市老年旅游市场要在老年人和旅行社间搭建服务平台

在老年旅游市场的推动过程中，目前最急缺的主要是老年旅游产品的策划和创意。厦门市旅游协会会长谢进元表示，发展旅游市场应从文化与旅游结合切入，以老年旅游市场为载体传播文化；通过老年旅游，发扬我国敬老文化、孝亲文化、闽南文化。

谢进元认为，厦门老年旅游事业急需搭建沟通老年人和旅行社之间的桥梁和平台。目前，厦门市老龄办下属的厦门市美丽夕阳老年服务中心是厦门唯一专门为老人提供旅游咨询的服务平台。中心主任苗巍告诉记者，厦门市美丽夕阳老年服务中心成立于 2015 年 10 月，依托厦门知名旅游公司，为本市老年群体提供旅游休闲养老信息咨询服务。

（摘自福州新闻网，有改动）

［析评］

这份市场调查报告，在调查研究的基础上，提炼出厦门老年旅游市场呈现出的亮点和存在问题，并在此基础上提出合理化建议，为相关部门准确把握市场脉络，有针对性地设计新型旅游产品提供有力佐证。全文结构合理，思路清晰，条理分明，观点结论鲜明。

二、必需知识

（一）市场调查报告的含义及特点

1. 市场调查报告的含义

市场是商品买卖的场所。市场调查，就是收集、记录、整理和分析市场对商品的需求状况以及与此有关的资料。将市场调查得到的资料进行分析整理、筛选加工之后形成的文书，就是市场调查报告。

2. 市场调查报告的特点

市场调查报告是一种专题调查报告，它除具备调查报告尊重事实、反映问题、总结经验、揭示本质和规律的特点之外，还有如下的自身特点：

（1）鲜明的针对性。撰写市场调查报告的根本目的，是为了摸清市场行情，指导产、供、销。

（2）注重时间性。市场变化很快，市场调查报告必须快速地反映市场变化，及时为企业决策提供参考意见。对于企业来说，时间就是金钱，只有能够及时通过市场调查报告了解国内外技术经济情报，了解市场价格、需求和同类产品的竞争能力，才能不失时机地在一定范围内调整生产和经营，防止盲目生产、无效劳动，提高企业经济效益。

（3）较强的实用性。市场调查报告，可在相当的程度上反映市场现状及趋势，这对于研制、生产和供应适销对路的产品，实用价值是非常明显的、直接的。它的读者虽然不多，但是它提出的建议一经采纳，立刻会产生经济效益。

（4）依赖调查性。撰写市场调查报告离不开市场调查。目前的市场调查多为侧重对消费者的调查，对消费者的调查又多采用问卷形式。对经营状况、条件的调查根据具体情况也有采取问卷方式的。做市场问卷调查，必须预先制作好问卷调查表。调查表要体现作者

恳切的请求和奖励措施，同时，要写清联系地址及领奖方式。

（二）市场调查报告的类型

市场调查的范围很广泛，凡是直接或间接影响市场经营销售的情报、信息，都是市场调查报告的内容。按调查内容，可以将市场调查报告划分成以下三类。

1．市场需求调查报告

这是对市场需求情况进行调查后形成的报告。这类市场调查的内容主要是市场对本企业产品的需求量和影响需求量的因素，调查需紧紧抓住购买力、购买动机和潜在需求三方面进行。

2．竞争对手调查报告

这是对竞争对手的情况进行调查后形成的报告。这类调查的内容主要是竞争对手的总体情况、竞争能力及新产品的发展动向等。

3．经营政策调查报告

这是对企业的经营政策的效应进行调查后形成的报告。这类调查的内容主要是本企业的产品、价格、广告和推销政策、销售和技术服务政策等的效应，通过调查了解企业的销售能力是否适应消费者需要，企业的销售策略是否合理，以便及时发现问题，及时改正。

（三）市场调查报告的结构和写法

1．标题

市场调查报告的标题没有严格的格式。一般带有“调查”二字，并指出调查的对象或内容、范围，如“××小区消费水平情况调查”等。

2．正文

市场调查报告的正文，分概要、主体和结尾三部分。

（1）概要。概要部分主要为调查的缘起、目的、对象、范围、内容、方法和时间、地点等有关调查活动本身的说明。概要部分对提供决策用的市场调查报告是较有意义的，决策部门可据此更准确地把握调查的结果，如对调查方法的了解可以帮助决策者判断调查结果的可信程度。

（2）主体。主体部分是市场调查报告的主要内容，多由情况、分析和建议三部分组成。情况部分应作归纳，分类分问题叙述调查得来的材料，有时可加图表说明，必要时还应对市场背景资料，如地理，气候，政治、经济、文化、社会的变化趋势和政策，法律法规等，做出说明。分析部分表述的是市场调查报告撰写人对调查得来的材料的看法，介绍撰写人对情况的分析归纳，以及从调查中发现的问题、得出的结论等。情况部分和分析部分也可糅在一起写，边介绍情况边进行分析，这种有事实、有数据、有分析的写法，较有说服力。建议部分依据调查材料及对其的分析研究，提出解决问题的方法或应采取的措施、对策等。

（3）结尾。市场调查报告的结尾没有特定的格式，一般是概括全文的观点，写出总结式的意见，或说明调查中存在的问题，预测可能遇到的风险和提出相应对策等。有的市场调查报告写完分析和建议则自然收尾，不另加结尾。供决策参考的调查报告，还应在结尾处署上撰写人姓名、部门和报告完成日期，以示负责。如是受委托为他人撰写的调查报告，还应将委托方、调查方分别写清楚。

相关链接

市场调查报告的写作模板

框图模式

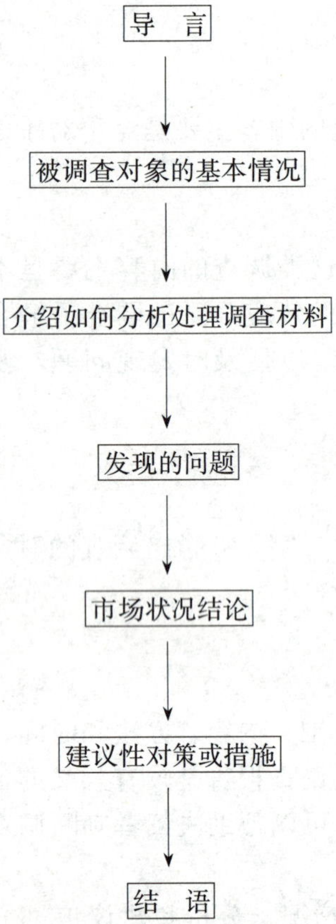

注：以上为市场调查报告基本内容模块结构模式。

文字模板

××××××的调查报告

××。

（导言：介绍调查目的、时间、地点、对象、范围以及采用的调查方法等。或简介报告的主要内容和观点，给读者一个总体印象）

一、××××××××××××××××

1. ××××××××××××××××。

2. ××××××××××××××××。

（基本情况：调查获得的资料数据、图表，被调查对象的过去和目前的商情）

二、××××××××××××××××

1. ××××××××××××××××。

2. ××××××××××××××××。

…………

（分析及结论：介绍如何分析、归纳资料数据）

三、××××××××××××××××

1. ××××××××××××××××。

2. ××××××××××××××××。

…………

（分析及结论：介绍发现的问题、得出的市场状况结论）

四、××××××××××××××××

1. ××××××××××××××××。

2. ××××××××××××××××。

…………

（建议：提出有针对性的对策或措施）

五、××××××××××××××××××××

××。

（结语：或概括全文观点，或总结存在问题，或阐述主要倾向，或预测风险等）

××××年×月×日

（四）市场调查报告的写作要求

1. 实事求是

坚持实事求是地进行市场调查，是写好市场调查报告的可靠保证，因此，写作者一定要亲自参加调查。报告中引用的调查资料要翔实可靠，对于重要的数据要反复核实、测算，做到确凿无误。同时，选材时要客观、全面，不能只选对自己观点有利、支持自己看法的材料，如有对自己观点不利、与自己观点相左的材料，也应附带提及，说明清楚，或加以分析，或录以备考，尽可能避免片面性，以免领导或委托方据以决策时导致失误。

2. 注意观点和材料的统一

撰写市场调查报告不能满足于材料的堆积和数字的罗列，必须既有材料，又有观点，观点统率材料，材料说明观点，切忌观点和材料脱节，更要防止二者相抵触。作者要在反映情况的基础上提出有见地、有说服力的分析意见和相应的建议。

3. 突出重点

市场调查的内容较广泛，涉及的问题也较多，在整理和撰写时，要根据主旨的需要来剪裁取舍材料。一份市场调查报告，要突出重点，一般以回答一两个重要问题为宜，切忌面面俱到。如果调查涉及的内容过多，可以分专题写几份报告。这样，每份报告都能突出自己的重点。

4. 正确把握文体性质和表达方式

市场调查报告是一种兼有说明文、记叙文、议论文特点而又不同于它们的一种应用文体，应偏重于选用比较全面、系统、完整的事实、数据叙述说明问题，并且运用议论的表达方式提出措施建议。市场调查报告的语言要准确、简练、朴实。文中也可运用小标题，各小标题应简洁、醒目。

5. 讲究时效

市场调查所得情况要及时地反映和传递。依据过时的信息，不可能做出准确的预测和科学的决策，甚至会产生负效应。文中要写明调查时间。

第四节　招标书　投标书

一、阅读与析评

【例文 19－7】

培训楼工程施工投标书

根据××铜矿兴建培训楼工程施工招标书和设计图的要求，我公司完全具备承包施工条件，决定对此项工程投标，具体说明如下：

一、综合说明

工程简况：（工程名称、面积、结构类型、跨度、高度、层数、设备）培训楼一幢，建筑面积 10 700m^2，主体 6 层，局部 2 层。框架结构：楼全长 80m，宽 40m，主楼高 28m，二层部分高 9m。基础系打桩水泥浇注，现浇梁柱板。外粉全部，玻璃马赛克贴面，内粉混合砂浆幻彩涂料，个别房间贴壁纸。全部水磨石地面，教室呈阶梯形，个别房间设空调。

二、标价

（略）

三、主要材料耗用指标

（略）

四、总标价

总标价 3 408 395.20 元，每平方米造价 370.23 元。

五、工期

开工日期：××××年 2 月 5 日

竣工日期：××××年 8 月 20 日

施工日历天数：547 天

六、工程计划进度

（略）

七、质量保证

全面加强质量管理，严格操作规程；加强各分项工程的检查验收，上道工序不验收，下道工序决不上马；加强现场领导，认真保管各种设计、施工、试验资料，确保工程质量达到全优。

八、主要施工方法和安全措施

安装塔吊一台、机吊一台，解决垂直和水平运输；采取平面流水和立体交叉施工；关键工序采取连班作业，坚持文明施工，保障施工安全。

九、对招标单位的要求

招标单位提供临时设施占地及临时设施 40 间，我们将合理使用。

十、坚持勤俭节约原则，尽可能杜绝浪费现象

投标单位：××建筑工程总公司（公章）

负责人：李××（盖章）

电话：××××××　传真：××××××

电报：××××

［析评］

这是一份写得较完整、规范的工程建设项目投标书。正文先介绍了工程简况，然后说明了标价、耗材指标、工期、计划进度等，对招标书做出了明确的回答。这可以说是投标单位的正式报价单，是评标决标的依据。该投标书还包括了保证工程质量的措施和达到的等级、主要施工方法、安全措施和对招标单位的要求等。

二、招标书写作的必需知识

（一）招标书的含义及类型

1. 招标书的含义

招标书又称招标说明书，是招标人为了征招承包者或合作者而对招标的有关事项和要求做出解释和说明，利用投标者之间的竞争而达到优选投标人的一种告知性文书。

2. 招标书的类型

招标书有各种不同的分类方法：按时间分类，有长期招标书和短期招标书；按范围分类，有面向企业内部、系统内部的招标书和面向全社会的公开招标书，或本地区招标书和外地招标书、非竞争性招标书和排他性招标书等；按计价方式分类，有固定总价项目招标

书、单价不变项目招标书和成本加酬金项目招标书等；按性质和内容分类，有工程建设招标书、大宗商品交易招标书、选聘企业经营者招标书、企业承包招标书、企业租赁招标书、劳务招标书、科研课题招标书、技术引进或转让招标书等。

（二）招标书的结构和写法

写作招标书的目的是邀请投标人参加投标。招标书的写法比较概括，不必写得很详尽，具体条件另用招标文件说明，发送或出售给投标人。招标书的内容主要包括：招标单位和招标项目名称，招标项目的具体要求，投标资格与方法以及技术、质量、时间等要求，投标开标的日期、地点和应缴费用等。

招标书的结构一般由标题、正文与尾部三部分组成。

1. 标题

通常由招标单位名称、招标项目名称和文种三部分构成，如“××大学修建图书馆楼的招标通告”；也有省略招标项目或只写文种的。

2. 正文

一般用条文式，有的也可用表格式。对于招标的条件和要求、投标开标的日期等投标人应当知晓的事项，应简要概括，分条列出。商品招标书要求标明商品的名称、数量、规格、价格等。科技项目招标书则要求写清招标原则，项目名称，任务由来，研究开发目标，研究开发内容，经济技术指标，研究开发的进度要求、成果要求、经费要求，承包单位的条件及要求等。

3. 尾部

要写清招标单位名称、法人代表、签署日期并加盖印章、联系人姓名、招标单位的地址、邮政编码、电话号码等，必要时还可写上开户银行及账号。

相关链接

招标书的写作模板

框图模式

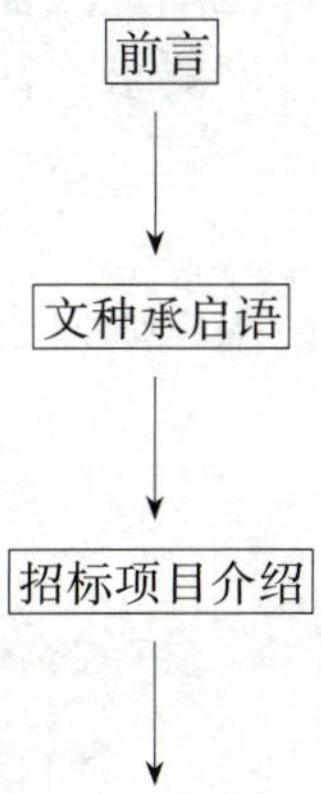

文字模板

×××集团公司××××××项目招标书

×××集团公司就本公司××××××××××项目进行公开招标，欢迎××××××××××参加投标（前言：基本情况、行文目的或事由）。具体招标内容如下（文种承启语）：

一、招标项目介绍

×××××××××××××××。

二、招标条件和要求

1. ×××××××××××××××。

2. ×××××××××××××××。

三、验收要求

×××××××××××××××。

×××××××××××××××。

招标条件和要求

↓

验收要求

↓

付酬方式

↓

投标截止时间

↓

开标地点和日期

↓

其他

↓

结尾

注：以上为招标书基本内容模块结构模式。

四、付酬方式

××××××××××××××。

五、投标截止时间

××××年 4 月 26 日 18:00。

六、开标地点和日期

××××年 5 月 8 日在本集团公司行政楼 333 会议室开标。

七、其他说明

×××集团公司法人：张大力总经理

联系人：石××，李××

地点：×××集团公司新办公楼 3 楼网络信息中心

联系电话：86575927

传　　真：86500629

E-mail：xtg@impu. edu. cn

×××集团公司（印章）

××××年四月八日

（三）招标书的写作要求

1. 内容合法合理，切实可行

招标书的要求和应知事项，要符合国家有关法律、法规、政策规定；技术质量标准要注明是国际标准、国家标准、部颁标准还是企业标准；招标方案既要科学、先进，又要适度、可行。

2. 重点明确，内容周密

招标项目（即标的）是招标书的核心内容，对其有关情况、招标范围、具体要求，都要写清楚。如建设项目，应写明工程名称、数量、技术质量要求、进度要求，甚至建筑材料的要求，等等。该写的一定要写全，尽可能周到。

3. 语言表述应简明、准确

无论是定性还是定量说明，都应准确无误，没有歧义，尽可能使用精确语言而少用模糊语言。

三、投标书写作的必需知识

（一）投标书的含义及类型

1. 投标书的含义

投标书是投标者为了中标而按照招标书提出的项目、条件和要求提供给招标者的承诺文书。

投标和招标是相对应的，先有招标，后有投标。招标书是投标书的引导，议标、评标、定标等环节的活动，无不是围绕招标书而进行的；中标和签订合同，也要以招标书为凭据。

投标是一个比实力、比技术、比信誉、比价格、比能力、比策略的竞争过程，也是一个限制与反限制的过程。投标是否成功，因素很多，但与投标书撰写得好坏有着直接的关系。

2. 投标书的类型

投标书有各种不同的分类：按投标方人员组成情况，可分为个人投标书、合伙投标书、集体投标书、全员投标书和企业（或企业联合体）投标书等；按性质和内容，可分为工程建设项目投标书、大宗商品交易投标书、选聘企业经营者投标书、企业承包投标书、企业租赁投标书、劳务投标书、科研课题投标书、技术引进或转让投标书等。

（二）投标书的结构和写法

投标书的内容与招标书相对应，要对招标的条件和要求做出明确的回答和说明。

投标书一般由标题与时间、正文、尾部三部分组成。

1. 标题与时间

标题一般写上文种“投标书”即可，也可包括投标形式、投标内容和文种，如“租赁××市印刷厂的投标书”。投标的时间可写在标题的右下角，也可写在文末投标人的单位名称下面。

2. 正文

投标书的正文一般可分条列项（也可用表格式）写明投标的愿望、项目名称、技术要求、商品价格和规格、交货日期等。承包经营项目的投标书，其正文一般要阐述对投标项目基本状况的分析，找出优势和存在问题；提出经营方针；说明承包目标、考核指标以及达到目标的可行性分析和拟采取的措施；对招标者提出的要求、条件的认可程度等。

正文部分引用的数据要准确、完整；论述要条理清楚，说理透彻；目标要明确可信；措施要切实可行。

3. 尾部

要写清投标人的单位名称、法人代表以及邮政编码、地址、电话号码、传真号码、电子邮箱等，以便联系。

如果是国际投资，则应将投标书译成外文，写明国别、付款方式以及用什么货币付款等。

有的投标书还要由上级业务主管部门和公证监督机关签名盖章。如有必要，还应附上担保单位的担保书以及有关图纸、表格等。

（三）投标书的写作要求

1. 实事求是

投标方必须在认真研究招标书的基础上，客观估计自己的技术、经济实力和相应的赔偿能力，经过专家的充分论证后，再决定是否投标，并实事求是地填写标单和撰写投标书，切不可妄加许诺、徇私舞弊、弄虚作假、害人害己。因为一旦中标，就要在规定期限内与招标方签订合同，按合同办事。如不实事求是，将给国家、招标单位和本单位造成严重的经济损失，或违约或毁约而承担法律责任。

相关链接

投标书的写作模板

框图模式

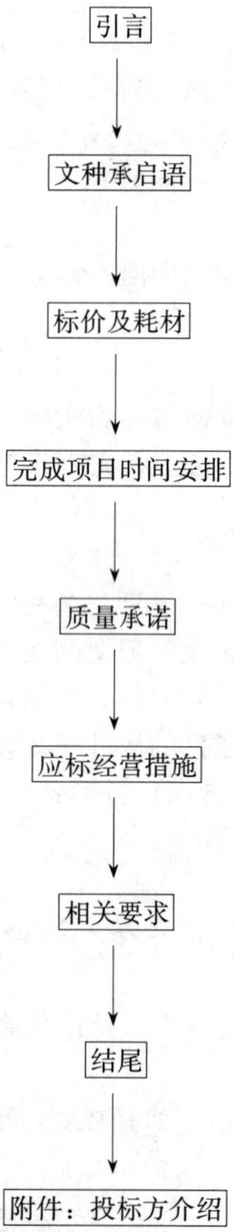

注：以上为投标书基本内容模块结构模式。

文字模板

××××××××××投标书

根据××××××××招标书的要求，我公司完全具备××××××的能力与条件，决定对此项目投标（引言：说明投票依据、指导思想和投标意愿）。具体投标说明如下（文种承启语）：

一、投标方案简述

×××××××××××××××××××××××××××××。（工程名称、面积、结构类型、跨度、高度、层数等）

二、标价及主要材料耗用指标

×××××××××××××××××××××××××。

四、工程计划进度表

××××××××××。

五、质量标准承诺

××××××××××××××××××××。

六、应标经营措施（施工方法和安全措施）

××××××××××××××××××××。

七、对招标单位的要求

××××××××××××××××××××。

八、其他

××××××××××××××××××××。

投标单位：××建筑工程总公司（公章）

投标单位法人：李××（盖章）

电话：×××××××× 传真：××××××××

附件：××建筑工程总公司基本情况介绍（说明具备投标条件）

××建筑工程总公司（公章）

××××年×月××日

2. 内容明确具体

对于投标书的具体内容，如目标、造价、技术、设备、质量等级、安全措施、进度等，都要详细写明，力求具体、明确，一目了然。如果交代不清、笼统含糊，就不会被招标单位认可，也就难以中标。

3. 讲究时效性

招标单位之所以招标，是希望利用投标人之间的竞争来达到优选买主或承包方、租赁方、合作者的目的。招标都规定了明确的时限，过期不候。所以，投标一定要讲究时效性，要在规定的时限内写好并送出投标书，才有中标的可能。

复习与训练

一、名词解释

合同　意向书　市场调查报告　招标书　投标书

二、填空题

1. 合同的主要特点是________、________、________和________。

2. 意向书的一般特点是________、________和________。

3. 市场调查报告的特点主要是________、________、________和________。

4. 按调查内容分，市场调查报告的种类可分为________、________和________三类。

5. 市场调查报告的正文，分________、________和________三个部分。

6. 中标和签订合同，要以________为依据。

7. 招标书的标题，通常由________、________和________三部分构成。

三、简答题

1. 合同的主部主要包括哪些条款？

2. 合同写作有何注意事项？

3. 意向书为何只要求对一些重大问题做出原则性的确定，不涉及具体问题、具体细则？

4. 意向书主要起什么作用？与合同的作用有何异同？

5. 意向书写作主要注意什么问题？

6. 市场调查报告的正文如何写？

7. 市场调查报告写作有何注意事项？

8. 招标书、投标书各自的正文、尾部主要包括哪些内容？如何写？

9. 招标书、投标书写作各自有何注意事项？

四、阅读与析评题

下面这份合同存在哪些问题？应该如何修改才符合经济合同的写作要求？

交换办公用房合同

甲方：广州工业总公司

乙方：深圳市药业集团公司

甲乙双方为了便于在穗深两地联系业务，需交换办公用房作为各自的办事处。现本着友好合作的精神制订如下协议：

一、甲方在广州市隆兴路168号大楼中为乙方提供一单元住宅（三室一厅，实用面积不得小于80平方米）作为乙方驻穗的办事处用房。

二、乙方在深圳市为甲方提供同样的一单元住宅，规格同上，作为甲方驻深办事处用房。

三、双方分别负责为对方上述办事处供水、供电及安装电话，以确保日常业务活动的正常开展。

四、本合同有效期为五年，是否延期届时根据需要商定。

五、本合同自双方同时履约之日起生效。

六、未尽事宜，由双方另行商定。

甲方代表签字　　　　　　　　　　　　乙方代表签字

甲方公章　　　　　　　　　　　　　　乙方公章

年　月　日　　　　　　　　　　　　　年　月　日

五、写作训练

1. 下面是一份建设工程合同的纲要，请按合同写作要求填写有关项目，并补充合同的前言和落款，有关内容可以虚拟。

建设工程合同

第一条　工程名称：

第二条　工程地点：

第三条　建筑面积：

第四条　工程造价：

第五条　包工形式及材料、设备供应：

第六条　付款和结算办法：

第七条　技术资料供应：

第八条　工程期限：

第九条　工程质量与验收：

第十条　工程保修：

第十一条　奖励与处罚：

第十二条　临时设施：

第十三条　本合同正本两份：

第十四条　合同有效期限：

第十五条　其他条款：

2. 根据下述内容，写一份买卖合同。

大丰果品商店的代表张三先生，于××××年×月×日与光明园艺场的代表叶四小姐签订了一份合同。双方在协商中提到：大丰果品商店购买光明园艺场出产的水蜜桃8 000斤、鸭梨10 000斤和苹果15 000斤。要求每种水果在八成熟采摘后，一星期内分三批交货，由光明园艺场负责以柳条筐包装并及时运到大丰果品商店；其包装筐费和运输费均由大丰果品商店负担。各类水果的价格视质量好坏，按国家规定的当地收购牌价折算，货款在每批水果交货当日通过银行托付。如因突发的自然灾害不能如数交货，光明园艺场应及时通知大丰果品商店，并互相协商修订合同。在正常情况下，如果大丰果品商店拒绝收购，应处以拒收部分价款20%的违约金；光明园艺场交货量不足，应处以不足部分价款30%的违约金。这份合同一式四份，双方各执一份，各自送上级单位备案一份。

提示：

（1）购买各类水果的要求，可列表表示（见附表）。

（2）本合同各条款项目顺序为：一、产品名称、品种规格、数量；二、交货日期；三、质量要求；四、验收办法；五、交货方法、包装运输方式和费用负担；六、结算方式和期限；七、违约规定；八、其他约定事项。

附表

产品名称	品种规格	计量单位	数量	单价	总价	备注
合计人民币金额（大写）：						

3. ××××学院学生会与××成人学院学生会经过友好协商，拟合作开展学生课余活动。试拟一份两校学生会合作开展多项课余活动的意向书。有关内容可以虚拟充实。

4. 根据下列材料，以××市轻工业商品贸易大厦筹备处的名义，写一份工程设计招标书。有关内容可以虚拟、充实。

经上级批准，准备新建轻工商品贸易中心大厦。建筑面积30 000平方米，楼高20层，建筑地点在××区××路中段。要求由甲级设计单位并具有必要的设计条件和成功地设计过类似项目的设计单位投标设计。有欲设计者请于××××年10月20日前到××市轻工业商品贸易大厦筹备处面洽。联系人：轻工招待所105房间××先生。联系电话：6664258。

第二十章 诉讼文书

诉讼文书是司法活动的产物，是为司法活动服务的，是保护公民合法权益的有力武器，它与相应的司法文书相结合，能够记载诉讼过程。诉讼文书具有主旨的鲜明性、材料的客观性、语言的准确性、格式的规范性等特点。

本章结合对起诉状、上诉状、申诉状和答辩状例文的阅读与析评，介绍这些诉讼文书写作的必需知识。通过学习，应掌握它们的一般写法。本章主要介绍写作民事诉讼文书的必需知识。

第一节 起诉状

一、阅读与析评

【例文 20－1】

民事起诉状

原告：俞×珍（原名陶××），女，35 岁，汉族，××市人，××市××区服务局幼儿园保育员，住××市××区××路 416 楼 3 单元 15 号。

被告：邹××，男，50 岁，汉族，××市人，××××大学教员，住××市××路 727 弄 46 号。

被告：张××，女，78 岁，汉族，××市人，无业，住××市××路 727 弄 46 号。

请求事项：请依法判决将邹×如的遗产由我继承一部分。

事实和理由：原告和被告邹××系兄妹关系，和张××系继母关系。张××系原告父亲邹×如之妻。张××不能生育，遂收邹××为其养子。因我父亲要亲生子心情迫切，经邹××及其爱人金××（住××市××路 727 弄 34 号）介绍，我父亲与我亲母相识并同居。当时我父母约定：如生子，娶我母亲为二房；如生女，我母亲另嫁，所生之女由父亲抚养。1948 年我出生，一年多后我母亲（现住××市××楼 12 楼 3 单元）便与别人结婚。我父亲找了一间房（××市××路 253 弄 14 号，房主是吕××），并雇一奶妈（名金×）抚养我，每月给奶妈一百斤米作酬金。我的生活费和教育费均由我父亲按月交我母亲，再直接邮寄给我，直至1966年（当时我18岁），由于“文化大革命”邹家被抄，家庭经济困难，才中断了抚养关系。以上事实，我父亲堂弟邹×熊（现住××市××路28号）和沈××（现住××市×××北路61号）、施××（现住××市×××北路159弄14号）均可作证。

我父亲于1971年去世。1979年××床单厂落实政策，将“文化大革命”中查抄我父亲的财物和扣发的工资共三万余元退还。由于当时该厂不了解我和被告的关系，将我父亲三万余元遗产全部交被告继承，被告也未对我提及此事。只在1979年6月给我们母女寄来二百元。

我父亲生前曾和金×珠、陶×雯讲：“我很对不起×珍，她结婚我也没有花钱……等落实政策后我一定分给×珍一部分。”邹××1972年来××市时也当面对我说：等父亲落实政策后让我去××市探望父亲的骨灰。

以上事实证明我是邹×如之亲生女。根据《中华人民共和国婚姻法》规定：“非婚生子女享有与婚生子女同等的权利，任何人不得加以危害和歧视。”因此，邹×如的遗产，我和被告均有继承的权利。被告独占邹×如的遗产，显然侵犯了我的合法权益。现提起诉讼，请求人民法院查清事实，依法判决邹×如的遗产由我继承一部分。

此致

××市×××人民法院

原告　俞×珍

××××年×月×日

[析评]

这是一份民事起诉状。尽管时间跨度大，事情较复杂，但依然叙述得有条不紊，值得借鉴。该起诉状将被继承人、原告、被告以及关系人之间的关系交代得比较清楚；关键的地方能注意举证，并注明了证人的详细住址，以便法院调查处理；叙述了被继承人对原告的抚养，这样写，增强了诉状的说服力；理由部分虽然文字不多，但由于引用了法律条文，颇有力量。

二、必需知识

（一）起诉状的含义及作用

起诉状（俗称“状子”“书状”或“状纸”），又称诉状，是当事人（个人或单位）为维护自身（即原告）权益，依法向人民法院提出诉讼、请求裁判的文书。

民事案件的原告（或其诉讼代理人），为维护原告的民事权益，就有关民事权利和义务的争执，或其他民事纠纷，向有权受理本案的第一审人民法院起诉，要求依法处理而送交的书状，称为民事诉状，又叫做民事起诉状。

自然人、法人或者其他组织（或其诉讼代理人）认为行政机关和行政机关工作人员的具体行政行为侵犯了其合法权益，向有权受理本案的第一审人民法院起诉，要求依法处理而送交的书状，称为行政诉状，又叫行政起诉状。

被害人（或其法定代理人）直接向人民法院提起诉讼的刑事案件，称为自诉案件。刑事自诉案件的自诉人，根据事实和法律，直接向人民法院控告被告人侵犯自身权益，要求追究被告人刑事责任的书状，称为刑事起诉状。这种刑事起诉状，通常称为刑事自诉状，以区别于绝大多数刑事诉讼案件中由国家公诉机关——检察机关提起公诉时的“起诉书”。

当事人向法院告状，其目的就是通过诉状，把案件的事实（犯罪事实或纠纷事实）记叙清楚，把起诉的理由和法律根据讲明白，把诉讼的目的说清楚，让法院了解刑事自诉人或民事原告人对案件的看法、意见和要求，以便对案件进行审理。因此，刑事诉状、行政诉状和民事诉状是人民法院对案件进行审理或调解的依据和基础，写好诉状对法院了解情况和处理案件有较大的帮助。

（二）起诉状的特点

1. 民事起诉状的主要特点

（1）必须是由与本案有直接利害关系的人提起。

（2）必须是向有权受理本案的第一审人民法院提起。

（3）争执焦点应属民事权益或者其他民事纠纷，例如财产所有权、财产继承权、知识产权、债权、经济合同的纠纷以及婚姻家庭纠纷等属于民法、经济法、婚姻法的调整范围。

2. 行政起诉状的主要特点

（1）必须是由与本案有直接利害关系的公民、法人或者其他组织提起。

（2）必须是向有权受理本案的第一审人民法院提起。

（3）行政诉讼的对象是行政机关和行政机关工作人员的具体行政行为，主要包括涉及行政处罚和行政强制执行引起的纠纷、涉及行政管理行为引起的纠纷。

3. 刑事起诉状的主要特点

（1）必须是被害人或其法定代理人提起自诉的书状。

（2）被告人（即被起诉、被控告的人）的行为必须构成犯罪。

（3）必须是向对本案有管辖权的第一审人民法院起诉的书状。

（4）必须是对法定的自诉案件提起诉讼的书状，即对经告诉才处理或其他不需要进行侦查的轻微刑事案件提起自诉的书状。

（三）起诉状的结构和写法

起诉状由首部、正文和尾部三部分组成。

1. 首部

首先，写文书的名称，如标题“民事起诉状”。其次，写原告和被告的基本情况。一般先写原告，后写被告。是公民个人的，应写明姓名、性别、出生年月日、民族、职业、工作单位、住址等项；是法人或其他组织的，应写明法人或该组织的名称、所在地址，以及法定代表人或主要负责人的姓名、职务。被告基本情况的写法与原告相同，如有的项目不知道，可以不写，但必须写明被告的姓名或名称、住址。因为“有明确被告”是人民法院受理案件的法定条件之一。如果有第三人参加诉讼，则应当在列写当事人之后，再写明第三人的姓名和基本情况。

2. 正文

（1）事实与理由。这是起诉状的核心部分，是请求人民法院裁决当事人之间权益纠纷和争议的重要依据。主要写明：纠纷的由来、发生和发展的情况，争执的主要焦点和争执的具体内容；举出充分的人证、物证、书证及其他对原告起诉有利的证据，并写明证据来源；根据事实和证据，写明认定被告侵权或违法行为的性质和所造成的后果以及应承担的责任；恰当地引用法律条款，说明提起诉讼是具有法律依据的。要注意运用法律术语，力求语言精练。

（2）请求事项。即请求人民法院依法裁决的具体事项，或诉讼要达到的最终目的。如对民事起诉状来说，诉讼请求多为要求赔偿损害、清偿债务、履行合同、归还产权，要求与被告离婚，要求被告给付赡养费、抚养费，要求继承遗产等。诉讼请求，要写得明确、具体，要合理、合法，且文字概括、简练。

3. 尾部

文末先写明“为此（或‘为……’），特依法向你院起诉，请依法判决”一类请求语，接着换行写“此致”，再换行顶格写“×××人民法院”。

若有附件，则应写明名称和件数，如需提交证据，则要写明证据的名称和数量。

最后在起诉状的下端写“原告×××”或“具状人×××”。

如系律师代书，则写明×××法律顾问处或××律师事务所律师×××（姓名）代书，并在下面注明起诉的年、月、日。

归纳起来，起诉状的基本格式如下：

起 诉 状

案由：____________________

原告人：姓名、性别、年龄、民族、籍贯、职业、工作单位、住址、电话号码

被告人：姓名、性别、年龄、民族、籍贯、职业、工作单位、住址、电话号码

请求事项：____

____

事实和理由：____

____

此致

____________________人民法院

具状人：______________（签章）

____年____月____日

附：1. 本诉状副本______

2. 物证______

3. 书证______

相关链接

起诉状的写作模板

框图模式

原告和被告情况

↓

文字模板

起诉状

原告人：××市××区××公司

地址：××市××区××路×号

法人代表：×××，系公司经理

被告人：××市××区××商店

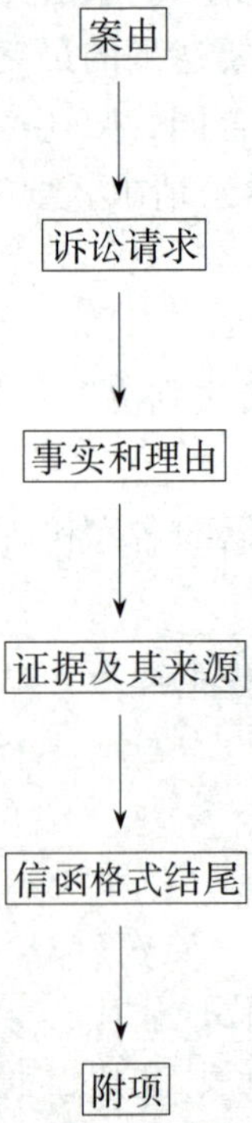

注：以上为经济纠纷起诉状基本内容模块结构模式。

地址：××市××区××大街×号

法人代表：×××，系商店经理（原告人和被告人的情况；有诉讼代理人时应写明其情况和代理权限）

案由：追索货款，赔偿损失（概括写明起诉之因）

诉讼请求：

1. ×××××××××××××。

2. 责令被告赔偿原告提起诉讼而产生××××损失，包括诉讼费、请律师费等。（诉讼请求：概括写请求人民法院依法裁决的具体事项）

诉讼事实和理由：

×××××××××××××××××××××××。

根据《××××××××××××》第××条第××条的规定，被告应当承担××××××××××××××××。（事实和理由：包括事实经过、证据、理由和法律依据）

证据和证据来源：

1. ××××××××××××××××

2. ×××××××××××××

此致

××区人民法院（结尾：按信函格式）

起诉人：××市××区××公司（公章）

××××年×月×日

（结尾：按信函格式）

附：1. 本状副本1份；

2. 书证×份。（附项：本状副本、物证、书证及件数）

第二节　上诉状

一、阅读与析评

【例文 20－2】

民事上诉状

上诉人（原审被告）：××市运输站站长王××。

被上诉人（原审原告）：史××，男，28岁，汉族，本市第一中学教师，住本市×路×号。

上诉人因车祸一案，不服××市××区人民法院××××年×月×日×字×号民事判决，特提起上诉。现将上诉理由和请求陈述如下：

原审判决认定：史××之子史×明，8岁，因扒乘市运输站4吨解放牌汽车，司机姜××明明知晓，却不停车予以制止，而是照开快车，致使史×明摔断肋骨，判令被告人赔偿史×明全部医疗费用。

上诉人认为上述认定与事实真相不符。

一、史×明在×日×时×分确曾扒乘原审被告的4吨解放牌汽车。司机姜××发现后，曾停车劝其不要扒车，史×明当场下车。后当车子开动，史×明又偷偷地在后车厢铁杆上吊爬汽车。司机姜××发现后准备刹车，严令其不要吊爬汽车。不料史×明害怕受斥，急从车上跳下，摔在地上。此时正逢一男青年骑自行车急驰而过，来不及刹车，撞在史×明身上，致使其肋骨折断。而该青年因害怕追究事故责任，骑车飞快逃逸。此事有现场目击者居民施××老太太可以证明。出事时，施××老太太曾喊过："脚踏车撞人！脚踏车撞人了！"

二、根据市第××人民医院检查证明，史×明的肋骨折断，是外物严重撞击所致，而非从车上摔到地上所致。

三、为顾惜被上诉人遭此不幸，在史×明住院期间，上诉人一方司机姜××曾携带价值伍拾元的营养品去医院慰问。上诉人也派员到医院捐助人民币贰佰元，帮助被上诉人减轻医药费负担。但被上诉人竟将此认定为是上诉人做贼心虚，投诉到××市××区人民法院，控告上诉人，请求法院判令上诉人赔偿全部医药费用。上诉人认为原审原告的请求和原审法院判决是无理的。基于上述事实和理由，恳请××市中级人民法院深入调查，弄清事实真相，做出公正而合理的判决。

此致

××市××区人民法院转致

××市中级人民法院

上诉人：××市运输站法定代表人

王××（盖章）

××××年×月×日

[附] 人证：施××，女，55岁，居民，住本市××路×号

[析评]

这份民事上诉状格式完备，合乎规范，叙述了事情发生发展的过程，陈述了充分的理由，列举了人证物证，证明原审人民法院的判决是不正确的。如果辩驳时能引用一些不当的原审判决的词句，再列出一些过硬的证据，使上诉的事实和理由更加充分，那就更容易获得胜诉。

二、必需知识

（一）上诉状的含义及作用

上诉状，是诉讼当事人或他们的法定代理人，不服一审法院的第一审判决或裁定，在法定的上诉期限内，向原审法院的上一级法院提起上诉，要求重新审理案件的书面请求。

民事上诉状、行政上诉状是民事、行政诉讼当事人及其法定代理人不服一审法院第一审民事、行政判决或裁定，依照法定程序和期限，向上一级人民法院提起上诉，请求撤销或变更原审裁判而提出的书状。

刑事上诉状是刑事诉讼当事人及其法定代理人，不服一审法院的第一审刑事判决或裁定，依照法定程序和期限，向上一级人民法院提起上诉，请求撤销或变更原审裁判而提出

的书状。

上诉是法律赋予诉讼当事人的一项诉讼权利。我国刑事、民事和行政三大诉讼法的有关条款对当事人的上诉权都作了明确规定。上诉对维护当事人的合法权益和完善司法制度具有重要意义：一方面，如果上诉符合事实，理由充分，经二审法院审理后，做出正确裁决，可避免错案的发生；另一方面，如果原审裁决正确，经终审裁决后，就可以使正确的裁决得以维持，保证了法律的正确实施。

（二）上诉状的特点

1. 民事、行政上诉状的主要特点

（1）必须是由民事、行政诉讼当事人及其法定代理人提起，别人无权提起。

（2）必须是对地方各级人民法院第一审裁判不服才提起。

（3）必须依照法定程序和期限，向做出第一审裁判的上一级人民法院提起上诉。

2. 刑事上诉状的主要特点

（1）上诉必须是由刑事诉讼当事人及其法定代理人提起。

（2）必须是对地方各级人民法院（而不能对最高人民法院）的第一审（而不能对第二审，第二审裁判是终审裁判）裁定或判决不服才提起。

（3）必须是按照法定程序和期限提起，即在法定的期限内，向做出第一审裁判的上一级法院提起，不能超期，也不能越级。

（三）上诉状的结构和写法

上诉状由首部、正文、尾部组成。

1. 首部

首先，写明文书名称，如“民事上诉状”“行政上诉状”。其次，按上诉人、被上诉人、第三人的顺序写明当事人的基本情况，并在“上诉人”或“被上诉人”后用括号注明其在原审中的诉讼称谓（如“原审原告”“原审被告”等）。

2. 正文

正文要写明提起上诉的原因、上诉事实与理由和上诉请求。

（1）提起上诉的原因。一般可表述为：“上诉人因与×××关于××一案，不服×××人民法院×年×月×日×字第×号××判决（裁定），现提起上诉。”

（2）上诉事实与理由。要明确提出原审裁判在认定事实、适用法律、诉讼程序等方面的错误或不当之处，并运用准确的事实、确凿的证据和有关的法律依据加以反驳、论证，以说明自己的上诉请求是合法的。上诉理由要有的放矢，层次分明，逻辑性强，理由如有几方面，可分条列项来写，使上诉请求得到充分的支持。

（3）上诉请求。写明上诉人请求第二审人民法院依法撤销或变更原审裁判，以及如何解决争议的具体要求。

写上诉状请求要明确、肯定、具体，要有针对性，文字要简洁。一般可考虑从以下三个方面提出上诉请求：

1）事实方面。原判认定的事实不存在；原判认定的事实有出入、遗漏；原判认定的事实证据不足。

2）理由方面。原判不适用于所引以为据的法律条文；原判定性不当；原判过重或过轻。

3）程序方面。原审判决或裁定不合法律程序。

一般写法是：上诉理由写完后，总括一句：“为此，特向你院上诉，请依法撤销（或变更）原判。”

3. 尾部

尾部应写明：接受上诉的法院名称，上诉状副本份数（上诉要按照对方当事人的人数提供副本），证据的种类、数量，证人的姓名、工作单位、住址。上诉状还需由上诉人签名、盖章，并写明上诉日期。

归纳起来，上诉状的基本格式如下：

上诉状

上诉人（原审　　）：姓名、性别、年龄、民族、籍贯、职业、工作单位、住址、电话号码

被上诉人（原审　　）：姓名、性别、年龄、民族、籍贯、职业、工作单位、住址、电话号码

上诉人因××一案，不服人民法院于××××年×月×日×字×号××判决（或裁定），现提出上诉，上诉请求和理由如下：

上诉请求：________________________________

上诉理由：________________________________

____

此致

________________人民法院

上诉人：____________（盖章）

____年____月____日

附：

1. 上诉状副本×份
2. 物证×件
3. 书证×件

相关链接

上诉状的写作模板

框图模式	文字模板
上诉人与被上诉人基本情况 ↓ 因何事上诉 ↓	上诉状 上诉人：××××有限公司（被告）。 法定代表人：××，经理。 被上诉人：×××××培训中心。（原告） 法定代表人：×××，主任。（上诉人与被上诉人基本情况） 案由： 上诉人因合同纠纷一案，不服×市×区人民法院××××判决书判决，请上级法院重新审理改判。（概括写明因何事上诉）

上诉目的

↓

上诉理由

↓

信函格式结尾

↓

附项

注：以上为经济纠纷上诉状基本内容模块结构模式。

上诉请求：

1. ××××××××××××××；

2. ××××××××××××××。（概括写明上诉目的）

上诉事实及理由如下。

一、原判决第一款：“×××××××。”不符合《××××××》第×条“×××××××”规定，应改为××××××××。

二、原判决第二款：“××××××××××。”不符合事实，应改为×××××××××××××。

…………

（上诉理由：针对原审判决和裁定，从或事实，或定性，或援引法律条文不准，或法定程序不符，而提出纠正的依据）

此致

××省××市中级人民法院

上诉人：××××有限公司

法定代表：××

××××年×月××日

（结尾：按信函格式）

附：1. 本上诉状副本×份

2. 书证×份

（附项：本状副本、物证、书证及件数）

（四）上诉状与起诉状的异同

上诉状与起诉状都是诉讼文书，都有明确的诉讼对象和明确的案件纠纷，都要遵循法院对诉讼文书的格式及书写的规定，结构也基本相同。其不同之处主要有：

（1）起诉状必须写清事实；而上诉状一般无须写事实，只需明确指出原审判的错误或不当之处，并概括地写出不服原审判的理由即可。

（2）起诉状是针对被告的，写法上多用叙述和说明；而上诉状是针对原审判的，侧重于据理反驳，讲求事理分析，符合逻辑，故常用夹叙夹议的写法，并要求议论恰当，请求中肯，语气平和恳切。

第三节　申诉状

一、阅读与析评

【例文 20－3】

刑事申诉状

申诉人：陈××，男，21 岁，汉族，原系××市××机修厂工人，现住××市××路×号。

申诉请求：请求撤销编号〔××××〕刑字第××号判决。

申诉事实与理由：××××年×月×日，我被××市××区人民法院按伤害罪，以〔××××〕刑字第××号判决书判处有期徒刑三年。原审所认定的我于××××年×月×日持水果刀将王××手臂刺伤的情况是事实。但是有如下两点不当：

1. 判决书认定的某些事实不清。×月×日晚，因我家与王家发生纠纷，王家兄弟两次冲入我家先动手打人，将我打成右眼下部皮肤裂伤。这些情节在判决书中只字不提，不符合“以事实为依据”的审判原则。

2. 定性不准，处理不当。我与王××同住一层楼，是邻里关系。陈、王两家发生的只是邻里纠纷。双方在扭打中互有伤害，且事后我主动到派出所认错，并拿出一千元作为对方的医药、营养费的补偿，还作了书面检查。本来完全可以调解处理。可是我却被你院以伤害罪判处有期徒刑三年，不符合“以法律为准绳”的审判原则。

为此，特请求人民法院对我的案件重新审查，予以纠正。

此致

××市××区人民法院

申诉人　陈××

××××年×月×日

附：1. 原判决书副本1份

2. 证人郑×、刘××的情况简介

[析评]

这篇刑事申诉状篇幅虽然不长，但重点突出。它着重对事实的关键内容进行了澄清，对事实的性质用法律与政策进行了分析，扣得较准。行文条理清楚，语言简洁，语气得体。

二、必需知识

（一）申诉状的含义及作用

申诉状又称再审申请书，是申诉人对人民法院已经发生法律效力的判决、裁定，认为有错误而向人民法院或人民检察院（只有刑事申诉可以向人民检察院提出）提出申请重新审理予以复查纠正的书状。

民事、行政申诉状是民事、行政诉讼当事人及其法定代理人，对已经发生法律效力的判决、裁定不服，向原审人民法院或其上一级人民法院提出申请复查纠正的书状。

刑事申诉状是刑事诉讼当事人及其法定代理人、被害人及其家属，对已经发生法律效力的刑事判决、裁定认为确有错误，向人民法院或人民检察院提出申请复查纠正的书状。

申诉是法律赋予诉讼当事人、法定代理人、受害人的合法权利。它体现了我国社会主义司法工作依靠群众、发扬民主、实事求是、有法必依、违法必究、有错必纠的原则。使用申诉状既维护了法律尊严，促使司法机关坚持真理，修正错误，也维护了申诉人的合法权益，促使司法机关重新审判，减少冤假错案。

一般情况下，对已发生法律效力的判决、裁定和调解协议不服，应向原终审人民法院提出申诉。

（二）申诉状的特点

（1）必须是由与所申诉事件有利害关系的公民、法人或其他组织提出的。

（2）可以向人民检察院（仅指刑事申诉，而民事、行政申诉不能向人民检察院提出）、原审人民法院或原审的上级人民法院提出。

（3）申诉是对已经发生法律效力的判决、裁定不服才提出的。

（三）申诉状的结构和写法

申诉状一般由首部、正文、尾部组成。

1. 首部

首先，写明文书名称，如“民事申诉状”“行政申诉状”等。其次，写明当事人的基本情况。提出申诉的当事人称“申诉人”，因为申诉是针对原审判决、裁定有误而要求复审改判的，所以没有“被申诉人”一项。

2. 正文

正文要写明申诉的缘由、事实与理由、请求事项等。这部分是申诉状的重点。

（1）申诉缘由。包括原来案件的案由、原处理机关名称、处理时间、处理文书名称及不服处理的表示。一般表述为：“申诉人因××一案，不服××人民法院于××××年×月×日所作的×字第×号一审（或二审）判决（或裁定、决定），提出申诉。”

（2）事实与理由。这是申诉状的核心部分，也是能够引起审判监督程序（或复查）的重要依据，主要针对原判决、裁定（或决定）的错误之处，从认定事实、适用法律和诉讼程序上存在的问题，分别加以阐述，并提出有关证据材料和有关法律规定进行论证，以此来论证所提出的请求事项是合理合法的。

（3）请求事项。要明确、具体写明请求人民法院予以解决什么问题，给予怎样的改变处理等，如请求撤销（或变更）原裁决等。

3. 尾部

应写明接受申诉的机关名称，附原审判决或裁定（决定）书复印件及有关证据材料，由申诉人签名盖章，并写上申诉的时间等。

归纳起来，申诉状的基本格式如下：

申 诉 状

申诉人：姓名、性别、年龄、民族、籍贯、职业、工作单位、住址、电话号码

申诉人因××一案，不服××人民法院于××××年×月×日所作的×字×号判决（或裁定），现提出申诉。

申诉的事实和理由如下：

根据上述事实和理由，申诉人请求：

1. ______________________________

2. ______________________________

3. ______________________________

此致

××人民法院

申诉人：××（签名或盖章）

____年____月____日

附件：
1. 本状副本×份
2. 物证×件
3. 书证×件

相关链接

申诉状的写作模板

框图模式

申诉人基本情况
↓
概括写申诉之因
↓
请求重新审理事项
↓
申诉事实、理由和法律依据
↓
证据及其来源
↓
信函格式结尾
↓
附项

注：以上为经济纠纷申诉状基本内容模块结构模式。

文字模板

申诉状

申诉人：××××有限公司
地　址：××县××街××号
法定代表人：×××主任（申诉人基本情况）
案由：
申诉人因对××省高级人民法院×××第×号经济纠纷判决不服，现提出申诉。（概括写申诉之因）
申诉请求：
请求重新审理×××××××一案，纠正××省高级人民法院×××第×号经济纠纷判决。（概括写请求重新审理的具体事项）
申诉理由：
一、×××××××××××××××××××××××××××。（申诉理由：包括事实经过、证据、理由和法律依据）
…………
四、×××××××××××××××××××××××××××。（申诉理由：包括事实经过、证据、理由和法律依据）
证据和证据来源：
1. ××××××××××××××
2. ××××××××××××
此致
××省高级人民法院

申诉人：××××有限公司（盖章）
××××年×月×日
（结尾：按信函格式）

附：1. 本状副本1份；
2. 原审判决书原件复印件；
3. 裁定书的原件复印件。（附项：本状副本、书证及件数）

（四）申诉状与上诉状的异同

上诉状与申诉状的性质、目的相同，都是对原审法院的判决或裁定不服，要求纠正错误。但二者又有明显的区别（尽管二者在写作格式上相似）：

（1）上诉状是对未发生法律效力的判决、裁定进行上诉；申诉状是对已经发生法律效力的判决、裁定不服而提出申诉。申诉时，判决、裁定不能停止执行。只有当申诉成功，人民法院改判后，才能根据改判撤销或更换原判决、裁定。

（2）上诉有时间限制，过期失效；申诉没有时间限制。

（3）上诉状只能向上一级人民法院提出，而申诉状可向原审判的法院或原审的上级人民法院、人民检察院（民事、行政申诉不能向人民检察院提出）提出。

第四节　答辩状

一、阅读与析评

【例文 20－4】

民事答辩状

答辩人：××市××××房地产开发总公司代表何××，公关部经理。

案由：上诉人张××因房屋拆迁一案，不服××市××区〔××××〕民字第19号的判决，提出上诉。现答辩如下：

答辩理由：为了适应本市商业发展的需要，我公司于××××年12月向市城建规划局提出申请报告，要求拓宽新建丝绸百货大楼前面场地150平方米。市城建局于12月25日以市城建字〔××××〕71号批文同意该项工程。同年在拓宽场地过程中，需要拆迁租住户张××一户约18平方米的住房，但张××提出的要求过于苛刻。几经协商，不能解决。答辩人不得已于××××年1月××日投诉于××市××区人民法院。××市××区人民法院于××××年2月以〔××××〕民字第19号判决书判处张××必须于××××年3月底前搬迁该屋，并由市房地产开发总公司提供不少于原居住面积的房屋租给张××居住，但张××仍无理取闹。据此，答辩人认为张××的上诉理由是不能成立的。

一、张××说我们拓宽新建丝绸百货大楼前面的场地是未经批准的。这是没有根据的。一审法庭曾审查过房地产开发总公司要求拓宽新建丝绸百货大楼前面场地的报告和市城建局城建字〔××××〕71号的批文，并当庭概述了房地产开发总公司的报告内容，还全文宣读了市城建局的批文。这些均有案可查。张××不能因为要求查阅市城建局的批文，未获准许，而否认拓宽工程的合法性。

二、张××说我们未征得她本人同意，与房主×××订立房屋拆迁协议是非法的。这更无道理。张××租住此屋，只有租住权，并无房屋所有权。所有权理当归属房主×××。我们拓宽场地，拆毁有碍交通和营业的房屋，理当找产权人处理，张××无权干涉和过问。

应当指出，对于张××搬迁房屋一事，我们已作了很大的让步和照顾。我们答应她在搬迁房屋时提供离现居住房屋500米的××新建宿舍大楼底层朝南房间一间，计20平方米，租给她居住。而张××还纠缠不清，漫天要价，扬言不达目的决不搬迁。

综上所述，答辩人认为××市××区人民法院的原判决是正确的，合法而又合情合理，应予维持。

　　此致

××市中级人民法院

答辩人：××市房地产开发总公司

代表：何××

××××年四月二十五日

［析评］

这份民事答辩状是被上诉人的答辩，所以属“被上诉答辩状”。状文先说明拓宽新建丝绸百货大楼前面的场地是经市城建规划局批准的；再陈述上诉人不服判决，提出的上诉理由是站不住脚的。这就为下面的答辩奠定了基础。理由部分，先将上诉状的无理和歪曲事实的主要方面扼要地叙述出来；然后提出根据，列条论证，讲明道理，驳斥上诉人的无理要求；最后用“综上所述……”提出答辩请求，即要求二审法院维持原判。

这份答辩状针对性强，目的明确，表述清晰，文字简洁，格式正确，可供借鉴。

二、必需知识

（一）答辩状的含义及作用

1. 答辩状的含义

答辩状是被告或被上诉人针对起诉的事实和理由或上诉的请求和理由，进行回答和辩解的文书。

答辩状分民事答辩状、行政答辩状和刑事答辩状三类。答辩状是与起诉状或上诉状相对应的一种诉讼文书。

2. 答辩状的作用

（1）体现诉讼当事人的权利和义务一律平等的原则。被告或被上诉人通过答辩状，可以针对原告或上诉人所提出的起诉或上诉事实、理由和根据以及请求事项，进行有的放矢的回答辩解，阐明自己的理由和要求，并提出事实和证据来证实自己的观点，以保护自身的合法权益。

（2）有利于人民法院在全面了解案情的基础上，辨明是非，做出正确的判决。通过对诉状或上诉状、答辩状的全面了解，人民法院可以全面了解诉讼当事人的意见、要求，对如何进行调查、调解和审理，做出适当的考虑和安排，以保证合法、合理、合情，及时地处理好案件。

此外，根据具体案情，答辩人还可以通过答辩状对刑事诉讼的起诉人和民事诉讼的原告提起反诉。

（二）答辩状的特点

（1）作者的特定性。答辩状必须由民事、行政案件的被告或上诉案件的被上诉人、刑事案件的被告人提出。

（2）写作时间上的规定性。答辩状必须是在法定期限内提出。

（3）内容上的针对性。答辩状必须针对起诉状和上诉状的内容进行答辩。

（三）答辩状的结构和写法

答辩状一般由首部、正文、尾部组成。

1. 首部

（1）标题。应写明标题，如“民事答辩状”或“行政答辩状”，二审为“民事被上诉答辩状”或“行政被上诉答辩状”。

（2）答辩人的基本情况。答辩人是公民的，应写明姓名、性别、年龄、民族、职业或工作单位、住址等；答辩人是法人或其他组织的，应写明名称、法定代表人、地址等。

2. 正文

（1）答辩事由。写明对何人起诉或对上诉的什么案件提出答辩。

一审答辩状一般表述为：“因××所诉关于××纠纷一案，现提出答辩如下”；或写为：“××××年×月×日，收到××（原告姓名）的起诉状副本，现就起诉状所述各点答辩如下”。

二审答辩状一般表述为：“因××不服原审判决而上诉一案，现提出答辩如下”；或表述为：“××××年×月×日，接到上诉人××的上诉状副本，现就上诉的请求和理由答辩如下”。

（2）答辩理由。如同其他诉状一样，理由是关键性的内容。在这部分要明确地回答对方的诉讼请求，提出自己的主张并阐明理由。答辩的情况有两种：

1）承认对方的诉讼请求。即表示愿意接受原告或上诉人提出的实体权利请求。当然，在答辩实践中，被告人或被上诉人答应对方的诉讼请求，通常只是部分答应或附有条件地答应。

2）反驳对方的诉讼请求。着重从实体上进行反驳，即针对对方起诉或上诉的事实和理由，依据有关法律条文，从事实和理由上进行辩驳。有时也可从程序上进行反驳，即以诉讼方面的规定为依据，证明其没有具备起诉所发生和进行的条件，从而达到驳倒对方诉讼请求的目的。

（3）答辩请求。在充分阐明答辩理由的基础上，经过综合归纳，明确提出答辩结论，并请求人民法院依法做出公平合理的判决或裁定。

如果起诉状或上诉状的某些内容是可以肯定或接受的，也应表明态度。如果要反诉原告或上诉人，则要提出反诉请求。

3. 尾部

尾部包括以下内容：

（1）呈送的机关。先写“此致”，再另起一行顶格写“××人民法院”。

（2）由答辩人签名盖章，并注明年月日，如系律师代书，还要注明代书人。

（3）附项注明物证、书证的名称和件数。

归纳起来，答辩状的基本格式如下：

答辩状

答辩人：姓名、性别、年龄、民族、籍贯、职业、工作单位、住址、电话号码

因______________一案，提出答辩如下：

____

____

此致

____________人民法院

答辩人：__________（盖章）

____年____月____日

附：

1. 答辩状副本×份
2. 书证×件
3. 物证×件

相关链接

答辩状的写作模板

框图模式

答辩人基本情况
↓
概括写答辩之因
↓
针锋相对地逐一答辩
↓
提出答辩意见
↓
请求法院裁决
↓
信函格式结尾
↓
附项

注：以上为经济纠纷答辩状基本内容模块结构模式。

文字模板

答辩状

答辩人：××××有限公司

地址：××市××路××号

法定代表人：×××经理

委托代表人：××××市××律师事务所律师（答辩人、委托代表人基本情况）

答辩人于××××年×月×日收到××法院交来原告人（或上诉人）因××一案的起诉状（或上诉状），现答辩如下：（案由：概括写答辩之因）

一、×××××××××××××××××××××××××××××××××××××。（答辩的理由：针锋相对回答原告人或上诉人的诉讼请求，并明确阐明本方对争议事实的主张和理由）

…………

三、×××××××××××××××××××××××××××××××××××××××。（答辩的理由：针锋相对回答原告人或上诉人的诉讼请求，并明确阐明本方对争议事实的主张和理由）

我们认为一审法院的判决是公正的，起诉人（或上诉人）的起诉（上诉）理由是没有法律根据的，恳请二审人民法院公正审理，维持原判。（答辩意见：在阐明答辩理由的基础上，答辩人提出答辩意见和处理意见，请求法院裁决）

此致

××省高级人民法院

申诉人：××××有限公司（盖章）

××××年×月×日

（结尾：按信函格式）

附：1. 本答辩状副本1份；

2. ×××××××。

（附项：本状副本、书证及件数）

复习与训练

一、名词解释

起诉状　民事起诉状　行政起诉状　刑事起诉状　上诉状　民事上诉状　行政上诉状　刑事上诉状　申诉状　民事申诉状　行政申诉状　刑事申诉状　答辩状

二、填空题

1. 诉讼文书的主要特点是________、________、________和________。
2. 起诉状还有几个别称，即________、________和________。
3. 民事起诉状是人民法院对案件进行________和________的依据和基础。
4. 上诉状并非针对__________________。
5. 上诉状是对各级地方人民法院第________审裁定或判决不服提起的。
6. 申诉状又称________书。
7. 一般情况下，对已发生________的判决、裁定、调解协议不服，应向________人民法院提出申诉。
8. 申诉状没有________人一项。
9. 上诉________时间限制，申诉________时间限制。
10. 根据具体案情，答辩人还可以对刑事诉讼的起诉人或民事诉讼的原告提起________。
11. 答辩状分________、________和________三类。
12. 答辩状是与________或________相对应的一种诉讼文书。

三、简答题

1. 民事起诉状、行政起诉状、刑事起诉状各有何主要特点？
2. 起诉状的首部和尾部写作有何规定？
3. 起诉状的核心是什么？起诉状的事实与理由如何写？
4. 民事、行政和刑事上诉状有何主要特点？
5. 上诉状的首部和尾部写作有何规定？
6. 上诉状的事实与理由应如何写？
7. 上诉请求一般可以从哪些方面提出？
8. 试分析上诉状与起诉状的异同。
9. 申诉状有何主要特点？
10. 申诉状的首部和尾部写作有何规定？
11. 申诉状的正文包括哪几部分？各部分应如何写？
12. 例文17-3申诉状的事实与理由部分，对申诉的关键问题首先提出自己的看法，然后用事实加以证明，可谓“先理后据”式写法。试阐述这种写法有何好处。
13. 试分析申诉状与上诉状的异同。
14. 答辩状有哪些主要特点？
15. 答辩状的首部和尾部写作有何规定？
16. 答辩状的正文包括哪些内容？各部分应如何写？

四、病例析改题

1. 王某瞒过办公室主任和其他办公室的同志，私吞公款一万五千九百多元。
2. 身为镇党委书记的黄××伙同四个镇党委的干部，长期进行赌博活动。

3. 张××欲砍孙××时，孙母、孙兄见状，上前夺张手中的菜刀，张朝其头部猛砍一刀，倒地身亡。

4. 刑侦科长派老刘和他的儿子一起照看负伤的派出所所长。

5. 刘×将文云胸部一边刺一刀后逃跑。

6. 省政法工作会议以后，许多区组织了法律顾问处。

7. 该犯行凶杀人计在二人以上。

8. 李×杀死了妻子母亲到派出所报案。

9. 被告并非一贯打架寻衅。

10. 该犯的罪行有极其的危害性。

11. 该犯罪行极大，性质严重。

12. 赃款除查获者外，已基本为该犯所挥霍。

13. 王×把现场勘查情况向局里作了详细的汇报，马上召开会议研究侦破计划。

14. 被告竟手持铁叉将李××头部前额戳上。

15. 对于违反新婚姻法的人和事，要以思想教育为主，开展批评与自我批评。对于少数情节严重的要依法惩处。

五、阅读与析评题

阅读下面的民事答辩状，回答文后的问题。

民事答辩状

答辩人：赵××，女，27岁，××市第×幼儿园教师。

答辩人于××××年4月5日收到××市××区人民法院的应诉通知，现对于××起诉我伤害赔偿一案依法提出答辩意见如下：

一、原告所诉完全不是事实。

诉状称：××××年1月15日上午，原告与被告因工作产生了一些小矛盾，被告顿生歹念，在原告走进被告任教的幼儿班教室与其交代工作时，被告突然冲上前去，用手卡住原告的脖子破口大骂，当原告试图挣扎摆脱时，被告竟以锋利的指甲抓原告的脸部，后经本单位同事劝阻，被告方才被迫停止了对原告的伤害行为。

客观事实是：××××年1月15日上午10时左右，我（答辩人）一人在本班教室当班，正坐在风琴旁看报纸，没注意王××走进我班教室，她是否喊了我我也不知道，突然走上前来的王××用劲地推了我一掌，并对我说："你干啥子?"我当时所坐的位置距离窗台约80公分左右。她这一掌将我从椅子上推了下来，摔向地面，头碰在窗台边，同时将窗台上放的一小塑料桶碰翻（当时在我班上玩耍的本园女职工杨××之女陈××，10岁，系××小学四年级学生，以及全班幼儿均可证明）。王××将我推倒在地后并没有向我表示歉意，也未前来扶我，我心里很生气，便爬起来大声责怪了她几句。王××听后就上前来抓住我的衣服辱骂我、打我。为了保护我自己不被高出我许多的王××伤害（王××身高约1.67米，我的身高1.53米），不得已而举手抵挡，幸亏有同事们及时前来劝阻，我才幸免于难。但我的脸右侧已被王××抓伤六处。

上述事实，有全班小朋友目睹，10岁的陈××也在场。原告的伤害行为刚被制止，原告就将经过向我园老师讲得清清楚楚，事后幼儿园派行政老师李××、张××二位同志进行了调查。

需特别强调的是：原告与答辩人一样，都是幼儿园教师，原告竟在诉状上称，到我（答辩人）任教的幼儿班教室与我交代工作，可见其本身陈述是不真实的。

二、因原告过错引发本纠纷后，致使答辩人脸部也受到六处伤害，伤情经××省法医学技术鉴定委员会损伤鉴定所鉴定为轻微伤，而原告诉请赔偿的医疗费，据幼儿园调查所知，原告仅花去人民币26元，且是在本园公费医疗指定医院就诊，何来那么多的医疗费、交通费、护理费，且事因原告而起，答辩人为此所花费用600元也应由其承担。

三、原告无须整容，不存在整容费的问题。

如前所述，原告只有一点轻微伤，且是由于自己寻衅滋事造成的，为什么向答辩人要整容手续费？答辩人脸上亦有伤害，也需整容，请法庭判令责任人王××支付后续医疗费、整容费、营养费2万元。

四、原告自己到答辩人处滋事，当着全班幼儿园侮辱答辩人人格，答辩人没有伤害原告，不应承担任何抚慰费，反而是原告先侮辱答辩人，应承担精神损害赔偿费1万元。

五、答辩人脸部右侧被原告伤害六处，至今仍有明显痕迹，答辩人将在适当时候提起反诉。

六、本案原告无理缠诉，应自行承担本案诉讼费。

总之，原告无理起诉，请法院查明事实，依法驳回原告的诉讼请求。

此致

××市××区人民法院

答辩人：赵××

××××年四月十八日

问题：

（1）该答辩状在格式上由哪几部分组成？

（2）该答辩状在事实理由的阐述上用了什么议论方法？

（3）该文体现了答辩状的哪些特点？

（4）该文的语言有哪些不严密之处？

六、写作训练

依托下列材料，拟写一份诉讼文书。

葛××，男，34岁，汉族，××市人，××区个体户，住××街5号。告××市公安局××分局局长曹××。

事实和理由：××××年6月10日上午8时许，住在我楼上的胡×因往楼下倒脏水，溅进我家厨房。我与他评理，胡×抄起菜刀就往我脑袋砍，鲜血直流。我用衬衣包住头，去某医院包扎。当时有邻居和居委会干部在场。这件事经××派出所处理，对胡×给了警告处分，我也给了警告处分。派出所的理由是，经过血衣、刀鉴定，结论是上边的血不是人血。

我认为，派出所对其仅予警告处分，过轻。为了这件事，我曾于××××年×月×日对××派出所第×号裁决书提出复议申请。请求对其加重处罚，并重新鉴定血衣、刀。但××公安分局于××××年×月×日下达复议裁定书反而维持对我的警告，并撤销了对胡的警告处分，也没有对血衣和刀进行重新鉴定。

我不服××公安分局×复字〔××××〕5号复议裁定书。我的法律根据是《治安管理处罚条例》第三十九条和《行政诉讼法》第三十七条有关规定，提起诉讼。

第七部分

学术文书写作

第二十一章 学术文书

本章首先结合对学术论文、毕业论文例文的阅读与析评，着重介绍学术论文写作的必需知识。之后，介绍了毕业论文答辩的必需知识。通过学习，应掌握学术论文的一般写法。

第一节　学术论文

一、阅读与析评

【例文 21－1】

“写作思维场”论

杨文丰

当今的写作思维研究，将人类复杂整体联系的写作思维分解为单个的或部分的写作思维来认识。这是敲碎圆镜的方法。笔者认为，客观的研究，应该把写作思维视作一个完整的圆镜系统，从场论的视角进行考察。

一

确立写作思维场的依据是什么？“场”原是物理学概念，是指相互作用的客观存在。我们“可以把思维确定为：人脑对现实的概括、间接的反映；这种反映借助词而实现，并以已有的知识为中介；这种反映是和人对世界的感性认识及其实践活动密切联系着的”。写作是写作主体按照写作思维进行的系统活动，是写作主体各种思维相互作用及其定向运动的活动。我国知名的思维学学者陶同教授指出：“主体大脑贮存的种种信息是通过生理的物质和能围绕统一的思维线索相互作用而形成的。脑中任何一思维的闪现都是思维场中种种因素共时性相互作用的整体功能和结果。”具体来说，写作思维活动中主要存在四种相互作用：一是思维与知识、经验等之间的相互作用。写作是创造性活动，写作思维必然会涉及主体所掌握的知识及写作经验，也得考虑与当时已有的写作经验和理论有什么关系，用什么手法和途径去实现，等等。二是写作思维与思维之间存在着相互作用。写作活动是多种创造性思维活动的结果，其间，至少有两种以上思维会发生相互作用。三是新信息进入思维领域之后，即使不是和所有思维起相互作用，也会与至少一种思维产生相互作用，如对其接纳或拒绝，限制或交流，左右或利用等。四是任何写作新思维都产生于或离不开各种相互依存的思维群整体，因为，正如格式塔心理学指出的："任何一种行为都产生于各种相互依存事实的整体，以及这些相互依存的事实具有一种动力场的特征，这就是场论的基本主张。"

写作思维场的确立，也可从电磁场、引力场等"物理场"的特征得到印证。物理场的基本特征有：(1) 存在于空间区域；(2) 场内因素之间具有相互作用；(3) 场本身具有能量、动量和质量，且在一定条件下可以和实物相互转化。写作思维场也有这些基本特征。首先，写作思维场存在于大脑这一空间区域；其次，写作思维场内各思维之间，思维与知识、经验之间也确实存在着互相影响、互相制约、互相排斥和交融等作用；再次，写作思维场也存在着能量、动量和质量，写成的文字是它们转化为实物的标志。写作思维场的能量，在一定程度上可通过写作主体的表现得到形象的昭示，如诗人写诗时的迷狂、激动、速度及顺畅程度等，便是写作思维场能量大小的表现。物理场中的动量与速度有关，其方向就与速度的方向相同。写作思维场是具有思维流向和思维速度的场。写作思维场的流向，即是思维的指向，思维的速度则表现为写作思维的效率。写作思维场的质量，可看作是写作思维场效应的质量，它也可外化为写作的质量。

确立写作思维场，并不否认个体思维对写作活动的影响，而是将写作活动中的各种思维置于一个客观上存在相互作用的综合环境，即场之系统中去考察。在写作思维场这个系统中，若没有个体思维的作用，也就没有各个体思维之间的相互作用，因而也就没有了超个体的整体写作思维场了。

二

写作思维场，是各种思维、信息以写作为目标指向，共时空性地产生相互作用、整合，从而产生出整体效应的动态功能系统。写作思维场以场的形态存在，是由基础与信息场、发散思维场和收敛思维场三个子场构成的复合场。各子场由本身的构成因素相互作用而形成。各子场的内涵及与写作思维场的关系如下：

基础与信息场主要由写作主体的资质禀赋、观察力、兴趣、情绪、意志、气质、生活经历以及知识等要素构成。知识隶属于信息。其中知识又是一个由经验、理论和方法构成的综合化、整体化、系统化的体系。师承关系等也归入这一体系。写作主体的知识结构，作为中介，对写作思维场起着极大的制约作用。苏联心理学家捷普洛夫指出：一个空洞的头脑是不能进行思维的。缺乏与写作指向有关的知识，等于缺乏思维的原材料，"巧妇难为无米之炊"，难以使思维继续进行；反之，知识越丰富，思路就越灵活，判断也就越准确。可见，知识又是使写作思维场有序进行的基础和保证。情绪则可以通过智力因素间接地影响写作。"情绪是人对客观事物的态度的内心体验，是由客观事物引起的。"能够引起强烈情绪反应的事物，容易记住。情绪越丰富，写作思维场中的想象就越活跃。基础与信息场基于本身各构成因素的变化和相互作用，呈现动态变化性。写作主体在时间序列中因受时代氛围、教育等的影响，会推动基础与信息场的重塑。基础与信息场和写作思维场及其他子场之间，亦产生相互作用和影响，产生动态变化，在动态变化中影响着写作主体的写作活动。

基础与信息场对写作思维场的贡献主要是基础作用，而要使写作思维灵活，新思想层出不穷，则不得不依赖于发散思维场。发散思维又名辐射型思维，它围绕某个问题沿多个方向想开去，以求寻找尽量多的解决问题的新思路或新方案。发散思维的基本方法包括逆向思维、侧向思维、想象、联想、灵感、直觉、假说等，它们是发散思维场的构成因素，互相作用、影响、交融。一个写作题材进入写作思维场，写作主体为了确定是否值得写，它既可产生直觉判断，也可产生假说或想象活动；假说之中又同时有想象和直觉在相互作用。正是这些发散思维方法的相互作用、影响和交融，构成了发散思维场。发散思维场根据各构成因素的动态变化和运动，构成了自身的内部运动。发散思维场的能量、动量和质量，皆体现在所产生的思路上。发散思维场最大的特点和功能在于善于冲破思维定式，能积极、主动地开拓出新思路。

收敛思维场由各收敛思维的相互作用、相互影响和相互交融产生。常见的收敛思维有分析与综合、比较与类比、抽象与概括、归纳与演绎、定性与定量等。收敛思维是纯理性思维，它的产生必须以发散思维为前提。有了发散思维提出的诸多新思想、思路，收敛思维场才可进行扬弃、评价、选择、提炼、组织和确认。

复合型的写作思维场中的三个子场，既相对独立，又互相联系、互相制约、互相配合、互相影响。其相互关系可由下图表示：

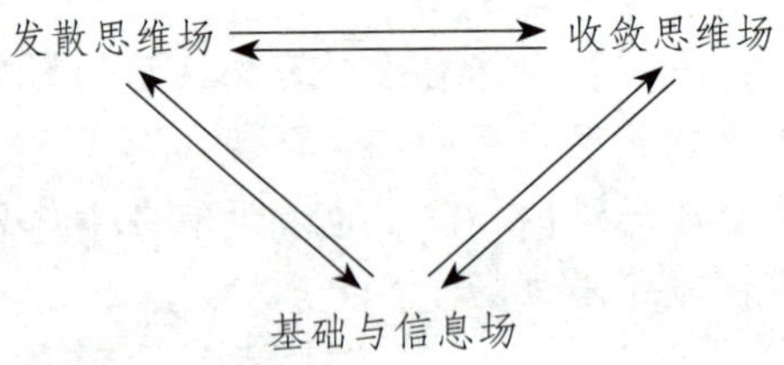

基础与信息场既为发散思维场提供基础信息，也为收敛思维场的决策预备了信息等水准和条件，起着基础场的作用；发散思维场既是收敛思维场的前提，也对其他两个子场起到影响、促进等作用，发散思维场起着“思维发生器”的作用；收敛思维场既是写作思维场的“决策机关”，也对其他两个子场起到影响、促进等作用。三个子场相互联系、影响和作用，不仅构成了写作思维场，也促进着写作思维场的演化，并产生出场效应。

三

写作主体进行写作活动，写作思维场的场效应就产生了。写作思维场的场效应主要表现在以下几个方面：

（一）立意为文。“为文”是指写作思维场以成文为根本指向、目标或结果，还需考虑不同文体的规范体式。“立意”即确立为文的中心思想或基本意向，以及选字、组句、构段、结篇的指导思想。文意的隐显、朦胧、深刻、肤浅等，皆由写作思维场的立意倾向决定。意是写作的前提，通过字句而得以表现。同时，立意也对写作思维场运行起到一定的引发导向作用。朱光潜先生就曾在《作文与运思》一文说道：“写成的字句往往可以成为思想的刺激剂。我有时把一段话预先想好，可是把它写下来时，新的意思常源源而来。”

（二）整体性。写作思维场效应的整体性，主要体现在三个方面：一是写作思维场中的任何一个行为，均是整体效应的结果，而整体效应得靠各子系统或各思维因素的共同作用才能产生。任何单一思维方式（比如想象），都是受思维场中其他思维的作用才能产生。当然，其间有的作用可能转化了，有的也可能中途消失了。二是写作思维场的所有作用均发生在同一相关的空间区域，因而富有空间整体性，这是必然的。三是写作思维场中的各种相互联系和作用，“具有时间整体性，即在系统整体的演化发展过程中，发展的每一步都具有继承性和延续性。”

（三）能动性。写作思维场效应的能动性，是指促使写作主体进行写作的思维、写作以及对生理反应产生影响的能力和作用。能动性产生的原因，一方面是写作思维场内部各因素、各子场之间，存在着不断的运动和相互作用，促使着写作思维场的演化和发展；另一方面是写作思维场与外界环境之间存在着不断的物质、能量与信息的交换，这些外因通过内因也对写作思维场产生作用，共同构成了写作思维场的能动性。写作思维场的能动性主要体现在三个方面：一是使写作具有明确的目的性和计划性。目的性与立意为文相关，它使主体对所写的作品具有总体构想和实施步骤。二是使写作呈现主动创造性。写作主体面对的写作题材、词语很多，主动地根据最有利于表达写作的中心和文体的需求，做出主动的选择、改造和创造。三是使写作对写作主体的生理活动产生影响。科学事实已经证明，人的心理，一方面依赖人体的生理过程，另一方面又积极地作用于人体的生理过程。对于写作主体来说，“脑越用越灵”是合乎规律的。

（四）混沌性。在混沌学者看来，世界的本质是非线性的，三体相互作用就会进入混沌。“混沌状态，即宏观混乱、微观有序的状态。所以混沌亦不是一片混乱，而是有序和无序的统一，是乱中有治，是决定论系统当中自身产生出来的随机性。”对混沌的描述，学界尚未统一，常见的涉及有序与无序、稳定与非稳定、完全性与非完全性、确定性与非确定性等方面。有的学者已发现了非线性系统由有序向混沌转化的常数为4.669 201 609 0。写作思维场作为系统，也同样存在着混沌性，对写作思维场来说，混沌的主要表现有：整个写作思维场中各子场皆有许多因素、规律在其中起作用，它们相互联系、交互作用、纵横交错，造成了整体无规律或失向性状态；写作思维场中此部分状态有序，另一部分却无序，有序与无序共存互扰，又倾向妥协。对一篇文章的整体如何写有基本倾向，而对文章的局部如何写尚未明晰，或局部如何写明晰，整体如何写尚不明晰，等等。混沌状态有一个最显著的特征，就是“蝴蝶效应”。写作思维场效应中确实是存在蝴蝶效应的：一篇散文作品，开篇首句文字高雅或粗犷，影响所致，可使整篇文字风格皆高雅或粗犷。

（五）跃迁性。跃迁性是指写作思维场从常态不经过逻辑推理直接跳跃到高级态或极态状态的特征。写作思维场的跃迁性表现为直觉和灵感。在写作中，直觉是写作主体的写作思维场在一瞬间便判断、理解、把握和领悟出并非刻意追求过的事物的“主要矛盾”，并做出主观结论的场效应。当写作对象与写作主体的内在信息“碰撞”时，便可跳过逻辑推理，立即产生“共鸣”和“理解”，使写作思维场直接跃迁到直觉状态。而灵感的出现，同样没有经过正常的逻辑推理。灵感是写作主体的意识和潜意识高度清晰、敏锐而异常积极地涌现，并与相关的信息实现最佳的融合，指向性创造能力突然跃迁到高级态或超常态时的心理状态。灵感是写作思维场中各因素之协同性突然跃迁，创造能力瞬间达到超常发挥，可一气呵成作品或克服创作难关时的场效应。直觉和灵感，绝非个别思维因素的行为，而是整个写作思维场非逻辑性的总体效应。直觉和灵感作为写作思维场的跃迁性效应，说明写作思维场作为非线性系统，在发生演化的继承性和延续性渐变的同时，同样存在着突变。这是写作思维场演化过程中的一种思维跳跃和间断。

（原载《学术研究》，1998（6））

[析评]

这是本教材作者的一篇写作学科论文。论文导论开门见山，提出应该引入场论的视角，将写作思维视作一个完整的系统进行研究。论文正论分为三个部分：第一部分从多个方面论证写作思维场成立的依据、理由；第二部分首先对写作思维场做出理论界定，接着论证作为复合场的写作思维场的三个子场的构成、特点，各子场的相互作用及其对写作思维场的影响、作用；第三部分分别论证了写作思维场的五个场效应，其间，从场的角度对写作思维的有关主要问题，如对直觉、灵感，提出了新的理论认识。论文融合了心理学、创造学、物理学和写作学等学科的知识，立论新颖、有据，论证适当、合理，语言简洁，结构严谨，层次分明，有较强的逻辑性。

【例文 21-2】

浅论企业核心竞争力

吴×× 杨××

【提要】企业核心竞争力是企业经营的根本依托，是企业竞争优势的决定力量，同时核心竞争力又是一个复杂和多元的系统。企业核心竞争力的形成和培育必是一个长期的战略过程。

【关键词】**企业核心竞争力；学习型组织；企业文化**

中图分类号：F270 文献标识码：A 文章编号：1008-2751（2002）04-0040-02

随着市场经济的发展，企业核心竞争力已经成为企业竞争优势的决定性力量。从短期看，企业产品质量、性能和服务质量决定了企业的竞争能力；从长期看，以企业资源为基础的核心能力则是企业保持竞争优势的决定性源泉。在本文中，笔者仅就企业核心竞争力谈一点浅见。

一、核心竞争力的含义

1991 年，普拉汉拉德和哈默在《哈佛商业评论》上发表“*The Core Competence of the Corporation*”一文，标志着企业核心竞争力理论的正式提出，他们认为，核心竞争力是企业组织中的集合性知识（collective learning），特别是如何协调多样化生产经营技术和有机结合多种技术流的知识。随着产品生命周期的日益缩短和企业经营的日益国际化，一个企业的差异化竞争优势，来源于企业管理层如何比竞争对手既快速又低成本地将遍布于企业内的各种技术和生产技巧有机结合起来形成核心竞争力的能力。企业的核心竞争力是指企业开发独特产品、发展独特技术能力为基础，通过企业战略决策、生产制造、市场营销、内部组织协调管理的交互作用而获得使企业保持持续竞争优势的能力，是企业在其发展过程中建立与发展起来的一种资产与知识的互补体系，同时企业核心竞争力的强弱在很大程度上受企业所面临的产业技术与市场动态性的影响。

通俗地讲，企业的核心竞争力就是企业在那些关系到自身生存和发展的关键环节上所独有的、比竞争对手更强的、持久的某种优势、能力或知识体系。“企业文化”是企业生存和发展的“元气”，是企业核心竞争力活力主根和动力之源。“创新”是一个企业生存、发展的内在要求和基本形式，也是一个企业不断适应环境、实现自我超越的必然过程。“人才”是企业的核心战略资源，企业之间的较量，归根结底是人才及其综合素质的较量，“能力”作为企业核心竞争力的转换要素，特指企业动员、协调和开发企业内外资源的生产力，这种组合提供了企业潜在的竞争优势。一般来说，核心能力存在于企业中人的身上，而不是存在于企业资产、负债本身，核心能力深深地植根于技巧、知识和人的能力之中。

二、核心竞争力的构成

核心竞争力是一个复杂和多元的系统，包含多个层面。归纳起来主要包括以下几个方面：

1. 创新能力。一个企业要保持发展和竞争优势，就必须善于总结和提高，永远追求卓越，不断超越自我，不断进取和创新。所谓创新就是根据市场和社会的不断变化，在原基础上重新整合人才、资本等资源，进行新产品开发和更有效组织生产，不断创造和适应市场，实现企业的更大发展，它包括技术创新、产品和工艺创新、管理创新。在以技术快速更新和产品周期不断缩短为主要特征的现代企业竞争中，创新是保持长久竞争优势的动力源泉。创新能力是一个企业具有核心能力和旺盛生命力的体现。

2. 形象力。这是通过塑造和传播优秀企业形象而形成的一种对企业内外公众的凝聚力、吸引力、感召力和竞争力，是隐含在企业生产经营活动背后的一种巨大的潜在力，是企业新的生产力资源，它包括产品形象、服务形象、品牌形象和管理形象。我们知道，塑造企业形象不是一朝一夕的事，形象力资源要求企业从长远发展角度来审视和制定企业的战略规划，它从企业的发展趋势和运行的前景着眼，能对企业的发展产生长远的、战略性的推动力，带有战略性思考与制度安排的特征。

3. 服务增值能力。现代市场发展的一个重要趋势，就是服务竞争在现代市场竞争中的地位和作用越来越突出。质量概念，不仅包括产品质量，也包括服务质量。国外企业文化研究中首先使用的“服务增值”的概念，值得重视。因为同样质量的产品，可以因服务好而“增值”，也可以因服务差而“减值”。企业形象从根本上说表现为产品质量和服务质量。服务的永恒主题是企业同客户、用户、消费者的关系问题。这里包括如何使抱怨用户转变成满意用户、忠诚用户进而成为传代用户，包括如何开发忠诚的顾客群，包括不丢失一个老客户而不断开发新客户的问题，包括如何使营销服务成为情感式劳动，真正让用户、顾客引导决策，进而引导产品开发的问题。

4. 管理能力。总理在去年的政府工作报告中指出今年是管理年，要向管理要效益。据统计，生产中有50%的效益来自管理，技术管理中的80%来自管理，可见管理能力的重要性。企业的管理也是生产力，它涉及企业结构组合、信息传递、沟通协调、激励奖惩以及各种生产要素的优化组合，通过高效优势的动作，保障技术优势的发挥，也保障了将生产优势转化为市场优势。

三、核心能力的培养

企业核心竞争力的形成不是一种短期行为，而在于要把企业建设成为一种创新型的学习性组织，在不断学习和积累中形成特有的竞争力，并通过机制来保障这种竞争力的发展。因此，形成并保持企业核心竞争力是一项长期的根本性战略。为此，必须做好以下工作：

1. 建立学习型组织。企业核心竞争力的出现是系统整合的结果，尤其面对日益复杂多变的环境，企业需要比以往任何时候更重视持续地、更快地获取信息和知识，而且，这种学习必须是全体的、主动的、积极的和创造性的。彼得·圣吉认为，企业是一个系统，可以通过不断学习来提高发展的能力，“第五项修炼”即在组织中实行共同愿景、自我超越、团队学习、改善心智模式和系统思考，在企业中建立一个相互关照、彼此通融的“学习型组织”，使组织形成“学习—持续改进—建立持续性竞争优势”的良性循环。

2. 建立良好的企业文化。从企业文化力的功能来说，它有5个方面：第一，凝聚力。企业文化搞好了是一种“黏合剂”，可以把上下左右、广大员工紧紧地黏合、团结在一起，这是一种凝聚功能和向心功能。第二，导向力。包括价值导向与行为导向。在企业行为中该怎么想？怎么做？企业价值观与企业精神，发挥着无形的导向功能。第三，激励力。企业文化所形成的文化氛围和价值导向是一种精神激励，能够调动与激发职工的积极性、主动性和创造性，把人们的潜在智慧诱发出来。第四，约束力。在企业行为中哪些不该做、不能做，企业文化、企业精神常常发挥着一种“软”约束的作用，是一种免疫功能。第五，纽带力。企业特别是大企业集团，维系发展要有两种纽带：一种是产权、物质利益的纽带；另一种是文化、精神道德的纽带。这两种纽带相辅相成，缺一不可。

3. 建立良好的管理队伍。企业核心竞争力是企业综合实力的表现，是人的主观能动性得以发挥的成果。要产生这样的效果，必须使企业有良好的领导者和良好的运行体系。拿破仑说过，“世界上没有无用的士兵，只有无用的将军”。没有良好的领导者和运行体系，就难以建立起人力资源的集群和激励人力资源发挥力量，而没有知识结构合理、能力结构互补、规模相当、人才队伍稳定的集群，是很难发挥出主观能动性的，也很难保持持久的核心竞争力的优势。

4. 坚持技术创新与技术领先。技术能力是企业赖以生存的关键。小平同志说，科学技术是第一生产力。产品与服务的领先其支柱是科技。像英特尔不断推出高性能的微处理器的能力，诺基亚不断推出新功能手机的能力，微软不断推出新的计算机软件的能力等都是保持领先、形成垄断的基础能力。

综上所述，企业核心竞争力是企业综合实力的象征，是决定企业生死存亡的关键。企业应把核心能力的管理放到战略的高度来考虑，在企业的发展过程中逐渐积累、培育领先于对手的核心能力。

[析评]

这是一篇具有时代感的学术论文。论文导言直陈核心竞争力的重要性，说明选题的缘由、背景，提出该文的主旨是对企业核心竞争力“谈一点浅见”。本论分三大部分：第一部分阐述何谓核心竞争力。文章在探究了“企业核心竞争力”之说的渊源和他人对之含义的界定后，对企业核心竞争力的含义做出了自己的界定，继而阐述了企业核心竞争力与企业文化、人才等因素的关系。第二部分进而提出核心竞争力是一个复杂和多元的系统，它包括创新能力、形象力、服务增值能力和管理能力“四力”，并分别对这“四力”的作用和内涵进行了论述。第三部分提出企业核心竞争力的培育不是一种短期行为，其培育需依靠机制来保障，需依靠做好建立学习型组织、建立良好的企业文化、建立良好的管理队伍和坚持技术创新与技术领先等方面的工作。

论文的末段对本论中的论点进行了综述，并对企业应注重核心竞争力的培育作了强调。

该论文语言简洁、明晰、流畅。本论在整体上以递进法安排三大部分的结构，环环相扣，层层深入。而在其中的第二、第三大部分内则均采用并列法、以展开段旨句的方式而发展段落，显得思路清晰，行文有序。

如果论文在论证过程中，能适当地注意运用比较法和例证法，做到更有理（讲道理）、有据（摆事实），可能会使论点得到更有力的支撑，使文章显得更厚实。此外，文章论证的是“企业核心竞争力”，但多处却出现“核心竞争力”“核心能力”的提法，前后不统一。

【例文 21－3】

建立具有中国特色的国家公务员制度

吉　珺

建立国家公务员制度，是我们研究借鉴国外人事行政管理经验的一种探索。如何认真分析国外管理方法，结合我国的实际情况，建立具有中国特色的国家公务员制度，是一个必须深入研究、慎重处理的重大课题。同时，如何完善公务员法规，使国家公务员管理制度化、法制化是直接影响政府行政管理效率和效益，甚至关系到国家兴衰的重要问题。

一、公务员的概念和特征

所谓公务员，简单地讲，就是行使国家行政权力，从事国家公务的人员。

（一）公务员的名称

（略）

（二）公务员的范围

当前各国对公务员范围宽窄的界定不一，大致有以下几种类型：

1. 范围最小的类型。（略）

2. 中等范围的类型。此类型是把政府行政机关中的所有工作人员界定为公务员。包括内阁总理、部长等政府任命的官员和其他法律任命的官员。不包括立法部门的参政员、众议员和国会的雇员，也不包括司法部门的法官。属于这种类型的代表是美国、德国。

3. 介于中范围与最大范围之间的类型。（略）

4. 范围最大的类型。（略）

（三）我国公务员的范围和特征

根据我国政治、经济和社会情况，依据目前我国拟订的《国家公务员暂行条例》，我国公务员的范围，是指中央和地方各级行政机关中行使国家行政权力，执行国家公务的中国公民。具有以下特征：

1. 必须是在行政机关中任职的在编人员。

2. 必须是行使国家行政权力，执行国家公务的文职人员。

3. 必须是依照法定程序选举或任命的，受宪法、政府组织或公务员法规管理的人员。

4. 具有中国国籍的中国公民。

二、国家公务员制度的含义及建立国家公务员制度的意义

（一）国家公务员制度的含义

国家公务员制度，是指对国家公务员依法进行科学管理的制度。它既是一种法律制度，又是一种管理制度。公务员制度把公务员的权利和义务、职能和职责、福利和待遇等用法律的形式固定下来，成为公务员的活动准则，所以，它是一种法律制度。同时，公务员制度是国家人事管理制度中的一个组成部分，它通过对公务员的一些法定规定对公务员实施一种有效的管理，因此，它又是一种管理制度。

（二）建立国家公务员制度的意义

1. 有利于实现国家行政机关工作的高效能。（略）

2. 有利于加强干部人事工作的法制化。（略）

3. 结合公务员制度研究干部的分类管理，有利于加强、改善党对人事工作的领导。（略）

因此，必须建立国家公务员制度。

三、建立的国家公务员制度必须是具有中国特色的国家公务员制度（略）

接着，让我们从影响国家公务员制度的因素来看问题：

1. 经济基础。（略）

2. 国家的基本政治制度。（略）

3. 民族文化传统（略）。

由于受上述因素影响，我国公务员制度具有以下中国特色的特点：

1. 坚持四项基本原则。（略）

2. 坚持全心全意为人民服务的宗旨。（略）

3. 坚持党管干部的原则。（略）

4. 坚持“德才兼备”的用人标准。（略）

四、逐步建立具有中国特色的国家公务员制度

（一）建立我国公务员制度的原则

要建立具有中国特色的国家公务员制度，除了坚定不移地坚持四项基本原则、坚持改革开放的基本路线、坚持为人民服务的宗旨和德才兼备的用人标准之外，主要要严格依法行政、廉洁高效。这是建立我国公务员制度的总原则和总要求。依据这个总的原则，结合我国的实际，主要应遵循以下原则：

1. 高素质原则。

(1) 公开竞争性的录用制度。录用要真正贯彻公平、平等、竞争和择优的原则。

(2) 严格的晋升制度。晋升必须在严格考核的基础上，按照法定程序进行，德才

兼备、任人唯贤、注重实绩。

(3) 规范化的培训制度。坚持“先培训，后上岗”的原则，逐步使公务员培训工作法制化、制度化。

2. 严格考核原则。(略)

3. 激励原则。(略)

4. 监控制度。(略)

(二) 建立我国公务员制度的方法和步骤

1. 加强公务员管理法规研究队伍的建设。(略)

2. 加强公务员管理法规的宣传教育工作。(略)

3. 建立必要的、专门的国家公务员管理机构，使其根据国家公务员法规，加强对国家公务员的管理。

4. 逐步实施公务员制度。首先，搞好总体设想，并制定切实可行的长远规划和实施步骤，对各项具体方案，在实施前要进行认真充分的可行性论证。其次，搞好试点，从事物的整体性出发，重视区域性（如整个城市、区、镇)、系统性（如整个海关系统、公安系统等）的综合改革和整体改革的试点。再次，要有一个强有力的权威机构，统一规划、协调和具体管理试行的公务员制度工作，建立强有力的组织保证。

总之，建立国家公务员制度必须在借鉴国外先进经验的基础上，从我国的实际情况出发，建立具有中国特色的公务员制度，使其科学化、法制化、现代化，为现代化建设服务。

[析评]

这是一篇写得较好的毕业论文。作者能综合运用所学的理论知识，正确体现党和国家的方针政策，联系工作实际，对平时积累的材料运用科学的方法进行加工整理。论文在简明扼要地说明了公务员的概念和特征、国家公务员制度的含义及建立国家公务员制度的意义的基础上，重点论述了为什么及应该怎样逐步建立具有中国特色的国家公务员制度。该论文分析问题正确、全面，并具有一定的深度，对指导实际工作有一定的意义。文章中心突出，论据充足，结构严谨，层次分明，文笔流畅。

二、必需知识

(一) 学术论文、毕业论文的含义及特点

学术论文，也叫专业论文，是专门探讨和研究某一专业领域中有学术价值或亟待解决的问题，并就此发表自己的创造性的见解，表述科研成果的议论文。

毕业论文是高等院校学生毕业前，根据所学专业，有选择地进行学术研究，所写的一种学术性论文。毕业论文的写作，是学生进行学术论文写作规范的基本训练；是对学生进行的一次综合性考试；是对学生从事科学研究的初步训练；是发现人才的较好方式；是高等院校教学的一个重要环节。

毕业论文，实际上也属于学术论文。或者说，除了高水平的学位论文，毕业论文是学术论文的“初级阶段”。

学术论文有如下三个特点：

(1) 独创性。独创性是衡量学术论文学术价值的基本尺度，是学术论文的生命。所谓

独创性，简言之，就是作者的论文能够提出新理论、新见解或新假说，自成一家之言。

（2）学术性。学术性其实就是科学性，是指学术论文所体现的专门的、系统的学问，是建立在深厚的学理和实践的基础上的理论。学术论文的学术性，要求作者必须从客观实际出发，对客体进行认真、仔细、周密的观察、分析，以获取大量的材料作为立论的依据，从中找出规律，揭示其本质或得出符合客观实际的结论。学术论文的学术性，还要求凡论证都必须具有严密的逻辑性，既不违背生活的常理，又不违反科学，且能经受实践的检验。

（3）体现作者的专业水平及综合素质。一篇学术论文，不但反映了作者的专业水平，还综合反映了作者的学识、思维能力、创造能力、研究作风、研究方法，乃至文字表达水平，总之，是作者综合素质的体现。

对于毕业论文来说，同样具有以上的特点。只是毕业论文的独创性、学术性，多数达不到狭义的学术论文要求的程度而已。

（二）学术论文写作的一般过程和方法

1. 学术论文的选题

选题即确定“写什么”，亦即确定研究的课题。选题，是关系到专业论文成败的第一关。只有选择了有意义的课题，论文才会有价值。

（1）选题原则。一般来说，选题要遵循两个原则：

1）选择有科研价值的课题。一般来说，符合以下五个条件之一的选题，都属于有科学价值的选题：亟待解决的课题；新发现和新创造；空白的填补；通说的纠正；前说的补充，即对前人研究成果的发展性研究，以使之更丰富、更完整。

2）选择有希望成功的课题。有科学价值的课题很多，作者能否圆满完成论文的写作，要受其主观条件的制约。是否有希望成功，要看是否符合以下五个方面的条件：有浓厚的研究兴趣；能发挥业务专长；有充足的资料来源；大小、难易程度适中，与自己的能力相适应；时间和篇幅的长度可以接受。

（2）选题确立方法。具体选题的确立方法，一般有如下的方法和途径：

1）通过查阅大量资料触发思考和灵感。可通过进图书馆、阅览室或上网等查阅专业书籍和有关资料（包括字典、辞典、年鉴、手册、文摘、百科全书、各种专业工具书、有关报刊等），了解本学科研究的历史和现状（查已有了哪些研究，这些研究又达到了什么程度），从大量的问题中触发思考，确定选题范围和重点。

2）通过调查实验印证和启发思考。

3）发挥想象力进行积极思考。

2. 编拟学术论文提纲

论文提纲是论文的设计蓝图，是作者构思的文字记录。它可以使论文具有一个框架，明确论文的基本层次和论述要点，可以使材料与观点建立有机联系，显示出论文的逻辑关系。

论文的提纲，一般应包括以下内容：

（1）文章标题；

（2）中心论点及其提出方式；

（3）各分论点及其序列；

（4）各论点配备的论据及其使用的位置；

（5）各论点之间的衔接；

（6）考虑各层次的主次及其详略；

（7）收束每一部分及总结全文的方式。

编拟提纲一般可用标题法或句子法。标题法即以标题形式把论文所要阐述的内容概括出来。用标题法写出的提纲简洁、扼要，但它只是一个粗略的提纲。句子法即以句子形式概括各部分的内容，一个句子概括一个部分的内容。句子法具体、明确，能够勾勒出论文的大体结构。

编拟提纲以详尽为好，以明确为要，特别是重大理论问题的研究，涉及的知识面广，要求有一定的深度，因此，在拟提纲时，设想得越周密越好，写起来才不致有大的反复。提纲编拟后，还要反复推敲，加以修改。

3. 学术论文的撰写

（1）确定标题。学术论文的标题在选题、搜集整理材料的过程中已反复酝酿，正式写作时应确定下来。确定标题，要努力做到确切、简明、新颖。所谓确切，就是要求文题一致，大小切当；所谓简明，即言简意赅，要求文字的简练与内容的概括高度统一；所谓新颖，要求标题新鲜，不落俗套。

（2）安排结构。学术论文的结构，就是论文材料的组织安排。论文是依据事物的逻辑联系来论证问题，以论为主的文章，安排论文结构，必须从观点的表达要求和材料的具体情况出发，按照客观事物的内在联系和读者的认识规律布局谋篇，做到缜密恰当。

学术论文的篇章结构形式基本上由序论、本论、结论组成。有的论文提出几个相对独立的问题，用数码标明次序，整篇论文就不按绪论、本论、结论划分。

1）绪论。又叫引论，是论文的开头。这一部分一般是提出本文研究的论题、范围、目标，说明研究这一论题的意义，有的还提出中心论点。篇幅较长的论文，可在开头对本论部分作扼要介绍，或揭示所论述问题的结论。绪论部分必须写得简明扼要，在整篇论文中只能占较少的篇幅。

2）本论。又叫正论，是学术论文的主体部分。要求详细阐述作者研究的成果，特别是提出新思想、新理论、新做法。它在层次段落之前，或是使用小标题，或是使用数码标明。通常采用的结构形式有以下三种：

一是并列式：亦称横式结构，即围绕总论点并列排出几个分论点，从不同角度、不同侧面对总论点进行阐释、论证。

二是递进式：亦称纵式结构，即由浅入深，一层一层地对总论点进行阐释、论证，后一个层次是前一个层次的深化，后一部分是前一部分的发展。

三是混合式：亦称纵横式或综合式结构，即并列式与递进式同时使用，或者大层次为并列式，而一个层次中又采用递进式结构；或者大层次为递进式，而一个层次中又采用并列式结构；或者并列式和递进式分别用在本论的不同部分。

3）结论。又叫结尾，是全文的归结，一般是对本论中的论点作一个归纳，表明总的看法和意见，或者强调某些要点。此外，还可对问题的进一步深入研究指明方向、提出建议等。不管写些什么，结论都应写得简明扼要。

绪论、本论、结论这种常见的结构程序，并非每篇论文都需完全具备。有的一上来就展开本论，而不要绪论；有的本论一完，全文也就结束，不需要结论。

相关链接

学术论文的写作模板

框图模式

【内容提要】
↓
【关键词】
↓
前言
↓
本论部分
↓
结论
↓
【注释】
↓
【主要参考文献】

注：以上为学术论文基本内容模块结构模式。

文字模板

试论××××××××××

司马××

【内容提要】××××。（提示论文基本观点、成果及意义）

【关键词】×× ××× ×××（提示主题、内容的词）

××××××××。笔者仅就×××××提出一管之见。（前言：提出问题，说明选题之由及意义等）

一、××××××××××××（第一层次论点）

1. ××××××××××（第一层次分论点）

2. ××××××××××（第一层次分论点，与前面论点呈并列式，或递进式，或混合式关系）

3. ××××××××××（第一层次分论点，与前面论点呈并列式，或递进式，或混合式关系）

二、××××××××××××××（第二层次论点，与前面论点呈并列式，或递进式，或混合式关系）

1. ××××××××××（第二层次分论点）

2. ××××××××××（第二层次分论点，与前面论点呈并列式，或递进式，或混合式关系）

3. ××××××××××（第二层次分论点，与前面论点呈并列式，或递进式，或混合式关系）

三、×××××××××××××（第三层次论点，与前面论点呈并列式，或递进式，或混合式关系）

四、×××××××××××××（第四层次论点，与前面论点呈并列式，或递进式，或混合式关系）

…………

（以上为充分“摆事实，讲道理”的本论部分：要对问题深入展开分析，对观点加以严密证明。论证方法有例证法、引证法、比较法和因果法等）

综上所述，×××××××××××××××××××××××××××××××××××。（结论：通常是对本论中的观点作出归纳，或者强调某些要点等）

【注释】

1. ××××××××××××

…………

【主要参考文献】

1. ××××××××××××

…………

（三）学术论文的写作要求

1. 讲究论证的形式和方法

本书第四章第二节所介绍的应用文书写作的常用思路，对学术论文写作也同样适用。此处结合应用文书写作的常用思路，介绍学术论文的论证形式和方法。

学术论文是议论文的一种，议论文必须由论题、论点、论据和论证四个要素组成。议论文的论述，就是根据论题的范围、需要，将论据与论点结合起来，运用论据来说明、证明论点。论文论述展开的过程，也就是运用论据来说明、证明论点的过程。除了论点必须正确，论据必须充分、可靠和具有说服力外，还应讲究论证的形式和方法。

论证的方法，通俗地说，就是摆事实、讲道理的方法，学术论文常用的论证方法有以下几种：

（1）例证法。又叫举例法，即运用归纳推理进行论证的一种方法，就是用典型的事例作论据来证明论点的方法。这是一般论文常用的论证方法。常言道："事实胜于雄辩。"用这种方法来论证是最富有说服力的。

（2）引证法。又叫引用法，即运用演绎推理进行论证的一种方法，就是用一些权威性的理论作论据来证明论点的方法。必须注意的是：一要正确引用，不能违背原意，更不能断章取义；二不要引用得太多，以别人的观点来代替自己的论述。

（3）反证法。又叫排他法，即不从正面而从反面间接地证明论点的方法。就是先不说论点的正确，而是假设采取与这个论点相反的看法而得到错误的结论，这样也就从反面证明了原来论点的正确。在驳论中运用反证法则恰恰相反，就是说，先不批驳对方论点错误，而先说明与其相矛盾的论点是正确的，这也就自然证明了对方的论点是错误的。

（4）比较法。它是通过事物之间的比较来证明论点的方法。这种方法又可分为类比与对比两种。类比，就是把这一事物与那一事物的某些相同的方面拿来比较，以那一事物的正确或谬误，来证明这一事物的正确或谬误。对比，就是从两种相反情况的比较中得出结论的方法。这种比较又可分为横比和纵比两种：横比，是把发生在同一时间、不同区域的两种性质相反的或有差异的事物拿来比较，辨明正确与错误；纵比，就是把同一事物或不同事物在不同时间、地点的情况拿来比较。

（5）喻证法。又叫比喻法，它是用容易理解的浅显的具体的事物、道理作比喻，来说明不易理解的深奥的抽象事物或道理。

（6）因果法。也叫因果互证法，它是通过分析，揭示论点和论据之间的因果关系证明论点正确的方法。既可以用原因作论据证明结果，也可以用结果作论据证明原因。

（7）归谬法。即先假定对方的论点是正确的，接着以此为前提，进行推理，引出一个荒谬的结论，从而证明对方的论点错误的方法。

论证的方法还可以举出一些，比如演绎法、归纳法也可以作为论证的方法。"以子之矛，攻子之盾"，在反驳中也是经常使用的一种方法。总之，要使论证充分、有力、缜密、完整，就必须运用恰当的论证方法，而且必须把各种方法结合起来灵活地加以运用。

2. 语言必须体现科学语体的特征

学术论文表述的是一种科学研究的成果，它运用的语言必须体现科学语体的特征。所谓科学语体，就是各种科学文献使用的一种有别于文学语体、生活语体的语言。

对科学语体的要求大体上可以归纳成以下几点：

(1) 概括、严密。学术论文是以说理为主要内容的文章，是用逻辑思维来表达思想感情的，不像文学作品是以形象思维来表达感情。因此，它的语言必须具备各种逻辑因素，必须具有逻辑性。这种逻辑性表现在语言的表达上就是概括和严密。

概括，就是从大量同类事物中抽象出共同的东西，而不像文学作品那样着重对事物具体情况的描绘。

严密，不单是个遣词造句的问题，更主要的是思考的周密，辩证地看待事物，而不能片面地、绝对化地看问题。严密要求概念要准确，判断要恰当，推理要合乎逻辑规则。

(2) 精确。科学研究就是要精确反映事物的真实面貌和本质。精确的内容必须用精确的语言才能反映出来。所谓精确，包含了这样几层意思：1) 确切，同一种意思，可以用不同的词句来表达，必须从中挑选最能恰如其分地把原意表达出来的那种词句。2) 简练，即用最少的话表达出最丰富的内容。3) 有条理，即说话是经过组织的，能按照思路和事物发展的顺序，有秩序地把意思表达出来，而不是颠三倒四或丢三落四。

(3) 平易。就是平实自然、通俗易懂的意思。科学研究是实实在在的工作，处处都要实事求是，而不能装腔作势，故弄玄虚。学术论文的语言也必须体现这种特点。学术论文免不了要涉及许多专门知识，运用一些专门术语，但为了解决实际问题，让人一看就懂，就必须力求通俗易懂。

(4) 庄重。科学研究是一件严肃的事，学术论文的写作也必须用严肃的态度对待，说出的话也必须庄重得体。绝不要把生活口语中那些土语、歇后语，以及不符合规范的“新潮”流行语等也塞进论文中。这就要求学术论文的作者，要使用规范化的书面语言，恰当地使用专用语或专业用语，如实地表达思想观点。

3. 采用规范的学术论文格式和技术处理

根据国家标准局发布的《科学技术报告、学位论文和学术论文的编写格式》的规定，凡是学术论文，通常应包括题名、作者姓名及其所在单位、目录和摘要、关键词、引言（绪论）、正文（本论）、结论、致谢、参考文献、附录 10 项。目前报刊上发表的学术论文，项目大大精简了，或删去了某些项目，或几个项目合在一起，以缩短论文的篇幅。具体到一篇学术论文，在内容和格式上通常有以下一些项目和顺序：

(1) 标题（题目）与作者署名。多人合作论文署名限为三人，其余参与者或团体作者的执笔人都标注在首页下脚处，排 6 宋。如“本文的其他作者：朱××、石×、赵×”或“本文执笔：林××”。

(2) 摘要和关键词。摘要要尽量反映研究目的、方法、结论和意义等论文的主要信息，一般不超过 200 字。关键词是反映论文主要内容的名词性术语，尽可能从《汉语主题词表》中选用，每篇用 3～8 个词，用黑体字印出。如：

摘要：我国对外贸易环境主要表现为：(1) 制度背景，它具有转轨经济、发展中经济和特有的思想文化背景三项典型特征；(2) 国际环境，其中世界经济基本格局、世贸组织和发达国家对华政策的影响最为重要；(3) 内部条件，包括国内的经济增长、技术进步、发展周期以及本币汇率变动等。它们都对我国的外贸活动产生了明显的推动和制约作用。

关键词：外贸　制度背景　国际环境　内部条件

（3）正文。正文内大段落的标题居中，其余靠左空两格或顶格标题，加不加序号都可以。序号层次不超过5级，即：一、（一）、1、（1）、①。

（4）注释与参考文献。注释亦称注解或附注，它是对文章中的引文出处、语汇、内容等所作的说明。注释的形式和方法有脚注（在本页的正文页脚处加注）、篇末注（亦称附注，写在全篇论文或一章一节的末尾）、夹注（写在正文中间，用圆括号括起来）。注释要准确、完全，作者、书名、出版地点、出版单位、日期、页数都应写出，注释的序码款式也应统一。

参考文献集中排在文末，一般格式如：

杨文丰．实用经济文书写作．第六版．北京：中国人民大学出版社，2021.

可以参考文献的贡献大小或作者姓名汉语拼音字母的先后排序。

学术论文还有一些技术处理，必须符合规范的要求。如：

（1）引文。学术论文写作时，为阐明观点，需要引用文献资料。引用有直接引用和间接引用。直接引用是引用原文，头尾加引号；间接引用为意引，是转述大意，不加引号。引文必须准确无误，并注明出处，不能断章取义，牵强附会。

（2）译文。学术论文中，引用或借用外文，一般应译成中文。译文要准确、恰当。

（3）计量单位的使用。计量单位主要指货币计量单位和实物计量单位。国务院1984年发布了《关于在我国统一实行法定计量单位的命令》，自1986年起，所有公开出版的报刊、图书以及公文、宣传出版物等都按规定使用计量单位。

（4）数字的运用。学术论文中运用数字，要符合2011年11月1日实施的《出版物上数字用法》（中华人民共和国国家标准）的规定。论文的段落、部分的顺序也要用不同类型的序数标明，或选汉语序数字、阿拉伯序数字、罗马数字、英文字母等组合编排，有时加上括号、圈号；或单用一种序数字或英文字母大小写配合使用，如“1.1”“2.2”。

（5）图表的使用。图表直观简明，一目了然，能清楚地表达用许多文字都难以表达清楚的内容，提高信息传递效率。

学术论文常用的表，多为统计表。根据内容的不同，统计表有单项表、分组表、复合表三种形式。不管哪种表，都要力求简洁、清晰、明白，一个表集中说明一个问题。

学术论文常用的图，有统计图、示意图和网络图等。选择图形，要以其能充分表达论文的意图为前提。

使用图表要坚持两点：一是需要，二是简便。

第二节　毕业论文答辩

毕业论文答辩，是由论文审定小组（或委员会）围绕论文，对论文作者公开审查、检验的一种方式。

一、论文答辩的意义

（1）考察论文写作的真实性，这是最低层次上的意义。

（2）对论文质量进行考核评估，这是最基本的也是较高层次的意义。

（3）可以帮助论文作者修改论文。

二、论文答辩的准备

（一）资料准备

除精心准备自述提纲外，还应围绕论文内容搜集有关资料，并且要预想答辩教师可能会提出哪些问题。可采取准备资料卡片的方式来完成资料准备工作。

（二）心理准备

不存侥幸心理，克服怯场，要相信自己，做到从容自信地参加论文答辩。

可以提前到达答辩现场熟悉环境和气氛。只要准备充分，心中有底，就能消除紧张心理。

三、答辩的一般要求

（1）内容要正确、清晰。自述要体现逻辑性、科学性、理论性；答问要有针对性，避免答非所问。要做到这一点，要做好资料准备和心理准备。

（2）语言要流畅自然。在自述及答问时，做到语调自然，发音清楚，言语富有节奏感，手势表情自然大方。

（3）态度要诚恳、谦虚、沉着、冷静、理智。要意识到答辩是一次难得的学习机会，要有求知的诚恳态度，神态和用语都应谦虚、委婉，切忌强词夺理、胡搅蛮缠。

四、答辩的一般技巧

（一）善于倾听，把握题旨

要专注地听取教师的提问，快速领悟题旨，这样才不会答非所问。

（二）善于补救，坦诚直言

若一时未能完全领会提问的意图、指向，可以虚心诚恳地以求教的口吻请提问人再重复一遍。若意识到自己回答有误，应立刻勇敢地承认，并主动纠正，获得重新答问的机会。

（三）化解难度，先易后难

若遇到答辩教师连续发问，可选取容易的问题先答，再攻克难题。这样可以保证自信心不受困扰，充分发挥出水平。

（四）简洁明快，不枝不蔓

应干净利落，不可随意尽兴发挥和扩展问题。这样才能在有限的时间里完成任务，避免言多失误。

（五）谨慎试探，善于进退

若遇到难题，如题目过深、范围过广，可谨慎地用“设问法”限制题意，或用“余留法”采用商询式的肯定方式作答，使答问较主动，便于简述自己的见解。答问时还要把握好进退幅度。如答辩教师听得满意，可稍作发挥，进一步阐述，以“扩大战果”；但要注意见好就收，以免画蛇添足。

五、论文答辩的程序

答辩由答辩人（学生）和主答辩者（教师）共同配合进行。它历经如下三个程序。

（一）自述

答辩开始时，一般先由答辩学生做15分钟左右的自述，简要说明论文的写作意图，课题研究的背景，选用的研究方法，论文的中心论点、分论点、小论点，论文选用的主要材料，全文结构的基本特点，本论文课题研究的发展方向和前景，论文存在的不足等。可采取演讲式或宣读式来完成这部分内容。

自述完毕，即可礼貌地请主持答辩的专家、教授提问。

（二）问答

问答是指答辩学生就答辩教师所提出的问题一一作答。答辩学生可充分表述自己的学术见解，介绍学术研究成果及其价值，以使答辩教师考察确认论文的真实性和价值。通过问答，促进学术交流，促进论文作者认识的深化。

（三）宣布结果

答辩结束后，答辩教师经过商议，由主答辩教师当场宣布论文与答辩是否通过的结论。然后，经过“合议评级”程序，为论文评出成绩等级，成绩一般需书面通知答辩学生。一般按优、良、中、及格、不及格标准评定成绩。

答辩结束后，作者根据答辩中发现的问题，可对论文进行修改、完善，进一步提高自己的学术水平和论文的质量。

复习与训练

一、名词解释

学术论文　例证法　引证法　反证法　比较法　喻证法　因果法　归谬法

二、填空题

1. 学术论文的特点有________、________和________。
2. 学术论文写作的选题原则有________和________。
3. 毕业论文答辩的第一个程序是________________。

三、简答题

1. 论文选题符合什么条件，才属于有科研价值的选题？
2. 论文是否有希望写成功，主要看符合哪些条件？
3. 选题的确立一般有哪些方法和途径？
4. 论文的提纲一般包括哪些内容？
5. 编拟提纲一般有什么方法？
6. 试述学术论文绪论的写作内容。
7. 学术论文的本论通常采用哪些结构形式？
8. 学术论文常用的论证方法有哪些？

9. 学术论文的摘要反映什么信息？摘要不超过多少字？
10. 论文答辩有何必要性？
11. 论文答辩前要做哪些方面的准备？
12. 试述论文答辩的要求。
13. 论文答辩要注重哪些技巧？
14. 试述论文答辩的程序。

四、阅读与析评题

选一至三篇专业论文，从材料的选取和论证等方面加以分析，评论其写作特点。

五、写作训练

结合所学的专业，初选一个自己感兴趣的毕业论文论题，拟出写作提纲。

附录一

党政机关公文处理工作条例

（中共中央办公厅　国务院办公厅
2012年4月16日印发）

第一章　总　则

第一条　为了适应中国共产党机关和国家行政机关（以下简称党政机关）工作需要，推进党政机关公文处理工作科学化、制度化、规范化，制定本条例。

第二条　本条例适用于各级党政机关公文处理工作。

第三条　党政机关公文是党政机关实施领导、履行职能、处理公务的具有特定效力和规范体式的文书，是传达贯彻党和国家的方针政策，公布法规和规章，指导、布置和商洽工作，请示和答复问题，报告、通报和交流情况等的重要工具。

第四条　公文处理工作是指公文拟制、办理、管理等一系列相互关联、衔接有序的工作。

第五条　公文处理工作应当坚持实事求是、准确规范、精简高效、安全保密的原则。

第六条　各级党政机关应当高度重视公文处理工作，加强组织领导，强化队伍建设，设立文秘部门或者由专人负责公文处理工作。

第七条　各级党政机关办公厅（室）主管本机关的公文处理工作，并对下级机关的公文处理工作进行业务指导和督促检查。

第二章　公文种类

第八条　公文种类主要有：

（一）决议。适用于会议讨论通过的重大决策事项。

（二）决定。适用于对重要事项作出决策和部署、奖惩有关单位和人员、变更或者撤销下级机关不适当的决定事项。

（三）命令（令）。适用于公布行政法规和规章、宣布施行重大强制性措施、批准授予和晋升衔级、嘉奖有关单位和人员。

（四）公报。适用于公布重要决定或者重大事项。

（五）公告。适用于向国内外宣布重要事项或者法定事项。

（六）通告。适用于在一定范围内公布应当遵守或者周知的事项。

（七）意见。适用于对重要问题提出见解和处理办法。

（八）通知。适用于发布、传达要求下级机关执行和有关单位周知或者执行的事项，批转、转发公文。

（九）通报。适用于表彰先进、批评错误、传达重要精神和告知重要情况。

（十）报告。适用于向上级机关汇报工作、反映情况，回复上级机关的询问。

（十一）请示。适用于向上级机关请求指示、批准。

（十二）批复。适用于答复下级机关请示事项。

（十三）议案。适用于各级人民政府按照法律程序向同级人民代表大会或者人民代表大会常务委员会提请审议事项。

（十四）函。适用于不相隶属机关之间商洽工作、询问和答复问题、请求批准和答复审批事项。

（十五）纪要。适用于记载会议主要情况和议定事项。

第三章　公文格式

第九条　公文一般由份号、密级和保密期限、紧急程度、发文机关标志、发文字号、签发人、标题、主送机关、正文、附件说明、发文机关署名、成文日期、印章、附注、附件、抄送机关、印发机关和印发日期、页码等组成。

（一）份号。公文印制份数的顺序号。涉密公文应当标注份号。

（二）密级和保密期限。公文的秘密等级和保密的期限。涉密公文应当根据涉密程度分别标注“绝密”“机密”“秘密”和保密期限。

（三）紧急程度。公文送达和办理的时限要求。根据紧急程度，紧急公文应当分别标注“特急”“加急”，电报应当分别标注“特提”“特急”“加急”“平急”。

（四）发文机关标志。由发文机关全称或者规范化简称加“文件”二字组成，也可以使用发文机关全称或者规范化简称。联合行文时，发文机关标志可以并用联合发文机关名称，也可以单独用主办机关名称。

（五）发文字号。由发文机关代字、年份、发文顺序号组成。联合行文时，使用主办机关的发文字号。

（六）签发人。上行文应当标注签发人姓名。

（七）标题。由发文机关名称、事由和文种组成。

（八）主送机关。公文的主要受理机关，应当使用机关全称、规范化简称或者同类型机关统称。

（九）正文。公文的主体，用来表述公文的内容。

（十）附件说明。公文附件的顺序号和名称。

（十一）发文机关署名。署发文机关全称或者规范化简称。

（十二）成文日期。署会议通过或者发文机关负责人签发的日期。联合行文时，署最后签发机关负责人签发的日期。

（十三）印章。公文中有发文机关署名的，应当加盖发文机关印章，并与署名机关相符。有特定发文机关标志的普发性公文和电报可以不加盖印章。

（十四）附注。公文印发传达范围等需要说明的事项。

（十五）附件。公文正文的说明、补充或者参考资料。

（十六）抄送机关。除主送机关外需要执行或者知晓公文内容的其他机关，应当使用机关全称、规范化简称或者同类型机关统称。

（十七）印发机关和印发日期。公文的送印机关和送印日期。

（十八）页码。公文页数顺序号。

第十条　公文的版式按照《党政机关公文格式》国家标准执行。

第十一条　公文使用的汉字、数字、外文字符、计量单位和标点符号等，按照有关国家标准和规定执行。民族自治地方的公文，可以并用汉字和当地通用的少数民族文字。

第十二条　公文用纸幅面采用国际标准 A4 型。特殊形式的公文用纸幅面，根据实际需要确定。

第四章　行文规则

第十三条　行文应当确有必要，讲求实效，注重针对性和可操作性。

第十四条　行文关系根据隶属关系和职权范围确定。一般不得越级行文，特殊情况需要越级行文的，应当同时抄送被越过的机关。

第十五条　向上级机关行文，应当遵循以下规则：

（一）原则上主送一个上级机关，根据需要同时抄送相关上级机关和同级机关，不抄送下级机关。

（二）党委、政府的部门向上级主管部门请示、报告重大事项，应当经本级党委、政府同意或者授权；属于部门职权范围内的事项应当直接报送上级主管部门。

（三）下级机关的请示事项，如需以本机关名义向上级机关请示，应当提出倾向性意见后上报，不得原文转报上级机关。

（四）请示应当一文一事。不得在报告等非请示性公文中夹带请示事项。

（五）除上级机关负责人直接交办事项外，不得以本机关名义向上级机关负责人报送公文，不得以本机关负责人名义向上级机关报送公文。

（六）受双重领导的机关向一个上级机关行文，必要时抄送另一个上级机关。

第十六条　向下级机关行文，应当遵循以下规则：

（一）主送受理机关，根据需要抄送相关机关。重要行文应当同时抄送发文机关的直接上级机关。

（二）党委、政府的办公厅（室）根据本级党委、政府授权，可以向下级党委、政府行文，其他部门和单位不得向下级党委、政府发布指令性公文或者在公文中向下级党委、政府提出指令性要求。需经政府审批的具体事项，经政府同意后可以由政府职能部门行文，文中须注明已经政府同意。

（三）党委、政府的部门在各自职权范围内可以向下级党委、政府的相关部门行文。

（四）涉及多个部门职权范围内的事务，部门之间未协商一致的，不得向下行文；擅自行文的，上级机关应当责令其纠正或者撤销。

（五）上级机关向受双重领导的下级机关行文，必要时抄送该下级机关的另一个上级机关。

第十七条　同级党政机关、党政机关与其他同级机关必要时可以联合行文。属于党委、政府各自职权范围内的工作，不得联合行文。

党委、政府的部门依据职权可以相互行文。

部门内设机构除办公厅（室）外不得对外正式行文。

第五章　公文拟制

第十八条　公文拟制包括公文的起草、审核、签发等程序。

第十九条　公文起草应当做到：

（一）符合党的理论路线方针政策和国家法律法规，完整准确体现发文机关意图，并同现行有关公文相衔接。

（二）一切从实际出发，分析问题实事求是，所提政策措施和办法切实可行。

（三）内容简洁，主题突出，观点鲜明，结构严谨，表述准确，文字精练。

（四）文种正确，格式规范。

（五）深入调查研究，充分进行论证，广泛听取意见。

（六）公文涉及其他地区或者部门职权范围内的事项，起草单位必须征求相关地区或者部门意见，力求达成一致。

（七）机关负责人应当主持、指导重要公文起草工作。

第二十条　公文文稿签发前，应当由发文机关办公厅（室）进行审核。审核的重点是：

（一）行文理由是否充分，行文依据是否准确。

（二）内容是否符合党的理论路线方针政策和国家法律法规；是否完整准确体现发文机关意图；是否同现行有关公文相衔接；所提政策措施和办法是否切实可行。

（三）涉及有关地区或者部门职权范围内的事项是否经过充分协商并达成一致意见。

（四）文种是否正确，格式是否规范；人名、地名、时间、数字、段落顺序、引文等是否准确；文字、数字、计量单位和标点符号等用法是否规范。

（五）其他内容是否符合公文起草的有关要求。

需要发文机关审议的重要公文文稿，审议前由发文机关办公厅（室）进行初核。

第二十一条　经审核不宜发文的公文文稿，应当退回起草单位并说明理由；符合发文条件但内容需作进一步研究和修改的，由起草单位修改后重新报送。

第二十二条　公文应当经本机关负责人审批签发。重要公文和上行文由机关主要负责人签发。党委、政府的办公厅（室）根据党委、政府授权制发的公文，由受权机关主要负责人签发或者按照有关规定签发。签发人签发公文，应当签署意见、姓名和完整日期；圈阅或者签名的，视为同意。联合发文由所有联署机关的负责人会签。

第六章　公文办理

第二十三条　公文办理包括收文办理、发文办理和整理归档。

第二十四条　收文办理主要程序是：

（一）签收。对收到的公文应当逐件清点，核对无误后签字或者盖章，并注明签收时间。

（二）登记。对公文的主要信息和办理情况应当详细记载。

（三）初审。对收到的公文应当进行初审。初审的重点是：是否应当由本机关办理，是否符合行文规则，文种、格式是否符合要求，涉及其他地区或者部门职权范围内的事项是否已经协商、会签，是否符合公文起草的其他要求。经初审不符合规定的公文，应当及时退回来文单位并说明理由。

（四）承办。阅知性公文应当根据公文内容、要求和工作需要确定范围后分送。批办性公文应当提出拟办意见报本机关负责人批示或者转有关部门办理；需要两个以上部门办理的，应当明确主办部门。紧急公文应当明确办理时限。承办部门对交办的公文应当及时办理，有明确办理时限要求的应当在规定时限内办理完毕。

（五）传阅。根据领导批示和工作需要将公文及时送传阅对象阅知或者批示。办理公文传阅应当随时掌握公文去向，不得漏传、误传、延误。

（六）催办。及时了解掌握公文的办理进展情况，督促承办部门按期办结。紧急公文或者重要公文应当由专人负责催办。

（七）答复。公文的办理结果应当及时答复来文单位，并根据需要告知相关单位。

第二十五条　发文办理主要程序是：

（一）复核。已经发文机关负责人签批的公文，印发前应当对公文的审批手续、内容、文种、格式等进行复核；需作实质性修改的，应当报原签批人复审。

（二）登记。对复核后的公文，应当确定发文字号、分送范围和印制份数并详细记载。

（三）印制。公文印制必须确保质量和时效。涉密公文应当在符合保密要求的场所印制。

（四）核发。公文印制完毕，应当对公文的文字、格式和印刷质量进行检查后分发。

第二十六条　涉密公文应当通过机要交通、邮政机要通信、城市机要文件交换站或者收发件机关机要收发人员进行传递，通过密码电报或者符合国家保密规定的计算机信息系统进行传输。

第二十七条　需要归档的公文及有关材料，应当根据有关档案法律法规以及机关档案管理规定，及时收集齐全、整理归档。两个以上机关联合办理的公文，原件由主办机关归档，相关机关保存复制件。机关负责人兼任其他机关职务的，在履行所兼职务过程中形成的公文，由其兼职机关归档。

第七章　公文管理

第二十八条　各级党政机关应当建立健全本机关公文管理制度，确保管理严格规范，充分发挥公文效用。

第二十九条　党政机关公文由文秘部门或者专人统一管理。设立党委（党组）的县级以上单位应当建立机要保密室和机要阅文室，并按照有关保密规定配备工作人员和必要的安全保密设施设备。

第三十条　公文确定密级前，应当按照拟定的密级先行采取保密措施。确定密级后，应当按照所定密级严格管理。绝密级公文应当由专人管理。

公文的密级需要变更或者解除的，由原确定密级的机关或者其上级机关决定。

第三十一条　公文的印发传达范围应当按照发文机关的要求执行；需要变更的，应当经发文机关批准。

涉密公文公开发布前应当履行解密程序。公开发布的时间、形式和渠道，由发文机关确定。

经批准公开发布的公文，同发文机关正式印发的公文具有同等效力。

第三十二条　复制、汇编机密级、秘密级公文，应当符合有关规定并经本机关负责人批准。绝密级公文一般不得复制、汇编，确有工作需要的，应当经发文机关或者其上级机关批准。复制、汇编的公文视同原件管理。

复制件应当加盖复制机关戳记。翻印件应当注明翻印的机关名称、日期。汇编本的密级按照编入公文的最高密级标注。

第三十三条　公文的撤销和废止，由发文机关、上级机关或者权力机关根据职权范围和有关法律法规决定。公文被撤销的，视为自始无效；公文被废止的，视为自废止之日起失效。

第三十四条　涉密公文应当按照发文机关的要求和有关规定进行清退或者销毁。

第三十五条　不具备归档和保存价值的公文，经批准后可以销毁。销毁涉密公文必须严格按照有关规定履行审批登记手续，确保不丢失、不漏销。个人不得私自销毁、留存涉密公文。

第三十六条　机关合并时，全部公文应当随之合并管理；机关撤销时，需要归档的公文经整理后按照有关规定移交档案管理部门。

工作人员离岗离职时，所在机关应当督促其将暂存、借用的公文按照有关规定移交、清退。

第三十七条　新设立的机关应当向本级党委、政府的办公厅（室）提出发文立户申请。经审查符合条件的，列为发文单位，机关合并或者撤销时，相应进行调整。

第八章　附　则

第三十八条　党政机关公文含电子公文。电子公文处理工作的具体办法另行制定。

第三十九条　法规、规章方面的公文，依照有关规定处理。外事方面的公文，依照外事主管部门的有关规定处理。

第四十条　其他机关和单位的公文处理工作，可以参照本条例执行。

第四十一条　本条例由中共中央办公厅、国务院办公厅负责解释。

第四十二条　本条例自2012年7月1日起施行。1996年5月3日中共中央办公厅发布的《中国共产党机关公文处理条例》和2000年8月24日国务院发布的《国家行政机关公文处理办法》停止执行。

附录二

文章修改符号及其用法

编号	符号名称	符号形态	符号说明	用法示例
1	改正号	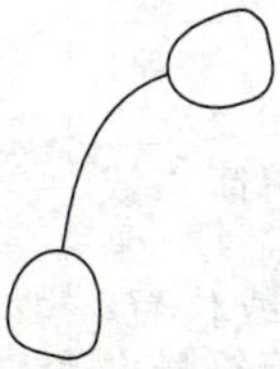	表明需要改正错误，把错误之处圈起来，再用引线引到空白处改正。	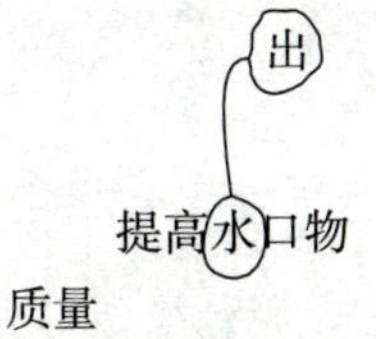
2	删除号	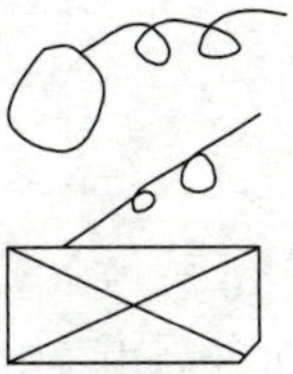	表明删除掉。文字少时加圈，文字多时可加框打叉。	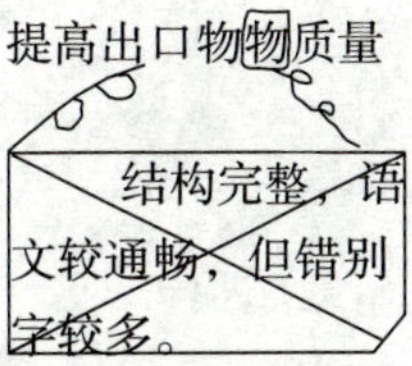
3	增补号	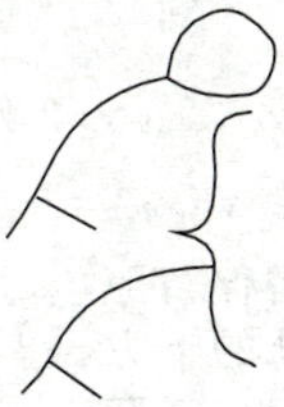	表明增补。文字少时加圈，文字多时可用线画清增补的范围。	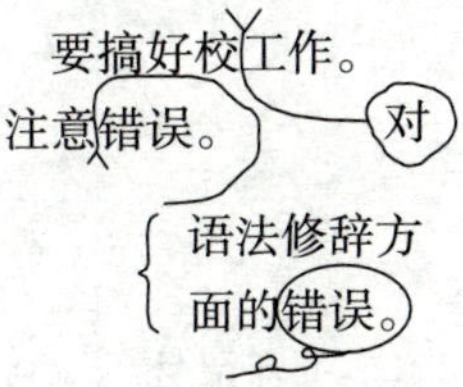
4	对调号	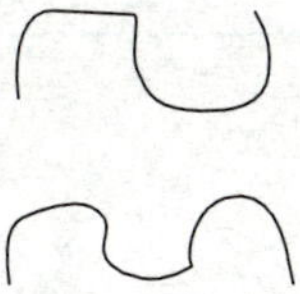	表明调整颠倒的字、句位置。三曲线的中间部分不调整。	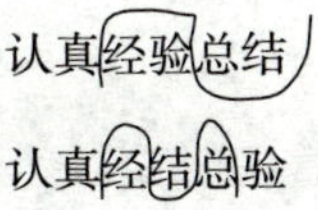

续表

编号	符号名称	符号形态	符号说明	用法示例
5	转移号	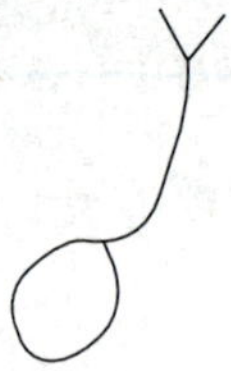	表明词语位置的转移。将要转移的部分圈起，并画出引线指向转移部位。	校对工作，提高出版物质量重视
6	接排号		表明两行文字之间应接排，不需另起一行。	本应用文书，语言 通畅，但个别之处 ……
7	另起号	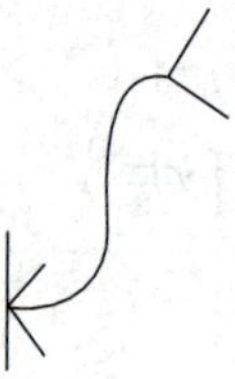	表明要另起一段。需要另起一段的地方，用引线向左延伸到起段的位置。	我们今年完成了 任务。明年……
8	移位号	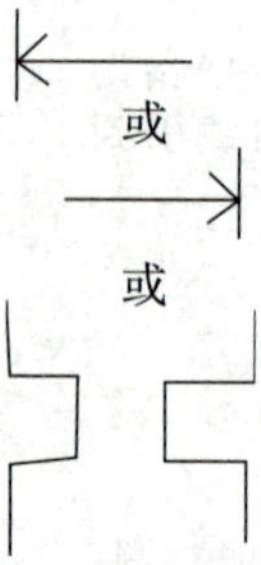	表明移位的方向。用箭头或凸曲线表示。使用箭头，是表示移至箭头前直线位置；使用凸曲线是表示把符号内的文字移至开口处两短直线位置。	锦州印刷厂 锦州　印刷厂
9	排齐号	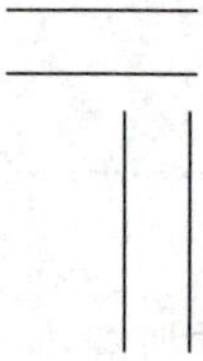	表明应排列整齐。在行列中不齐的字句上下或左右画出直线。	认真提高 提高 质量印刷质量， 缩短出版周期
10	保留号		表明改错、删错后需保留原状。在改错、删错处的上方或下方画出三角符号，并在原删除符号上画两根短线。	认真搞好校对工作

主要参考文献

[1] 杨文丰．经济应用文书写作（第二版）．北京：高等教育出版社，2018.

[2] 杨文丰．财经写作．北京：中国人民大学出版社，2014.

[3] 杨文丰．高职应用写作（第四版）．北京：高等教育出版社，2018.

[4] 朱悦雄，罗烈杰，杨桐．公文写作教程（修订版）．广州：广东高等教育出版社，1998.

[5] 叶黔达．应用文写作技巧．成都：四川人民出版社，2003.

[6] 曾昭乐．现代公文写作．广州：中山大学出版社，2005.

[7] 陈少夫，张振昂．应用写作教程．广州：中山大学出版社，1996.

[8] 费思．现代经济写作．兰州：兰州大学出版社，2000.

[9] 刘孟宇，萧德明．公务文书写作．北京：中国人事出版社，1991.

[10] 陈子典，李硕豪．应用写作教程．广州：暨南大学出版社，1993.

[11] 彭继良．新编公文写作大全．南宁：广西人民出版社，1998.

[12] 欧阳周，彭小平．现代实用经济写作．长沙：中南工业大学出版社，1997.

[13] 潘桂云．应用写作与口才．3 版．北京：高等教育出版社，2020.

[14] 李薇．财经应用文写作．3 版．北京：高等教育出版社，2019.

[15] 王首程．应用文写作．4 版．北京：高等教育出版社，2019.

[16] 邓玉萍．应用文写作．3 版．北京：中国人民大学出版社，2018.

[17] 黎赐锦，李红军，岳海翔．秘书职业技能标准训练指南．广州：广州经济出版社，1999.

[18] 司有和．大学写作教程．北京：高等教育出版社，1987.

[19] 彭思毛，彭恺奇，胡善修．文章写作学．长沙：中南工业大学出版社，1998.

[20] 杨文丰．应用写作“国家精品课程”的建设实践与体会．应用写作，2005 (5).

[21] 杨文丰．直觉、灵感与创造性写作．写作，1998 (9).

[22] 杨文丰．公文结构模块模式之建立及其教学．写作，1997 (2).

[23] 杨文丰．在公文写作教学中质量螺旋法的运用．中国培训，1997 (1).

[24] 杨文丰．“文种对比近似模式”的建立和运用．高等工程教育研究，1997（1）.
[25] 杨文丰．公文联合行文规则之教学探索．继续工程教育，1996（5）.
[26] 杨文丰．“写作思维场”论．学术研究，1998（6）.
[27] 杨文丰．论创造性写作思维的特质．学术研究，2001（12）.
[28] 杨文丰．写作直觉论．写作，2003（3）.
[29] 杨文丰．应用写作教学亟待创新问题略说．应用写作，2001（6）.
[30] 杨文丰．高职教育实验与实操的内涵研究．职教论坛，2000（8）.
[31] 杨文丰．应用写作教师最佳能力结构模式刍论．应用写作，1997（4）.